新时代跨境电子商务创新与实践系列教材

跨境电子商务运营实战
（盈店通版）

主　编　贾如春　郑应松　刘　轩
副主编　高　雪　雷　瑞　邓　茜　黄善明

清华大学出版社
北京

内 容 简 介

本书详细介绍盈店通独立站的相关知识和运营技巧，内容紧密围绕盈店通独立站卖家的运营工作，系统讲解盈店通独立站的账户注册、后台设置、独立站完善、盈店探索、邓白氏数据、引流、采购和发货、订单处理、独立站优化等内容，并用大量示例图片详细解读运营过程中的各种实操流程。

本书旨在帮助读者快速学习盈店通独立站的知识，并熟练掌握独立站的运营技巧，针对性强，方法实用，具有易懂、易学、易落地执行的特点，内容包括外贸公司网站建站、Facebook 站点、谷歌 SEO 优化、谷歌 SEM 竞价广告、海外社交媒体推广、获得更多精准询盘等，是盈店通独立站卖家不可或缺的运营指导书。

本书可作为高等院校国际贸易、电子商务等专业的本科生教材，也可作为传统外贸企业人员、个人创业者以及想从事跨境电子商务的读者阅读参考。

本书封面贴有清华大学出版社防伪标签，无标签者不得销售。

版权所有，侵权必究。举报: 010-62782989，beiqinquan@tup.tsinghua.edu.cn。

图书在版编目（CIP）数据

跨境电子商务运营实战: 盈店通版/贾如春，郑应松，刘轩主编. —北京: 清华大学出版社，2023.2
新时代跨境电子商务创新与实践系列教材
ISBN 978-7-302-62262-8

Ⅰ. ①跨… Ⅱ. ①贾… ②郑… ③刘… Ⅲ. ①电子商务-运营管理-教材 Ⅳ. ①F713.365.1

中国版本图书馆 CIP 数据核字（2022）第 234420 号

责任编辑：郭　赛
封面设计：杨玉兰
责任校对：郝美丽
责任印制：杨　艳

出版发行：清华大学出版社
网　　址：http://www.tup.com.cn，http://www.wqbook.com
地　　址：北京清华大学学研大厦 A 座　　邮　编：100084
社 总 机：010-83470000　　邮　购：010-62786544
投稿与读者服务：010-62776969，c-service@tup.tsinghua.edu.cn
质量反馈：010-62772015，zhiliang@tup.tsinghua.edu.cn
课件下载：http://www.tup.com.cn，010-83470236

印 装 者：三河市人民印务有限公司
经　　销：全国新华书店
开　　本：185mm×260mm　　印　张：14.5　　字　数：335 千字
版　　次：2023 年 2 月第 1 版　　印　次：2023 年 2 月第 1 次印刷
定　　价：54.50 元

产品编号：095138-01

新时代跨境电子商务创新与实践系列教材

编写委员会

主　任：贾如春

委　员：（按姓氏笔画排序）

王　冲　王　吉　王敏珊　王贵超　韦施羽　邓　茜　邓海涛　申　帅
付咸瑜　向晓岚　向琼英　庄爱玲　刘　轩　刘　潼　刘治国　刘盼盼
江　兵　孙志伟　杜雪平　李　岚　李成刚　李柳君　李晓林　李惠芬
杨　勤　吴岚萍　肖淑芬　肖　璟　潘金聪　何　婧　何智娟　宋　璐
张正杰　陈　方　陈佳莹　陈春梅　陈帅嘉　易　鑫　易建安　罗倩文
周　露　郑苏娟　郑应松　封永梅　柯　繁　钟　欣　钟雪美　段桂敏
祖　旭　胥蓓蕾　莫恬静　党　利　徐娟娟　高　伟　高　雪　郭　燕
诸葛榕荷　黄莹莹　黄善明　董俊麟　雷　瑞　廖　婕　廖品磊
薛坤庆　贾泽旭

专家委员会

主　任：帅青红

委　员：（按姓氏笔画排序）

王　杨　王詩博　包攀峰　刘　忠　刘丁铭　刘立俪　刘永举　李　晖
李　成　李源彬　杨小平　吴庆波　陈梓宇　姚　松　徐　炜　徐　震
曾德贵　蒲竞超　管永林　谭中林　马啸天　朗宏芳　秦秀华

新冠肺炎疫情暴发后,社交隔离、实体零售渠道受阻使得全球消费者更加深刻地感受到网络购物的便利,线上购物习惯在后疫情时代或将永久保留,中国跨境电子商务领域出现历史性拐点,即从产品出海时代迈向品牌出海时代。与此同时,伴随着跨境电子商务突飞猛进的发展,贸易规则、平台规则、全球消费市场治理和全球知识产权治理等多重挑战也接踵而至。在独立站崛起和亚马逊封店事件的双重刺激下,跨境电子商务企业开始重新思考自身的发展模式,需要在规模增长和品牌价值之间做出新的权衡。

近年来,在我国跨境电子商务规模快速增长的背景下,中国外贸企业出海也从过去依托第三方平台逐步衍生出开发独立网站、社交网站、搜索引擎营销等多种新渠道。其中,独立站已成为跨境电子商务行业新的趋势产品。

对于中国外贸企业,尤其是中小型企业来说,跨境电子商务的市场竞争越来越激烈,这就要求企业在运营公域流量的同时,还要建设自己的私域阵地。独立站作为生态闭环的重要环节,从广阔公域到品牌私域的引流一直是卖家长期追求的经营目标,只有将平台流量引向独立站,圈住属于自己的买家,才可能让商机转化更为直接。

本书图文并茂,以丰富的操作示例系统地揭示独立站的账户注册、后台设置、完善、必备工具、选品、引流、采购和发货、订单处理、独立站优化等内容,是一本帮助读者快速掌握跨境电子商务运营技巧的参考书。

本书特点

(1) 本书内容翔实、语言流畅、图文并茂、突出实用性,并提供大量的操作示例,将学习与应用结合在一起;内容由浅及深、循序渐进,适合各个层次的读者学习。

(2) 本书引用的实例均与日常生活密切相关,例如店铺管理、商品管理、客户信息管理等,从而使读者在阅读时更容易接受,提高学习效率。

(3) 本书大部分章节都提供实践操作,让读者能够通过练习重新回顾所学知识,达到熟悉内容并举一反三的目的,同时为下一步的学习做好准备。

(4) 采用案例引导的写作方式,从工作过程出发,以独立站海外营销为主线,通过"提出问题""分析问题""解决问题""总结提高"四部分内容展开,突破以知识点的层次递进为理论体系的传统模式,将工作过程系统化,以工作过程为基础,按照工作过程组织和讲解知识,培养学生的职业技能和素养。

(5) 教学内容从易到难。读者能够通过项目完成相关知识的学习和技能的训练。本书基于企业工作过程，具有典型性和实用性。

（6）紧跟行业技术发展。计算机技术的发展速度很快，本书侧重于当前主流计划和新技术的讲解，与行业联系密切，以使所有内容紧跟行业技术的发展趋势。

本书的编写符合高校学生的认知规律，有助于实现有效教学，提高教学效率、效益、效果。本书打破传统的学科体系结构，将各知识点与操作技能恰当地融入各个项目/任务，突出了产教融合的特征。

本书由多年从事跨境电子商务研究的行业专家与任课教师共同编写，贾如春负责整套系列丛书的设计与规划，姚松、陈梓宇、高雪、杨凡、陈春等教师参与了编写工作。

由于编者水平有限，书中难免存在疏漏，敬请广大读者批评、指正。

编　者
2023 年 1 月

目 录

第 1 章　跨境电子商务概述 ……………………………………………………… 1
　1.1　跨境电子商务的基本概念 …………………………………………………… 1
　　　1.1.1　跨境电子商务的含义 …………………………………………………… 1
　　　1.1.2　跨境电子商务的分类 …………………………………………………… 2
　　　1.1.3　跨境电子商务的特点 …………………………………………………… 4
　1.2　跨境电子商务与传统外贸 …………………………………………………… 6
　　　1.2.1　跨境电子商务与传统外贸的概念界定 ………………………………… 6
　　　1.2.2　跨境电子商务与传统国际贸易的区别 ………………………………… 7
　　　1.2.3　跨境电子商务与传统外贸的对比分析 ………………………………… 8
　1.3　跨境电子商务的商业模式 …………………………………………………… 9
　　　1.3.1　商业模式 ………………………………………………………………… 9
　　　1.3.2　跨境电子商务商业模式的运作原理 …………………………………… 11
　　　1.3.3　跨境电子商务商业模式的继承与发展 ………………………………… 12
　1.4　跨境电子商务的职业素养 …………………………………………………… 13
　本章小结 ……………………………………………………………………………… 16

第 2 章　跨境电子商务的营销 …………………………………………………… 17
　2.1　消费者行为特征与市场分析 ………………………………………………… 17
　　　2.1.1　跨境电子商务消费者及其消费总体特征 ……………………………… 18
　　　2.1.2　对跨境电子商务消费者行为模式及营销策略的探讨 ………………… 18
　　　2.1.3　跨境电子商务市场分析 ………………………………………………… 21
　2.2　跨境电子商务网络市场调研与分析 ………………………………………… 24
　　　2.2.1　跨境电子商务网络市场现状 …………………………………………… 24
　　　2.2.2　跨境电子商务网络市场趋势分析 ……………………………………… 27
　2.3　跨境电子商务营销实例 ……………………………………………………… 28
　　　2.3.1　跨境电子商务 SNS 营销的成功案例 …………………………………… 28
　　　2.3.2　从跨境电子商务失败案例发现的弊端 ………………………………… 29
　2.4　跨境电子商务的营销策略 …………………………………………………… 32

2.4.1　应本着诚信经营的理念提供服务 32
　　2.4.2　注重培养高等专业人才 32
　　2.4.3　敏锐察觉市场动向，巧妙借助"政策春风" 33
　　2.4.4　稳固基础，创新发展 33
　　2.4.5　提升个性化服务质量 33
　　2.4.6　选择合适的营销平台 33
　　2.4.7　树立差异化品牌形象 33
　　2.4.8　病毒式营销策略 34
2.5　跨境电子商务营销工具 35
2.6　跨境电子商务品牌的建设与保护 36
　　2.6.1　筛选优质跨境电子商务企业，改善泥沙俱下的局面 36
　　2.6.2　博采众长并不断创新，优化专业团队 36
　　2.6.3　追求产品质量以及售后保障，详细到具体环节 36
　　2.6.4　政府给予一定政策鼓励，提供发展机会 37
　　2.6.5　发展技术，为品牌国际化提供支撑 37
本章小结 38

第3章　跨境电子商务交易　39

3.1　跨境电子商务的交易流程 39
3.2　跨境电子商务磋商 40
　　3.2.1　磋商配景 40
　　3.2.2　跨境电子商务企业存在的问题和不足 41
3.3　跨境电子商务合同的签订和履行 42
　　3.3.1　跨境电子商务合同 42
　　3.3.2　合同的签订和履行所需注意事项 42
3.4　跨国电子商务交易的特征 44
　　3.4.1　全球性 44
　　3.4.2　无形性 44
　　3.4.3　匿名性 45
　　3.4.4　即时性 45
3.5　跨境电子商务交易的发展意义与政策支持 45
　　3.5.1　发展意义 45
　　3.5.2　政策支持 46
3.6　跨境电子商务交易的优劣势 46
　　3.6.1　优势 46
　　3.6.2　劣势 47
3.7　跨境电子商务的交易规模及发展趋势 48
　　3.7.1　交易规模 48

3.7.2　发展趋势 ··· 49
　本章小结 ··· 50

第4章　跨境电子商务贸易术语 · 51

4.1　跨境电子商务贸易术语含义及相关国际惯例 ·· 51
　　4.1.1　跨境电子商务贸易术语含义 ·· 51
　　4.1.2　相关国际惯例 ··· 55
4.2　适合任何运输方式的贸易术语 ··· 58
　　4.2.1　FCA ·· 58
　　4.2.2　CPT ·· 58
　　4.2.3　CIP ··· 59
　　4.2.4　EXW ··· 59
　　4.2.5　DAT ·· 59
　　4.2.6　DDP ·· 59
4.3　适合海运及内河运输的贸易术语 ·· 59
　　4.3.1　FOB及FOB的变化 ··· 59
　　4.3.2　FAS ·· 60
　　4.3.3　CFR及CFR的变化 ··· 61
　　4.3.4　CIF及CIF的变化 ··· 61
　　4.3.5　CPT ·· 62
　　4.3.6　FCA ·· 62
　　4.3.7　CIP ··· 62
4.4　跨境电子商务商品报价 ··· 62
　　4.4.1　跨境电子商务商品报价的含义 ··· 63
　　4.4.2　跨境电子商务商品报价存在的问题 ·· 63
　　4.4.3　跨境电子商务商品报价应该考虑的因素 ·· 64
　　4.4.4　跨境电子商务如何进行商品报价 ··· 65
　本章小结 ··· 67

第5章　跨境电子商务物流 · 68

5.1　跨境电子商务物流的5种模式 ··· 68
　　5.1.1　邮政包裹模式 ··· 68
　　5.1.2　国际快递模式 ··· 69
　　5.1.3　国内快递模式 ··· 69
　　5.1.4　专线物流模式 ··· 69
　　5.1.5　海外仓储模式 ··· 69
5.2　邮政包裹模式 ··· 70

	5.2.1	邮政包裹模式介绍	70
	5.2.2	邮政包裹模式的优势	70
	5.2.3	邮政包裹模式的劣势	70
5.3	国际快递模式		71
	5.3.1	国际快递模式介绍	71
	5.3.2	国际物流的起源和发展	71
	5.3.3	国际快递分类	72
	5.3.4	四大国际快递的业务对比	72
	5.3.5	四大国际快递适合的产品类型	72
	5.3.6	四种国际快递的优缺点	72
5.4	国内快递模式		73
	5.4.1	国内快递公司运作模式	73
	5.4.2	操作流程	74
5.5	专线物流模式		75
	5.5.1	专线物流介绍	75
	5.5.2	专线物流	75
	5.5.3	专线物流的优缺点	76
5.6	海外仓储模式		77
	5.6.1	海外仓储模式介绍	77
	5.6.2	海外仓储模式的作用	77
	5.6.3	为什么采用海外仓储模式	78
	5.6.4	现行的海外仓储模式	78
本章小结			79

第6章 跨境电子商务保险 …… 80

6.1	跨境电子商务保险的发展历程		80
	6.1.1	保险的起源	80
	6.1.2	现代跨境电子商务保险	81
6.2	传统国际贸易保险概述		81
	6.2.1	传统国际贸易保险介绍	81
	6.2.2	国际贸易保险的优势	82
	6.2.3	传统国际贸易保险的种类	82
6.3	跨境电子商务保险概述		83
	6.3.1	跨境电子商务保险的背景	83
	6.3.2	跨境电子商务保险的发展	84
	6.3.3	跨境电子商务保险的意义	85
本章小结			85

第 7 章 跨境电子商务通关与商检 ········· 86

7.1 电子商务通关 ········· 86
7.2 跨境电子商务电子清关流程 ········· 90
7.3 跨境电子商务商检 ········· 95
  7.3.1 法检与商检 ········· 99
  7.3.2 商检报关 ········· 100
本章小结 ········· 101

第 8 章 跨境电子商务支付 ········· 102

8.1 跨境电子商务支付介绍 ········· 102
8.2 跨境电子商务线下支付 ········· 104
  8.2.1 西联汇款 ········· 104
  8.2.2 MoneyGram ········· 105
  8.2.3 电汇 ········· 106
  8.2.4 离岸银行账户 ········· 106
8.3 跨境电子商务线上支付 ········· 107
  8.3.1 PayPal ········· 107
  8.3.2 国际信用卡 ········· 109
  8.3.3 Payoneer ········· 110
  8.3.4 Moneybookers ········· 111
  8.3.5 PaysafeCard ········· 112
  8.3.6 CashU ········· 113
  8.3.7 LiqPAY ········· 114
  8.3.8 NETeller ········· 114
  8.3.9 ClickandBuy ········· 114
  8.3.10 Cashpay ········· 114
  8.3.11 WebMoney 与 Qiwi Wallet ········· 114
8.4 跨境电子商务结算方式 ········· 115
  8.4.1 跨境收汇结算方式 ········· 115
  8.4.2 跨境购汇结算方式 ········· 116
8.5 跨境电子商务支付及收款面临的障碍 ········· 116
本章小结 ········· 117

第 9 章 跨境电子商务法律法规 ········· 118

9.1 电子商务相关法律法规 ········· 118
  9.1.1 我国电子商务的法律法规 ········· 118
  9.1.2 国际电子商务法律法规 ········· 119

9.2 跨境电子商务贸易、商务、运输、知识产权相关法律法规 ……………………… 119
9.3 跨境电子商务监督相关法律法规 ……………………………………………… 120
   9.3.1 适用范围 …………………………………………………………………… 120
   9.3.2 企业管理 …………………………………………………………………… 120
   9.3.3 通关管理 …………………………………………………………………… 121
   9.3.4 税收征管 …………………………………………………………………… 122
   9.3.5 场所管理 …………………………………………………………………… 122
   9.3.6 检疫、查验和物流管理 …………………………………………………… 122
   9.3.7 退货管理 …………………………………………………………………… 123
   9.3.8 其他事项 …………………………………………………………………… 123
9.4 跨境电子商务法律法规 ………………………………………………………… 125
   9.4.1 美国 ………………………………………………………………………… 125
   9.4.2 欧盟 ………………………………………………………………………… 125
   9.4.3 日本 ………………………………………………………………………… 127
本章小结 ………………………………………………………………………………… 127

第 10 章 盈店通 …………………………………………………………………… 128
10.1 用途 …………………………………………………………………………… 129
   10.1.1 功能 ……………………………………………………………………… 129
   10.1.2 性能 ……………………………………………………………………… 130
   10.1.3 安全保密 ………………………………………………………………… 130
10.2 运行环境 ……………………………………………………………………… 130
   10.2.1 硬件设备 ………………………………………………………………… 130
   10.2.2 支持软件 ………………………………………………………………… 130
10.3 注册与登录 …………………………………………………………………… 130
   10.3.1 注册 ……………………………………………………………………… 130
   10.3.2 登录 ……………………………………………………………………… 130
10.4 功能介绍 ……………………………………………………………………… 134
   10.4.1 工作台 …………………………………………………………………… 134
   10.4.2 盈店 CRM ……………………………………………………………… 146
   10.4.3 盈店营销 ………………………………………………………………… 158
   10.4.4 盈店探索 ………………………………………………………………… 181
   10.4.5 盈店 SHOP ……………………………………………………………… 191
10.5 盈店诊断 ……………………………………………………………………… 215
本章小结 ………………………………………………………………………………… 217

参考文献 ……………………………………………………………………………… **218**

第 1 章
跨境电子商务概述

知识导读

跨境电子商务是指分属不同关境的交易主体,通过电子商务平台达成交易,进行电子支付结算,并通过跨境电子商务物流及异地仓储送达商品,从而完成交易的一种国际商业活动。跨境电子商务包含了较多的要素,主要有交易对象、交易渠道、货物流通、监管方式、资金交付、信息和单据往来等多方面,按照这些要素的不同,可以将跨境电子商务分为不同的类型。跨境电子商务是基于网络发展起来的,其不同于传统的交易方式而呈现出自己的特点。

学习目标

- 了解跨境电子商务的基本概念
- 了解传统与现代跨境电子商务的差别
- 了解跨境电子商务的职业素养

能力目标

- 掌握跨境电子商务的含义及特征
- 掌握传统与现代跨境电子商务的差别
- 掌握跨境电子商务交易

相关知识

1.1 跨境电子商务的基本概念

1.1.1 跨境电子商务的含义

跨境电子商务简称为跨境业务,是指不同关境的交易主体通过电子商务平台达成交易,进行支付结算,并通过跨境物流送达商品完成交易的一种国际贸易活动。

跨境电子商务是基于网络的发展。网络空间是相对于物理空间的一个新的空间。网络空间的独特价值和行为模式对跨境电子商务产生了深刻的影响，使其与传统的交易方式不同，呈现出其自身的特点。目前，对跨境电子商务的认知主要在四方面：政策领域、国际组织、咨询公司、学术研究。

目前，对跨境电子商务的认知从不同方面有不同的认知——从政策领域的角度看，欧盟在其电子商务统计中出现了跨境电子商务(cross+border+e-commerce)名称和有关内容，主要是指国家之间的电子商务，但并没有给出明确的含义。从国际组织的角度看，联合国于2000年就已经关注国际贸易和电子商务的关系；2010年，国际邮政公司(IPC)在《跨境电子商务报告》中分析了2009年的跨境电子商务状况，但对跨境电子商务的概念没有明确界定，而是出现了"Internet+shopping""online+shopping""online+cross-border+shopping"等多个不同的说法。而在eBay、尼尔森等著名公司及诸多学者的表述中也运用了不同的名词表达，如跨境在线贸易、外贸电子、跨境网购、国际电子商务等；阿里巴巴电子商务研究中心在2016年的报告中对跨境电子商务概念的界定是："跨境电子商务有广义和狭义之分，广义的跨境电子商务是指分属不同关境的交易主体通过电子商务手段达成交易的跨境进出口贸易活动。狭义的跨境电子商务概念特指跨境网络零售，指分属不同关境的交易主体通过电子商务平台达成交易，进行跨境支付结算，通过跨境物流送达商品，完成交易的一种国际贸易新业态。"

如今跨境电子商务已经不再是一个陌生词汇了，它已经与全球经济相互联系，作为推动经济一体化、贸易全球化的技术基础，具有非常重要的战略意义。跨境电子商务不仅冲破了国家间的障碍，使国际贸易走向无国界贸易，同时它也正在引起世界经济贸易的巨大变革。对企业来说，跨境电子商务构建的开放、多维、立体的多边经贸合作模式，极大地拓宽了进入国际市场的路径，大大促进了多边资源的优化配置与企业间的互利共赢；对消费者来说，跨境电子商务使他们非常容易地获取其他国家的信息，并买到物美价廉的商品。所以，跨境电子商务的潜力是无穷的，它的前途值得我们深入探究。

1.1.2 跨境电子商务的分类

跨境电子商务包含了较多的要素，主要有交易对象、交易渠道、货物流通、监管方式、资金交付、信息和单据往来等方面，按照这些要素的不同，可以将跨境电子商务分为不同的类型。

按照交易对象的不同，跨境电子商务可以分为B2B、B2C、C2C、B2G几类。

B2B(business to business)，即企业与企业之间的跨境电子商务，主要应用于企业之间的采购与进出口贸易等。传统的电商形式中最常见的是B2B模式，核心在于交易双方都是商家。B2B可以分为3种模式：第一种是垂直模式，主要是整合某一专业领域的上下游产业链；第二种是综合模式，网站属于一个开发性的中间平台，如阿里巴巴、中国制造网等；第三种是自建平台，企业自己建立平台直接销售自有的货品或者采购的货品。

B2C(business to customer)，即企业与消费者个人之间的跨境电子商务，主要应用于企业直接销售或消费者全球购活动。大量第三方在线平台的建立，使跨境电子商务的交易门槛大幅降低，越来越多的零售商甚至消费者直接参与网上购买和销售过程，从而缩短了供应链，减少了中间环节，优势更加明显，B2C模式的使用显著增加；甚至出现不同国家消费者之间少量商品互通,没有 C2C 模式和工厂直接到消费者的 M2C 模式。

C2C(customer to customer),即消费者之间的跨境电子商务,主要应用于消费者之间的个人拍卖等行为;简言之,C2C 是个人与个人之间的电子商务。C2C 模式的特点是大众化交易,早期的 eBay 属于 C2C 平台,而一度非常流行的海淘和代购模式也是典型的 C2C。

B2G(boot to gecko),是新近出现的电子商务模式,即"商家到政府"(是术语 B2B 或 business-to-government 的变化形式),是企业与政府之间的跨境电子商务,主要应用于政府采购,但目前进行跨境采购要受到各国诸多法规的限制。

按照交易渠道的不同,当前主要有 EDI、互联网两种方式。

EDI 即以电子数据交换的方式进行跨境电子商务,自 20 世纪 70 年代以来,国际组织一直在推动有关数据传输标准和安全等技术的发展,已经较为成熟,主要应用于企业与企业之间的电子商务活动,但由于 EDI 对企业数据的标准化程度及软硬件的要求较高,必须租用专线进行,因而,随着互联网的普及,利用互联网进行跨境交易越来越普遍,尤其是在中小企业中。但在大型企业中,EDI 还广泛存在,欧盟统计局数据显示,2012 年欧盟国家中有 33% 的企业采用 EDI 方式,80% 的企业采用互联网方式。

按照货物流通方向的不同,跨境电子商务可以分为进口跨境电子商务和出口跨境电子商务。

进口跨境电子商务:海外卖家将商品直销给国内的买家,一般是国内消费者访问境外商家的购物网站选择商品,然后下单,由境外卖家通过国际物流发送给国内消费者。一般环节是:海外供应链企业(如位于澳大利亚的全球云仓母公司)将供应链企业销售的产品信息提供给国内代理商(全球云仓),供天猫国际、京东全球购物、全球云仓等平台展示。买方购买货物,卖家交付货物,通过报关、清关等一系列操作,货物通过国际物流或国内物流交付给买方。

出口跨境电子商务:国内卖家将商品直销给境外的买家,一般是国外买家访问国内商家的网店,然后下单购买,并完成支付,由国内的商家发国际物流至国外买家。

1. 9610: 一般出口模式

一般出口模式(9610 出口)采用"清单核放、汇总申报"方式,电商出口商品以邮件、快件方式分批运送,海关凭清单核放出境,定期汇总已核放清单数据形成出口报关单,电商企业或平台凭此办理结汇、退税手续。

2. 1210: 保税出口模式

海关总署发布 2014 年第 57 号文件,自 2014 年 8 月 1 日起,增列海关监管方式代码"1210",全称"保税跨境贸易电子商务",简称"保税电商",俗称"备货模式"。简单来说,商家将商品批量备货至海关监管下的保税仓库,消费者下单后,电商企业根据订单为每件商品办理海关通关手续,在保税仓库完成贴面单和打包,经海关查验放行后,由电商企业委托物流配送至消费者手中。

按照海关监管方式的不同,跨境电子商务又可分为一般跨境电子商务和保税跨境电子商务。一般跨境电子商务主要用于一般进出口货物,大多是小额进出口货物。保税跨境电子商务主要用于保税进出口货物,二者在通关手续等方面有明显不同。

1.1.3 跨境电子商务的特点

跨境电子商务不同于传统的交易方式,其具有如下特点。

1. 全球性(global+forum)

网络是一个没有边界的媒介,具有全球性和非中心化的特征。依附于网络而发生的跨境电子商务也由此具有全球性和非中心化的特性。电子商务与传统的交易方式相比,重要特点是:电子商务是一种无边界交易,没有传统交易所具有的地理因素。互联网用户不需要考虑跨越国界,就可以把产品(尤其是高附加值产品和服务)提交到市场。网络的全球性特征带来的积极影响是信息的最大程度的共享,消极影响是用户必须面临因文化、政治和法律的不同而产生的风险。任何人只要具备一定的技术手段,在任何时候、任何地方都可以让信息进入网络,相互联系进行交易。因为电子商务是基于虚拟的计算机空间展开的,所以丧失了传统交易方式下的地理因素;电子商务中的制造商容易隐匿其住所,而消费者对制造商的住所是漠不关心的。例如,一家很小的俄罗斯在线公司,通过一个可供世界各地消费者点击观看的网页,就可以通过互联网销售其产品和服务(只要消费者接入互联网)。很难界定这一交易究竟是在哪个国家发生的。

这种远程交易的发展,给税收所在地制造了许多困难。税收权力只能严格地在一国范围内实施,网络的这种特性为税务机关对超越一国的在线交易行使税收管辖权带来了困难。而且互联网有时扮演了代理中介的角色。在传统交易模式下往往需要一个有形的销售网点的存在,例如,通过商店将商品卖给客户,而在线网店可以代替这个商店通过网络直接完成整个交易。一般情况下,税务当局往往要依靠这些有形的销售网点获取税收所需要的基本信息、代扣代缴应交税收等。如果没有这些有形的销售网点,税收权力的行使会发生困难。

2. 无形性(intangible)

网络的发展使数字化产品和服务的传输盛行。数字化传输是通过不同类型的媒介,例如数据、声音和图像在全球化网络环境中集中进行的,这些媒介在网络中以计算机数据代码的形式出现,所以是无形的。以一个 E-mail 信息的传输为例,这一信息首先要被服务器分解为数以百万计的数据包,然后按照 TCP/IP 通过不同的网络路径传输到一个目的地服务器并重新组织转发给接收人,整个过程都是在网络中瞬间完成的。电子商务是数字化传输活动的一种特殊形式,其无形性的特性使得税务机关很难控制和检查销售商的交易活动,税务机关面对的交易记录都体现为数据代码的形式,使得税务核查员无法准确地计算销售所得和利润所得,从而给税收带来困难。

传统交易以实物交易为主,而在电子商务中,无形产品却可以替代实物成为交易的对象。以书籍为例,传统的纸质书籍,其排版、印刷、销售和购买被看作产品的生产、销售。然而,在电子商务交易中,消费者只要购买网上的数据权,便可以使用书中的知识和信息。

而如何界定该交易的性质、如何监督、如何征税等一系列的问题却给税务和法律部门带来新的课题。

3. 匿名性(anonymous)

由于跨境电子商务的非中心化和全球性的特性,因此很难识别电子商务用户的身份和其所处的地理位置。在线交易的消费者往往不显示自己的真实身份和自己的地理位置,重要的是这丝毫不影响交易的进行,网络的匿名性也允许消费者这样做。在虚拟社会,隐匿身份的便利导致自由与责任的不对称。人们在这里可以享受最大的自由,却只承担最小的责任,甚至干脆逃避责任。这显然给税务机关制造了麻烦,税务机关无法查明应当纳税的在线交易人的身份和地理位置,也就无法获知纳税人的交易情况和应纳税额,更不要说审计核实。该部分交易和纳税人在税务机关的视野中隐身了,这对税务机关是致命的。以 eBay 为例,eBay 是美国的一家网上拍卖公司,允许个人和商家拍卖任何物品,到目前为止 eBay 已经拥有 3000 多万用户,每天拍卖数以万计的物品,总计营业额超过 50 亿美元。但是,eBay 的大多数用户都没有准确地向税务机关报告他们的所得,存在大量的逃税现象,因为他们知道由于网络的匿名性,美国国家税务局(IRS)没有办法识别他们。

电子商务交易的匿名性导致逃避税现象恶化,网络的发展,降低了避税成本,使电子商务避税更轻松易行。电子商务交易的匿名性使得应纳税人利用避税地联机金融机构规避税收监管成为可能。电子货币的广泛使用,以及因特网所提供的某些避税地联机银行对客户的"完全税收保护",使纳税人可将其源于世界各国的投资所得直接汇入避税地联机银行,规避了应纳所得税。IRS 在其规模最大的一次审计调查中发现大量居民纳税人通过离岸避税地的金融机构隐藏了大量的应纳税收入。美国政府大约三万亿美元的资金因受避税地联机银行的"完全税收保护"而被藏匿在避税地。

4. 即时性(instantaneously)

对于网络而言,传输的速度和地理距离无关。传统交易模式,信息交流方式如信函、电报、传真等,在信息的发送与接收间,存在长短不同的时间差。而电子商务中的信息交流,无论实际时空距离远近,一方发送信息与另一方接收信息几乎是同时的,就如同生活中面对面交谈。某些数字化产品(如音像制品、软件等)的交易,还可以即时清结,订货、付款、交货可以瞬间完成。

电子商务交易的即时性提高了人们交往和交易的效率,免去了传统交易中的中介环节,但也隐藏了法律危机。在税收领域表现为:电子商务交易的即时性往往会导致交易活动的随意性,电子商务主体的交易活动可能随时开始、随时终止、随时变动,这就使得税务机关难以掌握交易双方的具体交易情况,不仅使税收的源泉——扣缴的控管手段失灵,而且客观上促成了纳税人不遵从税法的随意性,加之税收领域现代化征管技术的严重滞后作用,都使依法治税变得苍白无力。

5. 无纸化(paperless)

电子商务主要采取无纸化操作的方式,这是以电子商务形式进行交易的主要特征。

在电子商务中,电子计算机通信记录取代了一系列的纸面交易文件。用户发送或接收电子信息,由于电子信息以比特的形式存在和传送,整个信息发送和接收过程实现了无纸化。无纸化带来的积极影响是使信息传递摆脱了纸张的限制,但由于传统法律的许多规范是以规范"有纸交易"为出发点的,因此,无纸化一定程度上带来了法律的混乱。

电子商务以数字合同、数字时间截取了传统贸易中的书面合同、结算票据,削弱了税务当局获取跨国纳税人经营状况和财务信息的能力,且电子商务所采用的其他保密措施也将增加税务机关掌握纳税人财务信息的难度。在某些交易无据可查的情形下,跨国纳税人的申报额将会大大降低,应纳税所得额和所征税款都将少于实际达到的数量,从而引起征税国国际税收流失。例如,世界各国普遍开征的传统税种之一的印花税,其课税对象是交易各方提供的书面凭证,课税环节为各种法律合同、凭证的书立或做成,而在网络交易无纸化的情况下,物质形态的合同、凭证形式已不复存在,因而印花税的合同、凭证贴花(完成印花税的缴纳行为)便无从下手。

6. 快速演进(rapidly evolving)

互联网是一个新生事物,现阶段它尚处在幼年时期,网络设施和相应的软件协议的发展具有很大的不确定性。但税法制定者必须考虑的问题是网络,像其他的新生儿一样,必将以前所未有的速度和无法预知的方式不断演进。基于互联网的电子商务活动也处在瞬息万变的过程中,短短几十年电子交易经历了从EDI到电子商务零售业的兴起过程,而数字化产品和服务更是花样出新,不断地改变着人类的生活。

一般情况下,各国为维护社会的稳定,都会注意保持法律的持续性与稳定性,税收法律也不例外,这就会引起网络的超速发展与税收法律规范相对滞后的矛盾。如何将分秒都处在发展与变化中的网络交易纳入税法的规范,是税收领域的一个难题。网络的发展不断给税务机关带来新的挑战,税务政策的制定者和税法立法机关应当密切关注网络的发展,在制定税务政策和税法规范时充分考虑这一因素。

跨国电子商务具有不同于传统贸易方式的诸多特点,而传统的税法制度却是在传统的贸易方式下产生的,必然会在电子商务贸易中漏洞百出。网络深刻地影响着人类社会,也给税收法律规范带来了前所未有的冲击与挑战。

1.2 跨境电子商务与传统外贸

1.2.1 跨境电子商务与传统外贸的概念界定

跨境电子商务是指不同国家或地区的不同的交易对象,通过电子商务平台进行交易,在平台上完成支付结算,并通过国际物流将商品送达买方,从而实现跨国零售交易的一种新型国际商业活动。而传统外贸即对外贸易,也称"国外贸易"或"进出口贸易",是指一个国家(地区)与另一个国家(地区)之间的商品和劳务的交换。这种贸易由进口和出口两部分组成,对运进商品或劳务的国家(地区)来说是进口;对运出商品或劳务的国家(地区)来说是出口。

举一个例子,像国内的京东、淘宝等平台都属于电商行业。客户在这个平台进行购物,通过关键字搜索自己需要的商品,例如要找一个键盘,可以在搜索框中输入我们需求的关键字。同时,买家在购买商品前会通过他的搜索排名、销量以及店铺里这个商品的评价选择商品。这里,支付时买家的钱是先支付到平台上,等买家拿到商品确认无误并收货后,货款才会打入卖家的账户。

对外贸易不仅把商品生产发展水平很高的国家互相联系起来,而且通过对外贸易使生产发展水平低的国家和地区也加入交换领域中,使作为一般等价物的货币深入他们的经济生活中,使这些国家和民族的劳动产品日益具有商品和交换价值的性质,价值规律逐渐支配了他们的生产。

例如,中国向美国出口家电,一次性出口 10 000 台电冰箱,若一台电冰箱的价格为 500 美元,那么美国需要向中国支付 500 万美元,一般通过银行转账(TT)完成,这种业务就是传统的 B2B 外贸业务。当然,美国向中国出口手机芯片,一次性出口 100 万个,若一个芯片的价格为 100 美元,那么中国需要向美国支付 1 亿美元,也是采用银行转账方式完成,这种业务也是传统的 B2B 外贸业务。

简而言之,跨境电子商务是各个地区的本土电商在空间上的延伸,各个省市之间的交易变成了世界各国地区之间的交易,所以跨境电子商务与本土电商最显著的区别是跨境电子商务涉及通关以及目的国销售问题。

1.2.2 跨境电子商务与传统国际贸易的区别

很多人分不清跨境电子商务与传统国际贸易,但是它们两者却有着很大的不同,具体如下。

主体不一样:传统外贸,企业采取销售手段推广宣传自己的产品,从网上寻找外商求购信息等,故主体是信息流;跨境电子商务,一般的商家利用互联网把商品直接销售到海外,故主体是商品流。

环节不一样:传统外贸进出口的环节并没有任何缩短或改变,多以 B2B 模式为主;跨境电子商务出于降低中间成本考虑,会尽力减少或改变进出口环节,如 B2C、M2C 模式等。

形式不一样:传统外贸交易都是在线下完成,而跨境电子商务的交易则是在线上完成。

税收不一样:传统外贸牵涉复杂的关税、增值税及消费税等,跨境电子商务的税收比较简单,其中很多只是邮税。

模式不一样:外贸电商的基本模式是 B2B,而跨境电子商务的运营模式却是 B2C,如速卖通、亚马逊等。近些年,M2C 也在不断发展,如 ToBox。

效率不一样:跨境电子商务不等于外贸,它与传统外贸的运营模式有很大的不同,但是外贸包含跨境电子商务。与传统的跨境贸易相比,跨境电子商务有其不可比拟的优势。

传统的跨境贸易大部分由一国的进/出口商通过另一国的出/进口商集中进/出口大批量货物,然后通过境内流通企业经过多级分销,最后到达有需求的企业或消费者。进出口环节多、时间长、成本高,而跨境电子商务的出现,直面最终消费者,大大降低了企业走出国门的成本。而且跨境电子商务的运输速度快,只要海外采购商或个人买家在平台上下订单,强大的物流体系可以使货品1~2周内到达买家手中,采取海外仓备货模式的,最快两到三天就可以送达。

1.2.3 跨境电子商务与传统外贸的对比分析

传统外贸用来定义传统的国际贸易交易流程以及交易达成方式,传统外贸与跨境电子商务有显著的区别,主要分为以下3点。

1. 交易链条

交易链条是指从商品生产到商品最终被消费中途所经转的环节。传统外贸的交易链条十分长,基本上由5环构成:国内生产商;国内贸易商;国外分销商;国外零售商;终端消费者。

而跨境电子商务的交易链条只有3环:国内生产商;国内贸易商;终端消费者。在跨境电子商务的交易流程中,国内贸易商(即跨境电子商务平台卖家)将产品从国内生产商手中批发,然后在平台上零售,直接将货物出售给终端消费者。交易链条短有很多优势,其中最重要的优势反映在利润方面,跨境电子商务直接面对终端消费者,拿到了交易环节中利润最丰厚的零售环节,避免了国外分销商的盘剥。

2. 资金流转

跨境电子商务的回款周期远远快于传统外贸。传统外贸多属于批量采购,接单生产,除少数高附加值产品以外,大多数通过海陆运输,运输周期长,回款周期也随之拉长;而跨境电子商务属于零售模式,卖家小批量购入再进行售卖,同时顾客先付款购买,所以整个行业的资金门槛较低;卖家空运发货,运输时效多在两周之内,回款速度快,资金周转效率更高。所以,跨境电子商务的核心之一在于库存资金周转,有针对性地进行选品并严格地把控库存,有望实现低成本高效运转。

3. 竞争激烈程度

互联网的发展导致产品价格已经完全透明,在互联网技术的基础上,电子商务迅速发展,使得市场也发生了巨大的变化,以联合为主要特征的第一代互联网已经发展到以互动为主要特征的第二代互联网。传统贸易在这场巨大的改革中失去了许多机会与优势,价格的透明化导致外贸商品不能上涨,做外贸的人并不能作为中间方赚取差价而从中获取大量利益,所以外贸的竞争越来越大,越来越处于不利地位。

目前跨境电子商务平台的市场尚未达到饱和程度,许多门类的产品仍存在非常广阔的市场前景,如家具家电、汽摩配件、户外运动、美妆个护等多个大类,几百个小类都属于尚未完全开发的市场,这些是跨境电子商务反映在市场竞争方面的特征。同时,跨境电子商务没有传统的出口商、进口商、国外批发商和零售商,省去了中间渠道成本,使得面对同样的产品,人们有了更多的选择,更低的价格,从这个角度来说,跨境电子商务也是未来零售业发展的趋势。

1.3 跨境电子商务的商业模式

1.3.1 商业模式

随着电子商务应用领域的不断扩大和信息服务方式的不断创新,电子商务的类型也层出不穷,主要可以分为以下 4 种类型,如图 1-1 所示。

图 1-1 电子商业模式图

1. 企业与消费者之间的电子商务(business to consumer,B2C)

这是消费者利用因特网直接参与经济活动的形式,类同于商业电子化的零售商务。随着因特网的出现,网上销售迅速发展起来。

B2C 就是企业通过网络销售产品或服务给个人消费者。企业厂商直接将产品或服务推上网络,并提供充足资讯与便利的接口吸引消费者选购,这也是目前最常见的方式,例如网络购物、证券公司网络下单作业、一般网站的资料查询作业等,都属于企业直接接触顾客的作业方式。具体有以下 4 种经营的模式。

(1) 虚拟社群(virtual communities):虚拟社群的着眼点在顾客的需求上,有 3 个特质——专注于买方消费者而非卖方、良好的信任关系、创新与风险承担。

(2) 交易聚合(transaction aggregator):电子商务即买卖。

(3) 广告网络(advertising network):是一个封闭的网络广告市场,网络业主作为中间环节先向出版商采购广告库存,然后再转售给买家。

(4) 线上与线下结合的模式(O2O 模式):能够把线上与线下的优点完美结合在一起。在线支付,方便实体商家统计在线推广效果及销售额,有利于实体商家合理规划经营。

2. 企业与企业之间的电子商务(business to business,B2B)

B2B 方式是电子商务应用最多,且最受企业重视的形式,企业可以使用因特网或其他网络对每笔交易寻找最佳合作伙伴,完成从定购到结算的全部交易行为。其代表企业即阿里巴巴电子商务模式。

B2B电子商务是指以企业为主体,在企业之间进行的电子商务活动。B2B电子商务是电子商务的主流,也是企业面临激烈的市场竞争、改善竞争条件、建立竞争优势的主要方法。开展电子商务,将使企业拥有一个商机无限的发展空间,这也是企业谋生存、求发展的必由之路,它可以使企业在竞争中处于更有利的地位。B2B电子商务将会为企业带来更低的价格、更高的生产率和更低的劳动成本,以及更多的商业机会。

B2B主要针对企业内部以及企业(B)与上下游协力厂商(B)之间的资讯整合,并在互联网上进行的企业与企业间交易。通过企业内部网(Intranet)建构资讯流通的基础,以及外部网络(Extranet)结合产业的上中下游厂商,达到供应链(SCM)的整合。因此,通过B2B的商业模式,不仅可以简化企业内部资讯流通的成本,而且可使企业与企业之间的交易流程更快速,减少成本的耗损。

3. 消费者与消费者之间的电子商务(consumer to consumer,C2C)

C2C商务平台就是通过为买卖双方提供一个在线交易平台,使卖方可以主动提供商品上网拍卖,而买方可以自行选择商品进行竞价。C2C商务平台就是通过为买卖双方提供一个在线交易平台,使卖方可以主动提供商品上网拍卖,而买方可以自行选择商品进行竞价,其代表是eBay、淘宝电子商务模式。

C2C是指消费者与消费者之间的互动交易行为,这种交易方式是多变的。例如,消费者可同在某一竞标网站或拍卖网站中,同时在线上出价而由价高者得标。或由消费者自行在网络新闻论坛或BBS上张贴布告以出售二手货品,甚至是新品,诸如此类因消费者间的互动而完成的交易,就是C2C的交易。

目前竞标拍卖已经成为决定稀有物价格最有效率的方法之一,举凡古董、名人物品、稀有邮票……只要需求面大于供给面的物品,就可以使用拍卖的模式决定最佳市场价格。拍卖会商品的价格因为欲购者的比较而逐渐升高,最后由最想买到商品的买家用最高价买到商品,而卖家则以市场所能接受的最高价格卖掉商品,这就是传统的C2C竞标模式。

C2C竞标网站,竞标物品多样化而毫无限制,商品提供者可以是邻家的小孩,也可能是顶尖跨国大企业;货品可能是自制的糕饼,也可能是毕加索的真迹名画,且C2C并不局限于物品与货币的交易,在这个虚拟的网站中,买卖双方可选择以物易物,或以人力资源交换商品。例如,一位家庭主妇以准备一桌筵席的服务,换取心理医生的一节心灵澄静之旅,这就是参加网络竞标交易的魅力,网站经营者不负责物流,而是协助市场资讯的汇集,以及建立信用评等制度。只要买卖双方消费者看对眼,自行商量交货和付款方式,每个人都可以创造一笔惊奇的交易。

4. 线下商务与互联网之间的电子商务(online to offline,O2O)

这样,线下服务就可以通过线上揽客,消费者可以在线上筛选服务,成交也可以在线结算。该模式最重要的特点是:推广效果可查,每笔交易可跟踪。线上与线下相结合的电子商务(online to offline,O2O)通过网购导购机,把互联网与实体店完美对接,实现互联网落地,让消费者在享受线上优惠价格的同时,又可享受线下贴心的服务。中国较早转型O2O并成熟运营的企业代表为家具网购市场领先的美乐乐,其O2O模式具体表现为线上家具网与线下体验馆的双平台运营。

5. BOB

BOB是business-operator-business的缩写,是指供应方(business)与采购方(business)通过运营者(operator)达成产品或服务交易的一种新型电子商务模式。

BOB的核心目的是帮助那些有品牌意识的中小企业或者渠道商打造自己的品牌,实现自身的转型和升级。BOB模式是由品众网络科技有限公司推行的一种全新的电商模式,它打破了过往电子商务的固有模式,提倡将电子商务平台化向电子商务运营化转型,不同于以往的C2C、B2B、B2C、BAB等商业模式,其将电子商务以及实业运作中的品牌运营、店铺运营、移动运营、数据运营、渠道运营五大运营功能板块升级和落地。

除以上5种主要跨境电子商务模式外,还有C2B、B2G、B2B2C等模式。

C2B,即消费者与企业之间的电子商务(consumer to business)。通常情况为消费者根据自身需求定制产品和价格,或主动参与产品设计、生产和定价,产品、价格等彰显消费者的个性化需求,生产企业进行定制化生产。B2G,即企业与政府之间的电子商务,涵盖政府与企业间的各项事务,包括政府采购、税收、商检、管理条例发布,以及法规政策颁布等。政府一方面作为消费者,可以通过Internet发布自己的采购清单,公开、透明、高效、廉洁地完成所需物品的采购;另一方面,政府对企业宏观调控、指导规范、监督管理的职能通过网络以电子商务方式更能充分、及时地发挥。借助网络及其他信息技术,政府职能部门能更及时全面地获取所需信息,做出正确决策,做到快速反应,能迅速、直接地将政策法规及调控信息传达于企业,起到管理与服务的作用。在电子商务中,政府还有一个重要作用,就是对电子商务的推动、管理和规范作用。折叠B2B2C,即business to business to customer,企业对企业对消费者。第一个B指商品或服务的供应商,第二个B指从事电子商务的企业,C表示消费者。B2B2C模式来源于目前的B2B、B2C模式的演变和完善,是把B2B和C2C结合起来,通过B2B2C模式的电子商务企业构建自己的物流供应链系统,提供统一的服务。

开放式平台的商业模式就是典型的B2B2C,亚马逊是B2B2C业务模式最成功的企业。目前,B2B2C业务模式所贡献的利润占到亚马逊的40%以上,国内企业如果要走好开放平台的路,必须具备亚马逊的一些条件。

1.3.2 跨境电子商务商业模式的运作原理

1. 供应和配销方面

让整个企业与企业间的"供应链"与"配销商"管理自动化,通过因特网,不但节省成本,提高效率,而且多了开发新市场的机会,企业间进行商业交易、资讯交换,如采购单、商业发票及确认通知等。

2. 数据交换方面

运作中资料交换的协定称为电子数据交换(EDI),其运作方式是将电子表格的每个字段以一对一的方式，对应商业交易书面表格中的每一部分，就像所有的采购单及交易记录都记录在数据库中。

3. 资金转移方面

电子资金转移，如银行与其往来企业间资金的自动转账。

4. 物流方面

所有的出货需求经过数据库处理后会自动完成物流配送的任务。

1.3.3 跨境电子商务商业模式的继承与发展

1. 全程电子商务模式

跨境电子商务商业模式的继承与发展是将ERP与电子商务相融合，形成全程电子商务模式；电子商务与ERP系统整合的重要性，对于企业来说，电子商务和ERP系统就像战场上的前线与后方，两者关系密切、息息相关。例如，企业内部通过网上商城获取用户订单后，能够立刻将订单信息传递至内部的ERP系统，用以采购、计算、财务、进销存软件等各部门之间组织协调、核算库存、资金和销售。如果前端商城系统与后台ERP系统脱节，就会导致信息流和数据相对封闭、独立、无法流通、整合，电子商务平台获得的订单信息、市场信息无法传递至后台ERP系统，前后台信息完全脱节。

这样的后果便是企业的信息流、资金流、物流不能有机统一，数据的一致性、完整性和准确性在进销存软件不能得到保证，中小企业内部之间重复着冗余的工作，不能对用户需求作出迅速及时的响应，工作效率下降、运营成本上升，有百害而无一利。

所以，企业的电子商务网上商城和ERP系统的整合对接迫不及待、不容忽视。

电子商务与ERP系统如何整合？进销存软件通过ERP系统与电子商务平台整合对接，可以降低运营成本、提高工作效率，并且对企业整体来说具有很强的竞争力。纵观市面上的产品，366EC的网店账务协同系统——管家婆全程通就可以实现，它是针对双核网店系统与管家婆进销存软件用户研发的"中转链"，可实现网店系统与管家婆辉煌系列等20款软件进行商品信息、会员信息、仓库和库存、订单等内容的同步管理，达到统一管理配置、简化用户操作，从而提高工作效率，为企业创造价值的目标。

2. 外包模式转变

跨境电子商务商业模式的继承与发展使消费由许可模式向SaaS模式过渡，降低总体拥有成本和使用门槛。跨境电子商务商业模式的继承与发展中的外包模式的转变，会使未来社会分工越来越细，IT外包不单是软件外包，还包括人才外包、运行环境外包等，大外包是未来的趋势。全程电子商务模式在SaaS基础上已经产生出了这种大外包的形式。

1.4 跨境电子商务的职业素养

跨境电子商务的诞生,除互联网的飞速发展,还基于经济全球化的大背景。因此,相较于传统的电子商务,跨境电子商务更加复杂,相应人才所需的技能也更全面,职业标准要求也将更多。除传统电子商务所需的电商平台操作与运营能力,还需要精湛的外语交流能力、强大的外贸能力等。在新兴战略思想的支撑下,我国经济将更加面向世界,跨境电子商务的发展势头也将更加迅猛。因此,对跨境电子商务人才的培养也要更加健全,但是,制定满足跨境电子商务企业需求的人才培养方案,必须根据岗位实际的情况调整。根据调查研究,跨境电子商务人才须具备以下职业素养。

1. 良好的外语交流能力

与传统电子商务相比,传统电商更倾向于一个国家内的商品交换,以淘宝、京东为主的国内电商平台主营的是国内业务,商家与卖家的交流基本用汉语。而跨境电子商务的经济主体来自不同的国家和地区,语言存在着差别,如果语言不通,商品的交换过程必然造成诸多不便。而跨境电子商务平台不能要求买家解决沟通障碍,只有从跨境电子商务人才的培养出发,培养具有一定外语能力的人才。英语是使用人数最多的语言,应重点培养熟练使用英语的跨境电子商务人才,当然,培养能精通贸易合作国家的小语种的跨境电子商务人才也同样重要。

2. 对国外文化有一定的认识

各美其美,美人之美,美美与共,天下大同。每个国家都有不同的文化习俗,我们应予以尊重和理解。如果对国外文化完全不了解,就会造成不必要的麻烦与矛盾,例如,在中国是赞美意思的竖大拇指动作,而在英国、美国等国家却有搭便车的意思,在希腊,更有挑衅的意味,通常指对方"吃饱了撑的"。所以,跨境电子商务人才具有一定的国外文化储备,不仅利于产品的推广,还能增进两个国家人民之间的好感,促进不同文化的传播交流。

国际贸易流程如图 1-2 所示。

跨境电子商务意味着跨国家的商品交换活动,而国家间的商品流动意味着外贸的产生。跨境电子商务又是传统外贸业务与传统电子商务的融合与创新,它更要求操作人员有强大的外贸业务能力,熟知相关的国际贸易的基本流程、法律法规、货物进出口的相关手续,以及商品的运输与保存。如图 1-2 所示,国际贸易流程很重要的一环是海关与海外货物的运输。

3. 熟知跨境电子商务运营平台的操作流程(见图 1-3)

无论是传统电商还是跨境电子商务,都是基于互联网上的相关平台开展的。当下主流的跨境电子商务平台主要是亚马逊(Amazon)、速卖通(AliExpress)、易贝(eBay)等。跨境电子商务工作人员必须熟知这些平台的操作方法,利用平台优势开拓海外市场,进行网上营销,吸引新老用户。

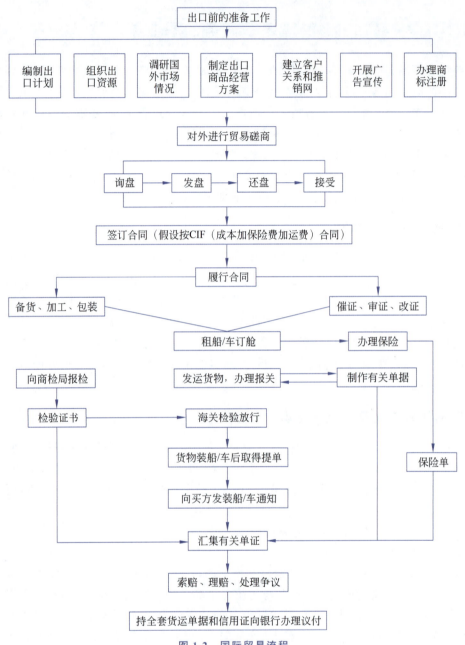

图 1-2　国际贸易流程

4. 丰富的经济学知识

无论是传统电商还是跨境电商,都是电子商务的不同模式,都属于经济学影响的范畴。跨境电子商务人才应该熟知微观经济学、宏观经济学、国际经济学、计量经济学、世界经济学概论、政治经济学等。各种经济学中介绍的经济模型是运行以及发展跨境电子商务的良好工具。

图 1-3 亚马逊平台

5. 创新创业精神

"十四五"规划中,创新被多次提起,国家更是强调把创新放在国家发展全局的核心位置,促进科技与经济社会发展紧密结和,推动我国产业向全球价值链高端跃升。跨境电子商务作为新兴产业,并没有过多可借鉴的案例,需要相关的人才自我摸索,因此创新显得尤为重要。而且在日益重视知识产权的情况下,自主创新才是决定长久发展的关键因素。

6. 强烈的爱国精神与正确的社会主义核心价值观

在跨境电子商务运营中,经常与西方资本主义国家打交道,由于我国与西方资本主义国家意识形态不同,难免会产生矛盾与冲突。在国家利益与个人利益之间,要坚定不移地选择国家利益,必要时舍弃自身利益,维护国家利益。

本 章 小 结

跨境电子商务的诞生,除了互联网的飞速发展,还基于经济全球化的大背景。因此,相较于传统的电子商务,跨境电子商务更加复杂,相应人才所需的技能也要更全面,职业标准要求也将更多。除了传统电子商务所需的电商平台操作与运营能力,还需要精湛的外语交流能力等。在新兴战略思想的支撑下,我国经济将更加面向世界,跨境电子商务的发展势头也将更加迅猛。

第 2 章
跨境电子商务的营销

 知识导读

营销是企业发现或发掘准消费者需求,让消费者了解该产品进而购买该产品的过程。电子商务营销则是借助因特网完成一系列营销环节,达到营销目标的过程。如果之前的跨境电子商务行业正处于规模化的野蛮增长期,那么如今的跨境电子商务则需要更加注重终端用户的保有量和流量红利。在流量红利期后,则需通过必要的跨境电子商务营销手段,最大限度地发挥现有用户的潜在价值。

学习目标

- 了解消费者行为特征与市场分析
- 了解跨境电子商务网络市场调研与分析
- 熟悉跨境电子商务营销实例
- 掌握跨境电子商务常用的营销策略
- 熟悉跨境电子商务的营销工具
- 掌握跨境电子商务品牌的建设与保护

能力目标

- 熟悉跨境电子商务营销的内容
- 掌握跨境电子商务营销的方式及具体操作
- 学会跨境电子商务品牌的创建及日常经营

相关知识

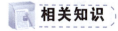

2.1 消费者行为特征与市场分析

随着近几年中国跨境网购市场的快速发展,跨境网购消费群体的研究逐渐成为当下热点。通过解读CNNIC(中国互联网络信息中心)与跨境电子商务企业发布的数据,发现中国跨境网购消费群体表现出不同于国内网购群体的消费特征:高年龄,高学历,高收入,男性比例高,消费者多居于东部沿海地区,三四线地区消费潜力增大;消费过程中的行为特征亦凸显:跨境网购率偏低,消费者的购物时间与上网时间趋同;跨境网购的选择与引导与熟人推荐有关,消费需求特色显著,呈现出低频率、高单价等。因此,在开发中国跨境电子商务市场时,应该重视对消费者群体的研究,聚焦消费需求,采取一系列切实可行的应对措施。

2.1.1 跨境电子商务消费者及其消费总体特征

随着经济的快速发展,人们的消费水平和消费意愿不断提高,网络购物能力也在不断提高。随着经济全球化的普及,国外商品的质量和价格越来越受到人们的关注。跨境电子商务越来越普及,消费者在跨境购物平台的消费一般具有以下特点。

(1) 与国内网购群体相比,跨境平台网购消费者普遍具有高工资、高学历、高收入的特点。这显然不同于国内的网络用户群。国内网购群体的年龄差距较大,而跨境电子商务网购群体的年龄大多分布在 30～40 岁,学历高,收入可观,这也使得跨境电子商务消费者的整体网购水平高于其他网上购物平台。

(2) 跨境电子商务消费者普遍生活、工作相对稳定,购物意愿相对较强。跨境电子商务消费者普遍具有工作压力小、收入稳定、工作稳定的特点,因此他们有更多的时间上网浏览或选择自己需要的东西。此外,由于家庭环境稳定,大多数消费者倾向于购买家居用品或母婴用品。这是生活必需品,所以购买率会比较高。

(3) 大部分消费者分布在东部沿海地区。广东、上海的消费群体约占跨境消费总量的四分之一,这与东部沿海地区经济发展、人民收入水平和消费观念密切相关。由于地理因素,人们接受新事物的能力很强,愿意接触新产品,这些综合因素使得沿海地区消费者的网络购物整体水平偏高。近年来,这一趋势开始向内陆城市延伸,二三线城市的网络购物水平开始呈现上升趋势。

(4) 中小城市消费群体逐渐增多,市场消费能力较大。对于内陆城市来说,跨境网络购物市场发展缓慢,人们联系较少,因此跨境电子商务是为了满足消费者的跨境网络购物需求。

2.1.2 对跨境电子商务消费者行为模式及营销策略的探讨

在国家政策、利好措施和法律法规的支持下,我国跨境电子商务飞速发展。基于我国跨境电子商务消费者的前期研究,在深入分析当前消费者特征的基础上,提出跨境电子商务消费者行为购前影响、信息搜寻筛选和购买行为、购后评价三阶段的模式框架,强调了消费者行为过程中技术、社交、分享的重要性,并据此提出几点营销策略的建议:加快技术发展,高校推广 App 移动客户端的应用;丰富商品品类,保证商品质量,加强商品宣传;优化和加强平台虚拟社区管理,营造消费者参与氛围。

我国政府相继出台了许多跨境电子商务的扶持政策,规范了相应的法律法规,并大力实施"一带一路"倡议等国家战略,有效地促进了我国跨境电子商务的发展。2019 年,中国跨境电子商务市场交易额同比增长 18.7% 至 10.8 万亿元。然而,突如其来的疫情导致跨境电子商务行业在资金、物流、购买力等方面受到较大冲击。2020 年,中国跨境电子商务市场交易规模较2019年有所缩小,为10.3万亿元。2021年,中国跨境电子商务用户偏好购买服饰鞋包、美妆个护及食品饮品等商品。

近年来,我国居民收入稳步提高,质量要求、品牌意识都有了显著的提高,消费需求(特别是对国外优质商品的需求)逐渐旺盛,消费品类扩展至食品、母婴用品、衣着鞋帽等,日益丰富。消费群体规模增长迅猛,消费者的理念和行为也将发生相应的变化。

1. 跨境电子商务消费者行为研究综述

消费者行为过程从心理和行为两个角度理解,包括与购买决策相关的心理活动与实际购买行为。消费者行为模式表现出消费者对商品或服务的投入、寻求、购买、使用、评价、决策和处理的全过程,反映了消费者购买行为的习惯和一般规律。

2. 跨境电子商务消费者特征分析

互联网信息的传播模式正在改变,未来移动客户端将更加便携和多样化,跨境电子商务必将展开全方位、多层次、宽领域的跨境贸易。

(1) 消费者视觉、听觉以及空间位置的感知环境更加丰富。

移动通信技术、数字多媒体技术、信息交互技术以及位置服务技术的快速发展,跨境电子商务移动App的出现,促进消费者基于位置、搜索和社交的消费需求的产生,同时提供了全球化即时丰富的视觉、听觉以及空间位置的感知环境。

(2) 消费者对海外商品的认知提升。

随着中国改革开放程度进一步深化,中国居民人均收入稳步增长,消费者的消费方式不断转变,消费能力逐步增强。他们接触的外国品牌和商品越来越多,对海外商品的认知提升,消费者对跨境电子商务商品的需求更加丰富和旺盛,涉及母婴、化妆品、服装鞋帽、奢侈品等品类,促进了跨境电子商务的发展。

(3) 消费者显示出强烈的社交性愿望。

跨境电子商务的环境具有去中心性、互动性、分散性等特点,提供了更加丰富的社会化媒体交流沟通功能和引擎式搜索用户生成内容的功能,消费者的各种消费体验能够快速地传播和扩散,从而对其他消费者的信息搜索与选择过程产生一定的影响,形成一个动态的良性循环。通过评价和分享,消费者显示出强烈的社交性愿望和行为,具有极大的商业价值。

(4) 针对消费者个性化和潜在的需求易于进行智能分析。

跨境电子商务消费者的行为和决策都依赖于信息,他们可接触的商品信息更加丰富,价格更加低廉,信息的传播和更新更加快速,在线支付平台更加安全、便捷。大数据分析、语义检索能够对消费者的消费记录和浏览信息进行智能分析,根据浏览轨迹确定他们的兴趣偏好和潜在消费需求,进行精准营销,以满足他们的个性化需求和潜在需求。

3. 跨境电子商务消费者行为模式

融合全球性、移动性、社交性和位置服务之后,跨境电子商务消费者行为习惯发生了巨大的变化，他们有了更加多样化和社会性的消费需求，更倾向于建立社交网络、体验与分享消费信息、彰显个性与偏好，以及线上线下统一的消费行为，涵盖商品或服务的购买与使用、信息搜索与筛选、个体或群体影响、推荐与分享、评价的个性化消费行为。据此，本节提出跨境电子商务消费者行为模式，如图2-1所示。

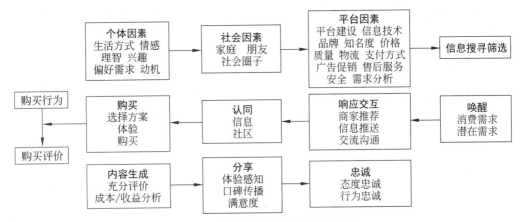

图 2-1　跨境电子商务消费者行为模式

（1）购前影响阶段。

消费者基于个体、社会、电商平台等因素的影响，从而产生跨境消费的欲望。他们更加关注跨境电子商务商品的品类、品牌的知名度和质量、购物过程的安全性、支付方式的灵活性、服务与售后。来自家庭、朋友和社交圈子的商品评价和体验分享，对消费者来说更具有说服力，更容易改变他们的行为和决策，有发生从众效应的可能性。

（2）信息搜寻筛选和购买行为阶段。

商品信息咨询与筛选、预订与支付、物流跟踪等过程都需要消费者进行大量的浏览和搜索行为。跨境电子商务的移动性、实时定位性、信息高度整合性，既促成企业营销手段的革新、搜索引擎的发展，又给消费者带来全新的听觉和视觉刺激。消费者的浏览、搜索记录等数据经过智能分析，可得到消费者的兴趣偏好、消费习惯或购买能力，可便于平台和商家给消费者进行个性化推荐。消费者在需求、愿望和兴趣的基础上，根据线上和线下信息搜索和社交互动的结果，定制购买决策方案（如购买方式、时间与地点、预订与支付、物流等）。

（3）购后评价阶段。

消费者对商品或服务的兴趣程度、体验的主观感受和情感表现、成本与收益分析都会影响到他们的满意度和口碑传播。跨境电子商务提供了消费者讨论、交流的机会，这直接影响未来消费者的消费行为，如是否再次购物、是否继续使用平台、是否向他人推荐等。这使得消费者从行为和态度两方面表现出一定程度的忠诚。

4. 营销策略分析

跨境电子商务消费者行为的影响因素是复杂多样的，本节根据跨境电子商务消费者行为特征，提出跨境电子商务消费者行为模式。这不仅能够直观清晰地体现消费者行为过程所受到的社会因素和心理因素的影响，还能够突出消费者行为过程中信息、商品或服务的重要性、消费者行为的阶段性和变化趋势,具有一定的学术研究价值和实践意义。基于此,跨境电子商务在制定营销策略时应注意以下3个问题。

(1) 加快技术发展,高效推广App移动客户端的应用。

移动App的出现,一方面改变了消费者的消费行为方式;另一方面也改变了企业的经营和营销方式。跨境电子商务应为消费者提供即时性、移动性、多样性、社交性和个性化的产品和服务功能,满足他们多元化的需求。因此,跨境电子商务要大力推广和完善App移动客户端,尽可能融合先进的技术,以多种形式传播商品信息,提高消费者视觉等感官环境,满足消费者随时随地的消费需求。

(2) 丰富商品品类,保证商品质量,加强商品宣传。

消费者在跨境电子商务平台中选购商品,首要看重的是品牌知名度和商品质量。因此,跨境电子商务平台可以通过丰富商品品类、提供质量优良和价格适宜的商品、设计新奇但又有说服力的广告宣传等手段,刺激消费者的潜在消费需求,吸引消费者购买产品。同时,通过后台大数据的深度分析,并通过消费者对产品质量、功能、价格、商家服务质量的感受和意见,将信息推送到合适的目标消费群体,实现精准营销,以强化消费者的购买行为。同时,建立完善的商品售后保障机制、物流运输机制和支付安全保障机制,提高服务质量。

(3) 优化和加强平台虚拟社区管理,营造消费者参与氛围。

跨境电子商务应充分认识到虚拟社区的营销价值。在社区成员互动过程中,消费者会将自己的信息、知识以及购物体验、使用经验分享给其他成员。因此,跨境电子商务应优化和加强虚拟社区管理,设置简洁实用、功能完善的讨论和在线交流渠道,为成员之间、成员与品牌商或平台之间搭建便捷的信息互动渠道,鼓励社区成员积极参与话题、发起新话题、发布信息等,营造消费者参与氛围,直至促成最终交易。

2.1.3 跨境电子商务市场分析

我国跨境电子商务行业的发展现状,以及问题分析如下。

回顾中国电商行业发展历程可以发现,跨境电子商务从传统外贸发展到外贸电商,再进一步发展成为跨境电子商务,也不过二三十年时间,在互联网技术快速提升和中国电商全球化的大趋势下,我国跨境电子商务呈爆发式增长。

1. 跨境电子商务优势分析

与传统的出口贸易相比,跨境电子商务具备中间环节少、价格低廉和利润率高等优势,如图2-2和图2-3所示。

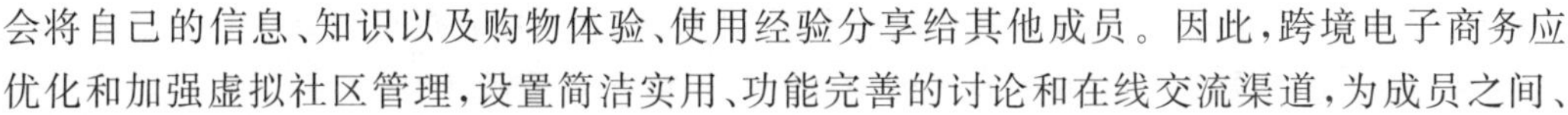

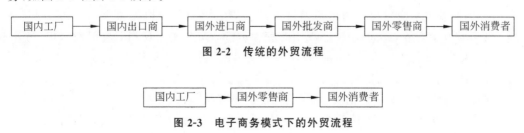

图2-2 传统的外贸流程

图2-3 电子商务模式下的外贸流程

跨境电子商务的新模式打破了传统的订单流程烦琐、周期长、地域局限等限制,有效地减少了中间环节,节约了流动资本,大大提高了货物流通的效率。

2. 我国跨境电子商务的发展现状

在全球电子商务快速发展和中国电商全球化的大趋势下,近年来,我国跨境电子商务行业发展迅猛,交易规模持续大幅增长。统计数据显示,2010年以来,我国跨境电子商务行业的交易规模几乎保持了20%以上的增速,2019年,中国电子商务研究中心的统计数据显示,我国跨境电子商务交易规模高达10.5亿元,同比增长16.7%。海关总署数据显示,2020年我国跨境电子商务进出口1.69万亿元,增长了31.1%,其中出口1.12万亿元,增长40.1%。2021年第一季度我国跨境电子商务出口增速远超进口,高达69.3%。后疫情时代,跨境出口贸易强势来袭。

(1) 国家政策助力跨境电子商务发展。

跨境电子商务的发展离不开国家政策的鼎力支持。梳理相关材料发现,自2004年起,我国颁布了一系列扶持国内跨境电子商务行业发展的政策,这些政策使得我国跨境电子商务保持了稳定的增长势头。2004—2008年,电商行业规范初步实施,这段时间主要侧重行业的规范。2008—2013年,10多项涉及物流、支付、管理等跨境电子商务的政策相继颁布,行业规范进一步得到完善。2014年之后,国家又相继出台一系列跨境电子商务扶持政策,并分批次先后设定了80多个跨境电子商务零售进口试点城市,2020年国务院出台政策扩容跨境电子商务综合试验区,目前共105个,并发表意见帮助出口企业对接更多海外买家,这些都为跨境电子商务的成长提供了强劲的支撑力。

(2) 跨境电子商务交易平台发展迅猛,规模越来越大。

跨境电子商务的发展与交易平台的大力支持密不可分。具有一定规模、实力雄厚的交易平台不仅可以为跨国贸易提供良好的机会,还可以提升电商的品牌知名度,为企业获得利益。

例如,随着"双十一"网购狂欢节的开始,各大电商纷纷开展大规模线上促销活动,这一网络促销日开始逐渐影响到电子商务领域。各大电商平台纷纷开启并逐渐完善海购服务,跨境电子商务平台也逐渐涌现,呈现出规模化的特征,逐渐形成几大主要的跨境电子商务平台,如天猫国际、京东全球购、网易考拉海购、洋码头、小红书等。

近年来,我国的跨境电子商务交易平台迅速崛起。环球资源、敦煌、阿里巴巴等B2B网站以及亚马逊、全球速卖、丝路通商城等新型的B2C跨境电子商务网站也快速崛起,为跨境交易的进行提供了稳定、安全的平台。

(3) 相关配套服务日趋完善。

我国跨境电子商务行业的迅速发展带动了与之相配套的相关周边产业的发展。首先,与跨境电子商务相关的法律法规不断完善;其次,交易平台如雨后春笋般激增;另外,物流、供应链、支付等技术的不断突破支撑了交易的一些衍生服务业的大力发展,并带动了快递、海外仓等行业的协同发展。

(4) 由提供商品到引导消费,由销售商品到销售品牌。

过去,电商平台主要为消费者提供商品,而如今开始逐渐引导其消费,创造消费需求。

同时,跨境电子商务平台的丰富、发展不仅为消费者跨境购物解决了渠道、语言、交通、运输等问题,创造了良好的购物环境,而且由提供商品发展到引导消费,为消费者提供消费导向、培养其消费习惯,跨境电子商务平台逐渐发展到更高的层次。

3. 我国跨境电子商务存在的问题

尽管跨境电子商务存在诸多优势,且发展迅速,但行业依然还存在许多问题,这些问题阻碍和制约着跨境电子商务进一步腾飞。

(1) 通关效率问题。

跨境贸易电子商务在交易过程中不可避免地会涉及海关监管与征税。大量的货物通过快件渠道和邮递渠道进境,对海关的监管方式与征税有更高的要求。而面对跨境获取的邮递与退换等问题,现行的海关监管模式仍不能很好地解决。一些电子商务企业在跨境贸易方面已经出现一些问题,特别是难以快速通关与规范结汇。因此,成熟的企业会借助关务管理系统辅助通关。

(2) 物流问题。

物流通常包括仓储、分拣、包装和配送服务,其作为连通买家和卖家的一条纽带,在电子商务交易中占据着重要位置。目前,我国跨境物流存在很多困难和问题。首先,跨境物流成本偏高,跨境物流很多都依靠空运,这无疑增加了物流成本。其次,跨境物流尚未跟上跨境电子商务发展的步伐,存在一定的滞后,而且体系建设尚不健全,基础设施还不完善,满足不了呈爆发式增长的跨境电子商务交易需求,某种程度上制约了跨境电子商务的发展。

(3) 电子支付问题。

跨境电子支付涉及交易双方资金转账安全,是跨境贸易电子商务的核心环节。目前,电子支付尚存在一定的风险。一方面,在信息传输过程中,因系统故障或信息故障而造成支付信息丢失;另一方面,存在一些外部人员非法利用计算机技术盗取支付信息,对交易的一方造成损失。

(4) 产品问题。

跨境电子商务服务的核心是产品,产品质量的好坏直接影响电子商务交易的成败。目前,跨境电子商务产品存在的主要问题为种类有限,大多为简单加工品和初级产品,主要集中于衣服、箱包、食品、电子产品等个人消费领域,高新技术产品、高附加值产品并不多。同时,我国的跨境电子商务产品的品类目前还不齐全,可供选择的产品类型相对有限。

(5) 法律问题。

跨境电子商务是商业模式的变革,这种新型商业模式的出现对我国传统法律体系提出了新的要求。从当前跨境电子商务的法律问题看,最突出的仍然是涉及商品质量的监督和维权问题,法律体系不健全往往导致跨境消费者权益保护不足,一些不法分子利用电商平台进行欺诈、非法交易、虚假宣传、侵害消费者权益等违法行为,使得顾客的支付信息等隐私被非法泄露,跨境交易活动的安全性无法得到保障。与此相关的跨境法律还不完善,相关的管理还存在漏洞,这也使得不法行为得不到及时和有效的惩治。

(6) 人才缺口问题。

商务部电子商务和信息化司发布的《中国电子商务报告》显示,目前中国跨境电子商务人才缺口已接近450万,并仍以每年30%的增速扩大。

报告指出,虽然跨境电子商务新业态快速发展,但是市场上现有的跨境电子商务从业者主要来源于原来传统的外贸人才,我国高校并没有极度匹配的人才培养专业,以致跨境电子商务行业目前并没有充足的人才储备。

2.2 跨境电子商务网络市场调研与分析

我国跨境电子商务主要分为企业对企业(B2B)和企业对消费者(B2C)的贸易模式。B2B模式下,企业运用电子商务以广告和信息发布为主,成交和通关流程基本在线下完成,本质上仍属传统贸易。B2C模式下,我国企业直接面对国外消费者,以销售个人消费品为主,物流方面主要采用航空小包、邮寄、快递等方式,其报关主体是邮政或快递公司。

作为大数据时代下对外贸易方式,跨境电子商务实现了便捷高效的新型经贸合作模式,拓宽了我国企业接触海外消费者的途径,成为我国外贸交易市场的新趋势。跨境电子商务要想在电子商务这个行业正辉煌灿烂的时候脱颖而出,对网络市场的分析必不可少。跨境电子商务网络市场主要是国内市场和国外市场。2014年,我国电子商务交易总额达16.39万亿元,其中,网络零售额达2.8万亿元,我国已成为全球最大的网络零售市场。而且随着2020年全面小康的到来,脱贫攻坚的胜利,国民收入不断增长,中国国内市场迅速增长,国内消费群体不断扩大,国内市场无疑是跨境电子商务行业不可丢失的一块"肥肉"。同时,受重大公共卫生事件影响,2020年的新型冠状病毒性肺炎导致国内大量实体产业倒闭,网络销售暴增,国内市场发展稳定。国外市场的销售对于国内电商平台具有较大挑战。一方面,国外电商发展本就领先于国内,亚马逊和易贝等电商平台更是占据了国外市场的大部分,国内电商平台要想在国外市场占据一席之地,还需较长时间;另一方面,2020年受重大公共卫生事件影响,各国纷纷关闭海关,这对于跨境电子商务平台发展十分不利,因此,随着国际形势以及科技发展,国内市场渐趋稳定,而国外市场变数较大,但是对于跨境电子商务来说,只有走出国门才能叫跨境电子商务。虽然近期面临较大困难,但是跨境电子商务在全球席卷的浪潮正处高势。

2.2.1 跨境电子商务网络市场现状

2016—2019年,中国电子商务发展迅速。我国跨境电子商务行业正处于高速爆发期,交易规模始终保持着年均20%以上的高速增长率,2016年达到6.7万亿元,同比增长24.07%。2017年,我国跨境电子商务交易规模达到8万亿,仍保持较高的增长率。到2019年,我国跨境电子商务零售进出口额已经达到1862.1亿元,如图2-4和图2-5所示。

1. 硬性方面

中国网民从2016年的73 125万人到2020年的98 900万人,消费者市场充足,而基站建设、宽带建设等基础建设为跨境电子商务发展起了巨大的推动作用,如图2-6所示。

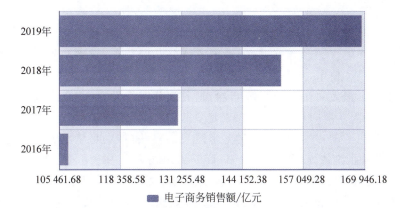

图 2-4　部分电子商务销售额数据统计图

（数据来源：国家统计局）

图 2-5　2012—2016 年中国跨境电子商务交易规模

（数据来源：中国电子商务研究中心（www.100ec.cn））

指标	2020年	2019年	2018年	2017年	2016年
互联网上网人数(万人)	98900	90359	82851	77198	73125
域名数(万个)		5094.23	3792.75	3848.04	4227.57
网站数(万个)		523.36	533.30	482.39	
网页数(万个)		29782991.5	28162240.6	26039903.0	23599758.4
IPv4地址数(万个)		33909.30	33892.45	33870.46	33810.28
互联网国际出口带宽(Mbps)		8827751.00	8946570.00	7320180.00	6640291.00
互联网宽带接入端口(万个)		91577.98	86752.30	77599.09	71276.86
互联网拨号用户(万户)				301.72	306.33
移动互联网用户(万户)		131852.58	127481.59	127153.74	109395.02
移动互联网接入流量(万GB)	16560000.00	12199200.64	7090039.28	2459380.26	937863.50
互联网宽带接入用户(万户)	48355.00	44927.86	40738.15	34854.01	29720.65
城市宽带接入用户(万户)		31450.53	28996.48	25476.71	22266.62
农村宽带接入用户(万户)		13477.33	11741.67	9377.30	7454.03

图 2-6　2016—2020 年中国网民使用互联网的部分数据统计图

（数据来源：国家统计局）

2. 软性方面

国家财政政策和货币政策给予跨境电子商务长久支持,给国内跨境电子商务平台创造了一个稳定的环境。2013年2月7日,国家税务总局发布《网络发票管理办法》,规范了网络发票的开具和使用,并表明在一定条件下可开具电子发票,这一办法的出台,给广大电商企业带来了很大的便利。2015年起,国务院分四批设立59个跨境电子商务综合试验区,商务部会同各部门和各地方,探索建立起以"六体系两平台"为核心的政策体系,面向全国复制推广了12方面36项成熟经验和创新做法,推动跨境电子商务规模持续快速增长。经国务院批准,2021年3月18日,商务部、国家发展和改革委、财政部、海关总署、税务总局、市场监管总局六部门联合印发《关于扩大跨境电子商务零售进口试点、严格落实监管要求的通知》。在众多国家政策支持下,我国跨境电子商务发展将会有更大的飞跃。

3. 国内网络市场

互联网的普及和移动设备功能的完善让网上购物更加便捷,网购人群越来越多。据统计,截至2014年年底,我国已经有55.7%的互联网用户进行网络购物,数量庞大的互联网用户也为我国电子商务的发展提供了强大的客户基础。企业也可利用这一优势通过互联网数据收集这些网购人群的交易信息及消费偏好,对企业跨境电子商务的经营和发展提供行之有效的数据支撑。CNNIC报告显示,2014年,年龄在20～29岁的网购人群与2013年同期相比增加了23.7%,另外,10～20岁与50岁及50岁以上的网购人群也分别增长了10.4%和33.2%,说明网络购物群体正逐步走向全民化,如图2-7所示。

图2-7　2016—2020年国民总收入统计图

随着国民收入不断增长,社会整体消费水平提高,国外产品消费也逐渐增多。从图2-8中可以看出,2015—2019年我国进口商品总额不断增加。其中,跨境电子商务发挥着巨大作用,这个行业就像一条纽带,连接着国内和国外,促进经济发展,如图2-8所示。

4. 国外网络市场

2016—2020年,中国货物出口额呈递增趋势,中国产品在国外受欢迎程度较高,对我

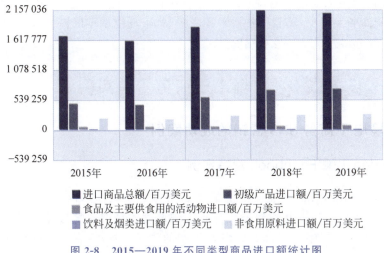

图 2-8　2015—2019 年不同类型商品进口额统计图

（数据来源：国家统计局）

国跨境电子商务网络营销发展具有很大好处。我国跨境电子商务企业要想在国外良好发展，需要突出中国特色。国外电商网络市场主要被亚马逊、贝宝（PayPal）、易贝（eBay）等占领。如果一味效仿他们的产品设计、营销思路，在硬性条件以及科技技术方面我们落后于这些平台。只有在软性条件方面，以中国特色、中国文化为挖掘对象，才能打开国外网络市场，推动我国跨境电子商务发展，如图 2-9 所示。

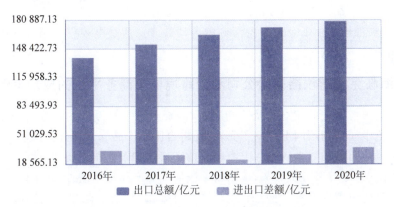

图 2-9　2016—2020 年中国货物进出口额

（数据来源：国家统计局）

2.2.2　跨境电子商务网络市场趋势分析

随着信息科技的提升和贸易全球化的发展，国家之间不断打破贸易壁垒，互联网是一张无界的网，跨境电子商务的发展只会局限于人们的想象。随着土地资源紧张，租金上涨，实体企业发展受限，跨境电子商务的队伍将不断壮大。跨境电子商务市场未来的发展趋势是从国内到全球，从单个消费层次到整个消费群体。现如今网络市场安全性和稳定性较差,极易受到金融危机影响,并且网络市场法律法规处于初期,各种体制不完善。在中国跨境电子商务发展中,随着科技水平不断提高,市场挖掘不断深入,法律法规不断完善,跨境电子商务将迎来又一发展盛世。

2.3 跨境电子商务营销实例

2.3.1 跨境电子商务 SNS 营销的成功案例

1. Qwertee T 恤 Facebook 营销案例

Qwertee 主要出售外观好看的限量版 T 恤。每个款式都只供应 24 小时。Qwertee 每天免费赠送一件 T 恤,以此营造每天新鲜 T 恤设计的氛围。参与者根据付出,可以争取机会赢得当天款式的免费 T 恤。为当天 T 恤的款式点赞,会有一个机会赢;分享当天 T 恤的款式,会有双倍机会赢;评论当天 T 恤的款式,会有 3 倍机会赢。这是一个简单的做法,但它会产生数百个"赞""分享""评论"——所有这些都有助于打造宣传攻势,扩大 Qwertee 的社交网络,促进销售。

2. 奔驰在 Twitter 上的营销案例

2013 年,梅赛德斯仍坚持汽车主题,使用推特(Twitter)帮助人们关注一则新的电视广告。他们分享了一段 30 秒的汽车追逐片段,然后让推特圈投票支持接下来发生的事情。获奖故事随后在下周的 *X Factor* 中播出。通过向消费者提供电力并使整个过程更具互动性,这则广告产生了令人印象深刻的轰动效应。这是电视广告与社交媒体结合产生巨大影响的第一个例子。

3. 上海临克精密仪器有限公司利用跨境电子商务平台的成功案例

国际市场销售渠道的建立以及不断完善,需要经历一段漫长的过程。企业在互联网时代的大潮流中如何利用网上推广工具,成功将自己的产品深入国外买家心里,这是目前中国的中小企业面临的一大问题。上海临克精密仪器有限公司主要通过阿里巴巴国际站平台提供金融、物流等全方位服务,成功将中国的优质产品深入国外 80 个国家买家市场,减少了展会等传统贸易成本。例如,2018 年 9 月采购节,通过阿里巴巴国际站出口到美国市场 25%、印度市场 20%、墨西哥市场 10%、俄罗斯市场 8%、哥伦比亚市场 8%。那么,上海临克精密仪器有限公司是如何将自己的品牌深入美洲、欧洲、南美洲市场的呢?

上海临克精密仪器有限公司主营验光组合台、自动验光仪、裂隙灯、牛眼、液晶投影仪等验光设备产品,是中国最专业的眼科设备制造商基地。随着国际市场业务不断拓展,该公司的管理层开始制定全球市场战略。最早设立市场部门,专门负责跨境电子商务平台、社交媒体、搜索引擎等平台进行产品宣传,首选阿里巴巴国际站、亚马逊的 C 端、亚马逊的 B 端等跨境电子商务平台。通过入驻阿里巴巴国际站的金品诚企会员、360 度的 VR 视频验证工厂、亚马逊平台的会员,再通过社交媒体(Facebook、Linkedin)公关主页推广、YouTube 平台进行视频营销,快速扩充业务线,不断宣传产品性能、质量,最终其产品质量、产品品牌和企业资信得到客户的信任,快速占有一定市场份额。

上海临克精密仪器有限公司建立国际市场的路程也是每个公司建立国际市场需要经历的探索过程。最初是从某个区域开始建立产品的信誉,再一个一个区域投入宣传,才能快速提升产品知名度。而在互联网时代,通过知名跨境电子商务平台拓展国际市场才是快捷方式,但是与国内电商平台不同,在跨境电子商务平台需要企业处理各个国家的法律、文化、经济等问题。

2.3.2 从跨境电子商务失败案例发现的弊端

伴随电商行业的发展,无数弊端随之暴露,接下来看近些年跨境电子商务出现的一些典型问题。

1. 工厂嫁祸卖家

如今,随着线下的 B2B 大宗采购贸易订单的逐步减少,线上 B2C 贸易方式的崛起,终端客户个性化需求的增加,整个工厂的订单结构也发生了显著的变化。

我们现在经常会看到各种工厂和电商卖家之间的产品对接会出现问题。许多电商卖家的绝大多数品类都来自外购的货源,需要从不同的工厂采购。

不同的产品进入国外市场会有一系列准入标准。例如我们经常看到的 CE、FCC、蓝牙、HDMI 等一系列技术以及专利的认证和授权,都是特定产品进入特定市场的通行证。

然而,有少数工厂由于对国外市场准入机制缺少了解,往往没有一些齐全的产品认证手续。更多的工厂是出于成本优势考虑,套用资料或者使用过期的认证蒙混过关。

缺少必要的技术鉴定以及专利授权的产品从工厂供应给电商卖家,电商卖家上传几张精美的产品图片到平台,便开始了自己的电商掘金之旅。

2. 物流商背锅

本身存在一定知识产权或者技术专利缺陷的产品从工厂到电商卖家手中,有少数卖家其实也是对国外的市场准入机制和要求了解甚少。更多的电商卖家出于低价海量的成本优势考虑,虽然知道产品本身存在缺陷以及目的国扣关的风险,但还是宁愿抱着搏一把的心理,也不愿意花钱把相关手续补充齐全。

大多数卖家一方面不愿意合规运作;另一方面又不想承担太多的法律以及经济风险。这时候拍着胸脯,打着保票,双清包税到门,解卖家难,知卖家苦的物流商出现了。卖家索性让物流服务商双清包税一口价,既方便核算成本,又可避免目的国使用自己公司作为进口商所带来的后续税务和法律的风险。

3. 境外代理蒙冤

大多数物流服务商其实在国外都是通过一些本土的代理公司做清关以及最后一公里的派送。境外进口商公司的注册以及报税也是通过当地的税务代理操作。

不少存在专利授权以及技术认证缺陷的产品,在从卖家转交给物流服务商的时候,卖家为了进一步节省税金成本,都会大幅度低申报。

物流服务商接到卖家已经严重低申报的产品之后,因为答应的是双清包税,个别物流服务商甚至还会在海关申报环节的货物品名和海关编码上动脑筋。尤其是对于一些高税率的属于反倾销类目的产品,或者一些存在知识产权风险的产品,品名上的变通很多时候无异于是在赌博。

一些从货物品类、申报价值、具体数量等申报细节被大幅"优化"的清关资料到境外清关代理手中,境外清关代理大多数在不知情的情况下开始海关眼皮底下的通关博弈。

如果个别货物进口商使用的是清关公司的抬头,或者是一些境外的税务机构帮助国内物流公司注册的一些空壳公司,一旦东窗事发,境外代理第一时间急着撇清关系都来不及。

4. 互害没有赢家

有一句话是"没有买卖,就没有伤害",出口跨境电子商务圈如今处于互相伤害事件频发的高峰期。

我们在微信朋友圈经常能看到一些物流服务商、电商卖家、供货厂商之间的纠纷事件。许多事件的核心其实都在于"合规"二字。工厂为了节省成本,将存在专利授权和技术认证缺陷的产品供给到电商卖家。电商卖家为了进一步节省成本,把低申报和存在扣关风险的货物供给到物流服务商。物流服务商又转给境外代理。看似一个击鼓传花的游戏,任何一个环节都想把自己的风险转嫁给另一方。孰知,在整个产业链条非良性发展的情况下,其实所有人都是输家,没有赢家。

平台为了短期内得到快速发展,招揽大批卖家入驻,在税务合规和产品资质方面的把关不严,导致许多贩卖低价劣质产品、逃税漏税的卖家有了生存空间。平台发展到一定的体量,迫于境外政府税务部门的压力,开始对卖家进行洗牌和规范,这时候一地鸡毛的事情屡屡发生。卖家店铺被封、库存遭查封、资金被冻结、境外海关扣货、卖家资金链紧张、物流服务商运费打水漂、厂商货款无着落、货物索赔纠纷搞得鸡飞狗跳。

跨境电子商务归根结底只是借助互联网而生的商品流通渠道和消费模式的变革。任何商业的本质都应当是以可靠的产品为前提,在理性合规经营基础之上的企业综合竞争力的比拼。

5. 2018—2020年中国跨境电子商务消费投诉数据与典型案例报告

2020年上半年,"电诉宝"受理投诉中涉及的跨境电子商务平台有海狐海淘、小红书、洋码头、海淘1号、亚马逊、丰趣海淘、Feelunique、寺库、德国W家、海豚家、考拉海购、全民海淘、海淘免税店、德国BA保镖商城、天猫国际、Bonpont、WRURU、55海淘、别样海外购、英超海淘、莎莎网、宝贝格子、AC派、86mall、洋葱、速卖通、NZH跨境平台、虾皮(shopee)、万里目、欧洲生活购、蜜芽、聚美优品、Babymarkt、西集网。此前,Wish、羊贝比海淘、爱飞海淘、澳洲直邮、铭瑄海淘、敦煌网、东方全球购、人人海淘、冰冰购、波罗蜜等也接到消费者的投诉。其主要问题集中为退款难、网络售假、发货问题、货不对板、售后服务差。其中,海狐海淘、小红书、洋码头、海淘1号、亚马逊、丰趣海淘、Feelunique、寺库、德国W家、海豚家、考拉海购、全民海淘、海淘免税店、德国BA保镖商城、天猫国际15家跨境电子商务消费投诉数据及典型案例被披露,如图2-10所示。

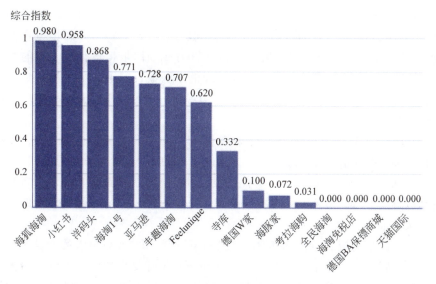

图 2-10　2020 年上半年跨境电子商务消费评级指数对比
图表编制：电诉宝（电子商务消费纠纷调解平台），数据来源：www.100ec.cn

评级划分由综合指数决定，不建议下单 $\in [0, 0.4)$，谨慎下单 $\in [0.4, 0.75)$，建议下单 $\in [0.75, 1.0]$。"电数宝"电商大数据库显示，海狐海淘、小红书、洋码头、海淘1号获"建议下单"评级；亚马逊、丰趣海淘、Feelunique 获"谨慎下单"评级；寺库、德国 W 家、海豚家、考拉海购、全民海淘、海淘免税店、德国 BA 保镖商城、天猫国际均获"不建议下单"评级，在受理平台移交的用户投诉，平台反馈率、回复时效性、用户满意度相对较低，需积极受理第三方移交督办的全国各地用户投诉线索并第一时间响应、及时反馈，努力提高售后服务水平和口碑。据悉，消费评级指数依据反馈率、反馈时效、满意度多项指标，由系统建模、自动评估、公开披露，其数据评级完全由平台智能化生成。

2020 年上半年，跨境电子商务的用户投诉领域主要集中在跨境网购、国内网购、商家纠纷，占比分别为 57.18%、29.90%、6.70%，如图 2-11 所示。

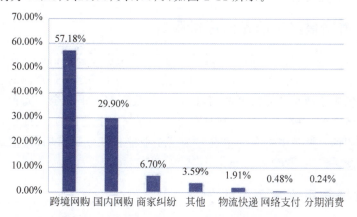

图 2-11　2020 年上半年跨境电子商务投诉领域分布
图表编制：电诉宝（电子商务消费纠纷调解平台），数据来源：www.100ec.cn

2019年海淘重头戏"黑五"期间,各家竞争激烈程度有增无减。跨境商品真假难辨、流通信息不透明、物流慢、退换货困难等一系列问题困扰着消费者,是跨境电子商务平台在提升用户体验方面必须跨越的门槛。2020年3月15日,依据运行近十年的国内唯一电商专业消费调解平台"电诉宝"2019年度受理的全国数百家电商平台用户消费纠纷案例大数据,网经社旗下国内知名电商智库电子商务研究中心发布了《2019年度中国跨境电子商务消费投诉数据与典型案例报告》。

2018年,中国进口跨境电子商务交易规模达19 000亿元,同比增长26.66%,截至2018年12月底,我国经常进行跨境网购的用户达8850万人,同在疫情"笼罩"下,2021年3·15电商企业又将迎来一次大考。为此,网经比增长34%,越来越多的消费者开始海淘购物。社"电诉宝"发起"战疫3·15提振电商消费信心"的3·15主题活动。跨境网购藏"陷阱",购买需谨慎。

商品质量、跨境物流、售后难保障往往是"黑五"期间用户投诉最多的问题。据国内唯一电商专业消费调解平台"电诉宝","黑五"期间历年统计受理的消费投诉纠纷大数据显示,随着跨境电子商务交易规模的不断攀升,跨境商品真假难辨、流通信息不透明、物流慢、退换货困难等一系列问题也困扰着消费者,也是跨境电子商务平台在提升用户体验方面必须跨越的门槛。那么,"黑五"期间跨境电子商务平台网购有哪些"陷阱",消费者又应注意哪些方面?为此,网经社旗下国内知名电商智库电子商务研究中心曾发布"黑五"电商大促消费十大防坑攻略,提醒消费者谨防促销中的各类陷阱,避免"入坑"。

2.4 跨境电子商务的营销策略

近几十年来,信息技术的不断改革、创新为电子商务的高速发展奠定了坚实基础,随着社会经济进一步发展,人们的物质生活水平不断提高,这也激发了人们的购买欲望,包括对境外商品的渴求,历年网购人数的不断攀升、各个国家日渐紧密的贸易往来,这些都使得跨境电子商务逐渐变为现实。如今跨境电子商务的运作正在不断完善。为进一步推进跨境电子商务企业发展,决定执行什么样的营销策略是十分关键的。

2.4.1 应本着诚信经营的理念提供服务

电子商务时代,社会运行体制不断进行着变革,跨境电子商务借助这样的势头应运而生。而外界对于跨境电子商务企业的建设和发展的影响不一定都是正面的、积极的,由于跨境电子商务仍属于新兴产业的范畴,各国针对其政策都不很健全和完善。跨境电子商务不是实体经济企业,一切商品交易都是在虚拟的互联网上进行的,因此存在不良商家在网络上发布虚假信息欺骗消费者的情况。为了企业能长期立足市场,诚信经营应作为第一位的经营理念。

2.4.2 注重培养高等专业人才

企业的发展离不开企业员工的团结协作,员工的素质和专业能力的高低一定程度上决定企业发展的高度。除了引进高层次的人才,针对企业内部的员工也应该定期安排提升相关能力的培训,以便最大化提升企业人力资源的质量。

2.4.3 敏锐察觉市场动向,巧妙借助"政策春风"

国内外的整个市场发展态势是随着整个世界经济的发展而不断变化的。一边是需要跟上时代发展变革的速度,另一个关键点就是如何在这种瞬息万变的局势中抢夺先机、拔得头筹。对市场局势的把控能力以及敏锐察觉市场变化动向的辨别能力,对企业未来做出一些重大决策将起到关键的作用。在这种不断发展的世界格局中,各国都在陆续出台相应的政策制度,企业需要对其深入理解和分析,把握对自身有利的信息,从而更好地谋求自身的发展道路。

2.4.4 稳固基础,创新发展

一个想做大、做强的企业,全体员工需要有明确的目标、坚定的信仰。明确自身的优势和劣势,不断地稳固自己的优势,并不断缩减自己的劣势。创新,这个在21世纪具有巨大价值和潜力的词,无疑是想要寻求发展的企业都需要利用好的一把利刃。适度创新能为企业发展注入新的活力,为企业的壮大带来更多的可能性。但是,过分地创新是万万不可的。过分追求创新容易导致背弃公司发展的核心理念、忽略求真务实的精神,最终导致企业逐渐没落的结果。

2.4.5 提升个性化服务质量

服务质量决定着营销活动的效果,无论是线上虚拟化的交易,还是线下的实体店交易,服务质量都是商家能否持续发展的重要影响因素。因此,如何在竞争如此激烈的市场之中更多地吸引消费者,满足消费者的各项需求,从而使消费者的满意程度达到最大化是企业需要思考的问题。针对性地定制个性化的服务是拉近交易双方距离很关键的一步。更加便捷的支付方式,更加便利快捷的物流服务,更加贴心热情的客服服务,以及更加完善的售后都将是被更多消费者选择的原因之一。因此,为了拉近和消费者的距离,和消费者建立起更加紧密的联系,企业需要在经营过程中加入更多人性化的服务。

2.4.6 选择合适的营销平台

制定好需要实施的营销策略后,为了达到更好的营销效果,一个好的营销平台的选择至关重要。如今互联网上的电商平台众多,要选择一个最适合企业自身特点的营销平台,需要考虑众多因素,如企业所销售的商品种类、企业的规模、企业供应链的健全程度等。

2.4.7 树立差异化品牌形象

企业需要有核心精神,也就是企业文化。树立一个独特而有深厚内涵的品牌形象对于企业未来长远的发展具有举足轻重的意义。具有自己独特印记和风格的品牌,才更容易被消费者记住。这样的企业在发展过程中所走的每一步都将是坚实有力的。

2.4.8　病毒式营销策略

1. 病毒营销理论及研究

病毒营销是一种常用的网络营销方法,又称病毒式营销、基因行销或核爆式行销,企业提供有价值的信息引发人们关注,在用户之间进行口碑传播,信息不断复制,快速增殖,形成一个病毒式的传播过程。在互联网尤其是基于人际传播的社交网络上,信息复制与传播成本极低,由一到多传播速度极快,可以迅速达到提升品牌知名度、推广品牌等营销目的。病毒式营销依靠用户自发的口碑宣传,达到一种快速的滚雪球式的传播效果。

病毒营销(viral marketing)最早由贾维逊(Steve Jurvetson)及德雷伯(Tim Draper)在1997年发表的《病毒营销》中提出,他们在研究Hotmail电子邮箱的成功案例之后,首次提出病毒营销这个术语,将其描述为一种具有强大力量的市场营销工具。病毒营销刺激消费者主动把营销信息扩散出去,并持续刺激信息不断曝光,增大它的影响,使之呈几何级数增长。

互联网时代下的病毒营销结合新媒体,主要具有以下特点。

(1) 有价值的病原体,激发用户参与热情。
(2) 针对"易感人群",进行有效传播。
(3) 基于社交网络,核爆式的传播过程。
(4) 受众参与度高,自发性强。

2. 跨境电子商务平台的病毒营销策略分析

病毒营销作为一种顺应互联网时代趋势,具有强大力量的营销方式,定会助力跨境电子商务平台的发展,所以探讨跨境电子商务的病毒营销策略具有重大意义。做好病毒营销需要做好以下5点。

(1) 精准定位目标受众,发布有效病原体。

对跨境电子商务平台而言,将目标消费者进行划分并且精准定位,才能有效地传播信息,引起受众关注。受众不仅要对信息感兴趣,更要乐意主动传播。以社区电商平台小红书为例,小红书的用户以喜爱海淘的年轻女性或学生为主,这个消费群体热爱时尚,乐于分享,具有较强的消费需求和消费意愿,同时这个群体的关注点更多集中在化妆品、皮具、保健品等话题上,女性特征明显,在进行营销时要具有针对性。

(2) 找准发布时机,引爆传播热潮。

所有的营销活动都必须合时宜,传播时机对于传播效果而言至关重要,同样的传播内容,在不同的时机下传播,往往会有不同的甚至截然相反的效果。也就是说,所有传播活动首先要"合时宜",才能传播出去,收到良好的效果。

(3) 利用好社交媒体,引爆病毒传播。

病毒传播中的每一个参与者都是一个节点,要想利用好每个节点,就要最大程度激发受众的参与热情,符合受众的传播习惯。互联网时代下的受众的信息接收和传播习惯都被新媒体环境改变,他们更乐意在社交媒体上传播和分享信息。跨境电子商务平台要想进行有效的病毒营销,一定要利用好社会化媒体。

(4) 利用大数据,实施有效传播。

大数据时代下的营销方式,更注重精准性和有效性,企业需要打造和完善数据基础设施,收集庞大的客户群信息,了解不同消费者的消费习惯,建立消费者数据库,才能实现精准营销。建立在大数据技术之上的病毒营销,可帮助电商平台进行商品需求预测,投放更有效的病原体,对"易感人群"的针对性更强,投放渠道得以优化,增强用户体验。

对于跨境电子商务而言,大数据可以提供信息服务、增强产品功能、分析用户的个性化需求、掌控消费者的基本状况,更有针对性地投放"病毒源",信息到达率更高。

(5) 树立口碑,强化情感。

在《未来是湿的——无组织的组织力量》一书中,美国学者克莱·舍基提出"湿世界"的概念,就是人际传播的湿性化,社会化软件让人与人之间充满人情味,变成一种黏性的存在。对电商而言,不仅要卖产品,更要卖品牌,建立用户对电商平台的情感。

跨境电子商务的主要目标受众是乐于境外购物的年轻人,他们时尚、追求生活质量、消费水平较高、乐于分享,这就是跨境电子商务进行病毒营销的易感人群。当企业传播的信息与目标消费者的内心是契合的,可以满足用户的情感需求,并且开始影响消费者的行为,营销才真正有效。

3. 总结

病毒营销作为一种互联网时代下新型的营销方式,越来越多地运用到电子商务领域中,如果运用得当,可以起到良好的营销效果,促进电子商务的发展。跨境电子商务平台未来发展前景巨大,企业想做大、做强,仍要继续借鉴优秀案例,结合自身实际,巧妙进行营销,这样才能打造优质品牌,实现跨境电子商务平台的可持续全面发展。

2.5 跨境电子商务营销工具

1. Canva

Canva 是一个创建和编辑图像、图形的工具,供应数百种模板,各种图片、插图、字体等可供选择,而且操作非常简单。商家利用该款免费的图形设计工具可以创建惊人的视觉内容,以吸引观众的眼球。

2. BuzzSumo 社交媒体舆情监测工具

BuzzSumo 可以帮助跨境电子商务卖家更好地了解市场的需求,还可以了解竞争对手的情况和自己的目标受众,从而分析目标人群的偏好,卖家可以更好地制订自己的营销方案。

3. Bannersnack 横幅制作工具

如果你的店铺想要制作营销广告,这款工具可以帮助你在制作广告时,用一个既便宜又简单的方式做宣传,它有一个很庞大的模板库,可以任意选择,不需要设计师的制作,在几分钟内就可以轻松构建出动静结合的网页横幅、照片、字体等。

4. Headline Analyzer

Headline Analyzer 是一款能帮助卖家判断标题产生的营销价值为多少的工具,检测大家看到你的商品标题有没有共享的欲望,是不是可以提高流量和 SEO,并提出建议,改善标题。

2.6 跨境电子商务品牌的建设与保护

2.6.1 筛选优质跨境电子商务企业,改善泥沙俱下的局面

要想发展我国跨境电子商务企业,必须对相关企业进行筛选,取其精华,去其糟粕,改善泥沙俱下的局面,赢得优良的口碑并且通过精益求精获取属于自己的土壤。

值得强调的是,这里所说的泥沙俱下,是指我国跨境电子商务企业在对外贸易的过程中各个环节是否正规、是否符合交易双方的交易原则,并不是指跨境电子商务企业的规模大小或者订单的大小。具体措施分为两方面:一方面是指各个企业自己通过内调进行自我调整,使得企业逐渐正规以及标准;另一方面是指政府进行干预,制定更加严格的跨境电子商务企业贸易制度,明文规定相关事宜并且严格执法,对一切跨境电子商务企业进行严格把控,并且对不符合规定的企业进行处罚及警告。

2.6.2 博采众长并不断创新,优化专业团队

有句名言:"路在没路的地方"。这句话指的是大胆创新、勇于开拓的精神,最成功的企业就是能够看到消费者自己都看不到的需求,跟随消费者的需求,往往能使企业一时高速发展,却不能使企业在今后的竞争中持续立足。

因此,这启示我国跨境电子商务企业在发展过程中,不仅需要博采众长,吸收其他各个国家电子商务企业的优点以及优势,还应该大胆创新并不断尝试学会经营自己的自主品牌,以独特的中国特色吸引各国家进行贸易往来;不断优化贸易团队,从各个细节提高和改善。无论是在红海状态还是蓝海状态中(红海状态指已知的市场空间,蓝海状态指未知的市场空间,具有更大的创新和发展空间),都能以独特的自主品牌和优秀的专业团队为自己在国际经济贸易之中有一席之地。

2.6.3 追求产品质量以及售后保障,详细到具体环节

鉴于我国跨境电子商务处于发展的初级阶段,并没有形成统一的、完备的大型企业,很多小型企业或者个体户为了提高利润,选择廉价的低成本、低质量的产品进行对外贸易,导致我国跨境电子商务水平不如其他国。

事实上,低价出售并不是长久之计。企业需要对此进行整改,更加关注产品的质量,"以质取胜"才是成功的关键,只有质量过关,才能获取更多、更大的订单。另外,我国跨境

电子商务企业数量很多,但知名且规模庞大的企业却屈指可数,因此导致出口国对相关企业存在"怀疑态度",也导致小型企业获利效率极低且承担风险过高。因此,我国大型跨境电子商务企业可根据实际情况对小型企业或优质个体户进行收购,或小型企业可酌情进行合并,以此提高整体竞争能力。同时,我国跨境电子商务企业需要制定完备的售后服务体系,保障消费者的基本权利。完备的售后服务体系是企业不断对外输入的重要保障。完备的售后服务,能够扩大出口国的数量以及深度,发展忠诚的出口国,甚至是终身出口国;售后服务提高的同时,企业的形象以及知名度也会随之上升,这样有助于老顾客带动新顾客进行交易。鉴于产品成本的提高,又要保证企业获取足够的利润,企业在进行跨境电子商务贸易时可以引导出口国购买一定的售后服务险,以此保障双方利益。

2.6.4 政府给予一定政策鼓励,提供发展机会

我国跨境电子商务行业虽然多元化发展,但是出口国家往往因为"看得见摸不着"而对我国跨境贸易企业产生一定的怀疑,有损我国企业的国际形象和口碑。因此,这启示政府在助力跨境电子商务多元化发展的同时,应该促使其进行线上线下融合发展,鼓励各个企业开展线下实体店,打消其他国家的怀疑态度。还应该在扩容综合电商试区的同时,注重向中西部地区倾斜,促进各个地区的跨境企业的发展,形成新的经济点,这样有助于我国各地区经济发展平衡化。

在政策方面,国务院提出,要大力发展电子商务,扩大跨境电子商务试点,加大政府利用电商平台采购,鼓励各大跨境电子商务企业走出去。各地方政府要发挥行业协会的作用,完善跨境电子商务品牌发展环境。建立电商质量监督机制,在电商中积极推广实体企业生产的规范化与标准化,引导电商企业实施知识产权战略,加强电子商务领域知识产权保护。国家针对跨境电子商务物流、支付等若干问题出台多项政策,保障电子商务企业交易过程中的便利化、合法化,积极推进跨境交流流程中相关问题的解决,有利于跨境电子商务企业服务体系质量的提升。在国家战略上,大力推进 APEC(亚太经济合作组织)的发展和"一带一路"倡议的实施,鼓励跨境电子商务企业积极参与 APEC 会议,以此为切入点,加强企业与各国政府的合作关系,提高企业在国外的影响力。

2.6.5 发展技术,为品牌国际化提供支撑

迈入 21 世纪之后,我国计算机技术、数据处理技术以及互联网技术有一系列重大突破,恰逢跨境电子商务的进一步推广和深入各个群体,过去的线下支付方式和物流模式都不能很好地给予消费者良好的用户体验,这些新技术对整个业务进展能够起到非常良好的推动作用。目前,手机等各种可移动的客户端代替了过去的 PC 成为电子商务的新媒介,这样人们使用手机、平板电脑不再受时间和地点的限制。登录电子商务平台进行跨国购物,已经成为我们可以预见的未来,或者说已经成为趋势的现实。

随着大数据时代的到来,过去的很多难以克服的问题都会得到很好的解决,如存储空间不足、数据服务能力弱等。云计算技术为跨境电子商务服务提供了较强的计算能力,为交易平台提供了强大的技术支持。物联网的射频识别、全球定位系统等信息传播技术将使得社会物流变得可观察,并且能够大大提高传输速率。

本 章 小 结

本章主要讲述了跨境电子商务营销方面的知识,从分析消费者的行为特征、对市场进行调研与分析等总结跨境电子商务的营销策略,还介绍了跨境电子商务营销工具、跨境电子商务品牌的建设与保护等。

第 3 章

跨境电子商务交易

知识导读

跨境电子商务交易(cross border electronic commerce transactions)是指在互联网上发出询盘并进行信息反馈来选定目标客户,然后交易双方通过互联网进行磋商并签订合同的一种线上交易方式。电商交易与传统交易方式相比,电商交易是无国界交易,失去传统交易所具有的地理要素是其重要特征之一。因为互联网用户可以向市场提交产品,尤其是高附加值的产品和服务,而无须考虑地域限制。本章首先初步介绍跨境电子商务的交易流程与特点,其次介绍跨境电子商务合同的签订和履行,最后总结出跨境电子商务交易的优劣势与发展前景。

学习目标

- 了解跨境电子商务的交易流程与特点
- 了解跨境电子商务合同的签订和履行
- 了解跨境电子商务的交易前景及政策

能力目标

- 掌握跨境电子商务的交易流程与特点
- 掌握跨境电子商务合同的签订和履行
- 认识跨境电子商务的国内政策及前景

相关知识

3.1 跨境电子商务的交易流程

交易流程步骤如下。

首先是跨境电子商务交易前的准备活动,包括选择目标市场和目标客户(通过发出询盘与信息反馈对潜在的客户进行筛选),从而与目标客户建立关系。

其次是进行交易的磋商。交易磋商环节主要包括询盘、发盘、还盘和接受。交易双方对所洽谈的各项贸易条件达成一致意见,即为交易成立,并签订合同。以上各项工作均主要通过互联网手段完成。

最后是履行合同：首先是对货物的备货、加工以及包装,然后向商检局报检以检验证书,其次是租船订舱在出口报关将货物出运(需办理保险及制作有关单据),然后向买方发装船通知,货物装船后取得订单,最后编制相关单据将全套单据提交银行结汇,如图 3-1 所示。

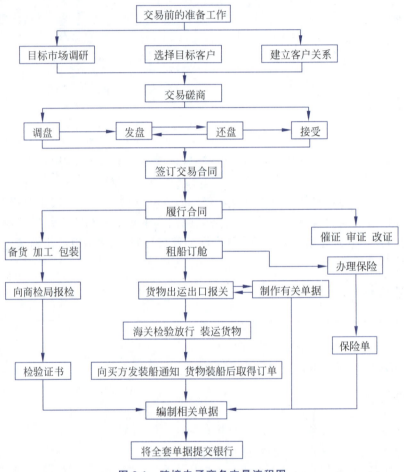

图 3-1 跨境电子商务交易流程图

3.2 跨境电子商务磋商

3.2.1 磋商配景

大数据指容量大、类型多、存取速度快、应用价值高的数据聚集,是蕴含大量、多样数据的收罗、存储、联系剖析在内的信息技艺和服务业态。我国数据资源十分雄厚,得益于国度政策支撑,我国在数字技艺投资、数字应用立异和数字产物开辟范畴已经领先多数国家。跨境电子商务则是指业务主体分属各海关,议决电子商务的渠道,完成业务、付出结算,跨境物流投递的一种国际贸易举止。近年来,我国的跨境电子商务规模不断扩大,已经成为外贸增长的重要部分。资料显示,2017 年,跨境电子商务经海关验放的进出口总数达 902.4 亿元,同比增长 80%。跨境电子商务在稳增长、促就业方面施展了强大作用,同时也进一步激励国内市场积攒潜力。大数据和跨境电子商务近年来的成长十分迅猛,国度层面也高度崇尚,截至目前,我国已与 19 个国家签订了双边电子商务合作谅解备忘录。为给我国跨境电子商务成长供给优良的政策环境,国务院核准了多个跨境电子商务综合试验区,大数据与跨境电子商务经营模式集中,能够有效削减财力、物力,从而缩短交易时间,节省投入成本。可见,跨境电子商务已经从传统电子商务的增补选项,成长为推动我国电子商务以及对外商业的成长至关重要。国内学者近年来对大数据和跨境电子商务也进行了普遍切磋,但从整体上看,这些切磋有的偏重技艺应用,有的偏重某一具体范畴。本节将剖析中国跨境电子商务企业成长广泛存在的问题和不足,并凭借大数据应用的特点和优势,提出大数据视角下跨境电子商务企业经管模式立异方面的建议。

3.2.2 跨境电子商务企业存在的问题和不足

1. 产物同质化

传统国际商业中,中国制造的商品大多依赖低廉的价格吸引消费者。商品之间的同质化水平较高,个性化商品较少,造成商品的可替换性较高。品牌效应不强,商品附加值不高,不足以凭借商品的个性化特色来竞争和占领市场,导致商品和企业的利润率低,品牌竞争力不足。

2. 营销能力不足

开展跨境电子商务,海外市场顾客的消费习惯、消费行为等方面与国内市场存在显著差别,跨境电子商务企业在短时间内很难掌握指标市场的详细环境。同时,企业无一幸免地要面临海外市场存在的种种不确定性,还要面对海外企业更普遍的竞争,相较于国内传统的薄利多销、贬价促销的营销模式,面临各异国度(地域)的积攒者,必要加倍精准化、差别化的营销策略。

3. 物流效果较低

开展跨境电子商务交易但不开跨境物流,较传统电子商务的物流服务,跨境电子商务交易添加了收支关境和境外运输。一方面,效果问题。收支关境和境外运输在必然水平上添加了积攒者期待周期,延长了业务时间。据有关数据表明,国内的邮政小包交易一单跨境快递一般要花费 1～2 周的时间,期待时间很长,十分影响积攒者的购物体验,而电子商务习惯用节日促销手段,到种种节日促销时期,递送交易会成倍增进,在运力紧张的环境下,还会进一步造成配送延迟。再者,若涉及退换货,会造成更长的期待时间,带来较大的购置危害。另一方面,用度问题。对不少企业来说,跨境物流的成本是一笔不菲的开支,成本转嫁到积攒者身上,积攒者需要花费更多的资金,提高了积攒者购置商品的成本,总体上降低了商品的性价比。

4. 售后服务滞后

在当代经济社会中,商品售卖并不意味着贸易交易终止,售后服务同样重要,从某种意义上来说,售后服务比商品售卖本身更为重要,这直接影响积攒者的品牌忠诚度。跨境电子商务则因为说话、文化、习惯风俗等缘故,较易发生更多的纠葛。例如前文所述,境外电子商务物流成本较高,一旦呈现退换货,将会产生较高的退货成本。

3.3 跨境电子商务合同的签订和履行

3.3.1 跨境电子商务合同

电子要约无法撤销或撤回。由于因特网电子传输的即时性,无论是要约还是承诺一经发出就等于到达,不存在撤回或撤销的机会,因此,只要发出电子合同订立邀请,合同一般即告成立。

电子合同的内容基本上属于格式条款,其中往往加入了大量使跨境电子商务平台等交易主体免责的条款,消费者无法进行协商修改。

电子合同的争议解决条款中存在风险,消费者等相关主体的忽视常常造成维权之艰难。不过,依据民事诉讼法司法解释,以信息网络方式订立的商品买卖合同,经营者适用格式条款与消费者订立管辖协议,未采取合理方式提请消费者注意,消费者主张管辖协议无效的,人民法院应予以支持。

由于网络交易的线上化特征,消费者通常无法看到实物,这也经常会引起消费者的重大误解,而无法得到很好的解决。

3.3.2 合同的签订和履行所需注意事项

1. 服务范围

何为"跨境电子商务物流",并没有一个清晰的、普遍接受的定义,包括运输、信息服务(如货物跟踪、查询等)、运输安排、仓储、拼货、海关代理、供应链管理、物流咨询、退货等,且随着时代的进步,可能有新的业务出现。而有能力提供上述全部服务的供应商是屈指可数的。因此,卖家和物流供应商首先应当就需要提供哪些服务达成一致,且这个服务范围跟合同的其他部分,如贸易条款、服务标准、价格等,协调一致。服务范围约定不清楚,可能产生纠纷。为了避免以后发生争议,事先要约定好服务范围。在合同中加一个前言条款,说明合同的背景、目的等,在发生争议时可以帮助解释合同的条款。

2. 服务水平和 KPI

平台、买家对卖家的物流服务要求越来越高。只有快捷、稳定、可靠地将货物送达买家手中,才能提高买家的满意度,减少差评,避免取消订单,留住买家,满足平台的物流要求。

为实现上述目的,卖家应当把自己的物流服务要求落实进合同里,跟供应商签订服务水平协议,规定供应商提供的物流服务应当达到什么标准。例如,时效是物流服务最重要的标准,因此,服务水平协议里应当规定诸如取件时间、发货时间、上网查询时间、送达时间等。除时效之外,货物的损毁、丢失也是一个重要的考虑因素,需要明确规定在服务水平协议里。除此之外,还有其他要求,如数据准确率、存货短缺等,卖家应根据不同的服务内容明确约定。

缺乏明确、具体的服务标准,就会出现服务定价、客户体验、服务质量等问题,而这些问题很容易纠缠不清,给双方都造成困扰,甚至导致合同终止等后果,给双方造成损失。

为衡量供应商的服务水平,卖家应当根据服务标准设定KPI(关键绩效指标),定期对供应商的服务水平进行考核,如准时送达率、货物损毁率等。如供应商KPI不达标,卖家可以不支付部分费用;如KPI超额完成,可以给予供应商额外的奖励,因为高质量的服务是要付出成本的。

3. 价格调整

价格当然是合同磋商的重要部分,但需要注意的是价格之外的费用,合同须明确价格之外的费用须经卖家同意。

还有一个重要的因素是价格调整,卖家自然希望能够保证价格稳定,但跨境电子商务物流服务商基本上需要通过多次分包,有些渠道的价格不是服务商能控制的。大的服务商可能会跟航空公司签订包仓包板协议,除燃油附加费之外,价格比较稳定,并且在运力紧张的情况下也能有仓位。所以,如何约定价格的调整需要考虑。

4. 损害赔偿

损害赔偿指因供应商导致的货物延误、损坏、灭失应承担的赔偿责任。因为服务商提供的服务不同,因延误、损失、灭失导致损失的赔偿责任也是不同的,如海上运输有海运的赔偿限额、航空运输有航空的赔偿限额、尾程运输的快递服务商会有自己的赔偿限额,这些需要向服务商了解清楚。

这个约定是极其重要的,因为这些损失不可避免会产生。事先的约定有助于快速解决,也不会损坏双方的合作关系。如果没有事先约定,发生事故后再协商,往往难以解决,耗时费力,最终导致双方合作破裂,双方都遭受损失,供应商丢了业务,卖家需要重新寻找供应商。

5. 货物留置

卖家的货物被留置一般有两种情况:一种是供应商的分包商留置,大部分原因是供应商没有按照约定支付运费;另一种是卖家因为纠纷没有支付服务费,被供应商留置货物。这是一种高发而又极其糟糕的状况,两败俱伤,卖家的货物出不去,客户取消订单、留下差评,供应商也不能收到钱。

以上只是卖家磋商和签订跨境电子商务物流服务合同的一些需要重点考虑的问题,不同的服务内容有不同的侧重点,如海外仓跟专线运输就有很大的不同。如果卖家自己对此不是很了解，邀请具有行业知识和法律知识的人参与合同的磋商与签订是必要的。

3.4 跨国电子商务交易的特征

3.4.1 全球性

网络是一个没有边界的媒介体，具有全球性和非中心化的特征。依附于网络发生的跨境电子商务也因此具有全球性和非中心化的特性。电子商务与传统的交易方式相比，其一个重要特点是电子商务是一种无边界交易，丧失了传统交易所具有的地理因素。互联网用户不需要考虑跨越国界，就可以把产品尤其是高附加值产品和服务提交到市场。网络的全球性特征带来的积极影响是信息的最大程度的共享，消极影响是用户必须面临因文化、政治和法律的不同而产生的风险。任何人只要具备一定的技术手段，在任何时候、任何地方都可以让信息进入网络，相互联系进行交易。美国财政部在其财政报告中指出，对基于全球化的网络建立起来的电子商务活动进行课税困难重重，因为电子商务是基于虚拟的计算机空间展开的，丧失了传统交易方式下的地理因素；电子商务中的制造商容易隐匿其住所，而消费者对制造商的住所是漠不关心的。例如，一家很小的爱尔兰在线公司，通过一个可供世界各地的消费者点击观看的网页，就可以通过互联网销售其产品和服务，只要消费者接入互联网。很难界定这一交易究竟在哪个国家发生。这种远程交易的发展，给税收当局制造了许多困难。税收权力只能严格地在一国范围内实施，网络的这种特性为税务机关对超越一国的在线交易行使税收管辖权带来困难。而且互联网有时扮演了代理中介的角色。在传统交易模式下往往需要一个有形的销售网点，例如，通过书店将书卖给读者，而在线书店可以代替书店这个销售网点直接完成整个交易。问题是，税务当局往往要依靠这些销售网点获取税收所需要的基本信息、代扣代缴所得税等。没有这些销售网点，税收权力的行使也会有困难。

3.4.2 无形性

网络的发展使数字化产品和服务的传输盛行。而数字化传输是通过不同类型的媒介，例如数据、声音和图像在全球化网络环境中集中进行的，这些媒介在网络中是以计算机数据代码的形式出现的，因而是无形的。以一个 E-mail 信息的传输为例，这一信息首先要被服务器分解为数以百万计的数据包，然后按照 TCP/IP 通过不同的网络路径传输到一个目的地服务器并重新组织转发给接收人，整个过程都是在网络中瞬间完成的。电子商务是数字化传输活动的一种特殊形式，其无形性的特性使得税务机关很难控制和检查销售商的交易活动，税务机关面对的交易记录都体现为数据代码的形式，使得税务核查员无法准确地计算销售所得和利润所得，从而给税收带来困难。

数字化产品和服务基于数字传输活动的特性也必然具有无形性，传统交易以实物交易为主，而在电子商务中，无形产品却可以替代实物成为交易的对象。以书籍为例，传统的纸质书籍，其排版、印刷、销售和购买被看作产品的生产、销售。然而，在电子商务交易中，消费者只要购买网上的数据权，便可以使用书中的知识和信息。而如何界定该交易的性质、如何监督、如何征税等一系列问题,却给税务和法律部门带来新的课题。

3.4.3 匿名性

由于跨境电子商务的非中心化和全球性的特性,因此很难识别电子商务用户的身份和其所处的地理位置。在线交易的消费者往往不显示自己的真实身份和自己的地理位置,重要的是这丝毫不影响交易的进行,网络的匿名性也允许消费者这样做。在虚拟社会里,隐匿身份的便利性导致自由与责任的不对称。人们在这里可以享受最大的自由,却只承担最小的责任,甚至干脆逃避责任。这显然给税务机关制造了麻烦,税务机关无法查明应当纳税的在线交易人的身份和地理位置,也就无法获知纳税人的交易情况和应纳税额,更不要说审计核实。该部分交易和纳税人在税务机关的视野中隐身了,这对税务机关是致命的。以 eBay 为例,eBay 是美国的一家网上拍卖公司,允许个人和商家拍卖任何物品,到目前为止,eBay 已经拥有 1.5 亿用户,每天拍卖数以万计的物品,总计营业额超过 800 亿美元。

电子商务交易的匿名性导致逃避税现象的恶化,网络的发展,降低了避税成本,使电子商务避税更轻松易行。电子商务交易的匿名性使得应纳税人利用避税地联机金融机构规避税收监管成为可能。电子货币的广泛使用,以及国际互联网所提供的某些避税地联机银行对客户的"完全税收保护",使纳税人可将其源于世界各国的投资所得直接汇入避税地联机银行,规避了应纳所得税。美国国家税务局(IRS)在其规模最大的一次审计调查中发现大量的居民纳税人通过离岸避税地的金融机构隐藏了大量的应税收入。而美国政府大约 3 万亿美元的资金因受避税地联机银行的"完全税收保护"而被藏匿在避税地。

3.4.4 即时性

对于网络而言,传输的速度和地理距离无关。传统交易模式,信息交流方式如信函、电报、传真等,在信息的发送与接收间,存在着长短不同的时间差。而电子商务中的信息交流,无论实际时空距离远近,一方发送信息与另一方接收信息几乎是同时的,就如同生活中面对面交谈。某些数字化产品(如音像制品、软件等)的交易,还可以即时结算,订货、付款、交货都可以在瞬间完成。

电子商务交易的即时性提高了人们交往和交易的效率,免去了传统交易中的中介环节,但也隐藏了法律危机。在税收领域表为为:电子商务交易的即时性往往导致交易活动的随意性,电子商务主体的交易活动可能随时开始、随时终止、随时变动,这就使得税务机关难以掌握交易双方的具体交易情况,不仅使得税收的源泉扣缴的控管手段失灵,而且客观上促成了纳税人不遵从税法的随意性,加之税收领域现代化征管技术的严重滞后作用,都使依法治税变得苍白无力。

3.5 跨境电子商务交易的发展意义与政策支持

3.5.1 发展意义

跨境电子商务交易作为推动经济一体化、贸易全球化的技术基础,具有非常重要的战略意义。跨境电子商务交易不仅冲破了国家间的障碍,使国际贸易走向无国界贸易,同时它也正在引起世界经济贸易的巨大变革。对企业来说,跨境电子商务交易构建的开放、多维、立体的多边经贸合作模式,极大地拓宽了进入国际市场的路径,大大促进了多边资源的优化配置与企业间的互利共赢;对于消费者来说,跨境电子商务交易使他们可以非常容易地获取其他国家的信息,并买到物美价廉的商品。

3.5.2 政策支持

电子商务出口在交易方式、货物运输、支付结算等方面与传统贸易方式差异较大。现行管理体制、政策、法规及现有环境条件已无法满足其发展要求,主要问题集中在海关、检验检疫、税务和收付汇等方面。

针对上述问题,《国务院办公厅转发商务部等部门关于实施支持跨境电子商务零售出口有关政策意见的通知》提出以下几项具体措施:

(1) 建立电子商务出口新型海关监管模式并进行专项统计,主要用于解决目前零售出口无法办理海关监管统计的问题。

(2) 建立电子商务出口检验监管模式,主要用于解决电子商务出口无法办理检验检疫的问题。

(3) 支持企业正常收结汇,主要用于解决企业目前办理出口收汇存在困难的问题。

(4) 鼓励银行机构和支付机构为跨境电子商务提供支付服务,主要用于解决支付服务配套环节比较薄弱的问题。

最后是建立电子商务出口信用体系,主要用于解决信用体系和市场秩序有待改善的问题。通知同时要求,自《关于实施支持跨境电子商务零售出口有关政策的意见》发布之日起,先在已开展跨境贸易电子商务通关服务试点的上海、重庆、杭州、宁波、郑州5个城市试行上述政策。自2013年10月1日起,上述政策在全国有条件的地区实施。

目前全国共批准设立16个保税区:上海浦东新区的外高桥保税区、天津港保税区、深圳沙头保税区、深圳福田保税区、大连保税区、广州保税区、张家港保税区、海口保税区、厦门象屿保税区、福州保税区、宁波保税区、青岛保税区、汕头保税区、深圳盐田港保税区、珠海保税区、深圳前海保税区。

3.6 跨境电子商务交易的优劣势

3.6.1 优势

1. 国内电商竞争激烈,跨境电子商务前景广阔

国内市场的竞争非常激烈。国内电商的竞争已经白热化。然而,跨境电子商务总体来说仍然是一片蓝海。在互联网上,一个企业可以面对世界上200多个国家和地区的市场,而且跨境电子商务具有低门槛、低成本、宽平台的优势,使得国内企业,尤其是中小企业实现国际化梦想成为可能,并加快了实现的进程。因此,跨境电子商务受到企业的热烈欢迎。

2. 政府积极鼓励并出台相关利好政策

各国政府积极鼓励跨境电子商务的发展，中国更是如此。各地跨境电子商务综合试验区，还有各类资金扶持，都体现了我国大力发展跨境电子商务的决心，而且这些利好政策还在不断增多。

3. 消费者对跨境电子商务的需求

电子商务改变了消费者的购物习惯，跨境电子商务则可以突破区域限制，满足定制要求，这些都不是传统的外贸模式可以做的。在跨境电子商务进入成熟期之前，许多国内消费者会找专业代购或者个人代购购买国外的产品，这种通过个人非正式渠道购买海外产品的方式存在风险，并经常引发问题。这迫切需要建立正式的跨境电子商务来满足消费者需求，也是为什么这几年跨境电子商务发展得越来越好的原因之一。

4. 跨境电子商务平台本身的优势

平台本身就是一个综合体，它可以集成很多价值嫁接在平台上面成为平台的价值构造，成为平台引流的关键，平台自营＋入驻，灵活的平台管理体系，分销推广，订单无缝对接海关申报系统，对接国际支付，多语言支持，多终端覆盖，统一后台管理，智能数据统计，这些都是传统贸易无法达到或者想象的场景搭建，这就是互联网为什么能快速发展，传统企业为什么要嫁接互联网的一个原因。

3.6.2 劣势

1. 监管不足

我们的跨境电子商务平台缺乏第三方的认证或者监管机构的参与，由于没有监管，因此品牌营销、产品质量、侵权行为等问题会时常发生，导致整个平台声誉下降，这是急需跨境平台思考以及解决的事情。

2. 人才缺失

跨境电子商务人才的缺失一直是行业的一个痛点。跨境电子商务是近年来才蓬勃发展起来的，而且发展得尤其迅猛，虽然高校陆陆续续推出电子商务、物流管理等专业，但课程的更新完全跟不上跨境电子商务的发展，加之国内大部分高校培养跨境电子商务学生时，重理论轻实践，导致跨境电子商务专业学生与企业所需人才不对标。在招聘网站中我们也看到很多企业招人时明确表示：对跨境电子商务感兴趣的应届毕业生均可。跨境电子商务人才缺乏和难寻的困境，可想而知。

3. 营销困难

营销过程中痛点比较多，在平台营销的过程中，物流仓储、配送能力较弱，价格没有优势，国际结算方式没有发展为多元化，导致不少国家由于这些原因不能正常使用国内的跨境电子商务平台。还有一些因素,如产品质量、售后服务、知识产权等,也会对跨境电子商务的品牌营销造成一定影响。

3.7 跨境电子商务的交易规模及发展趋势

3.7.1 交易规模

1. 交易市场规模

近年来,我国跨境电子商务行业不断发展,市场规模持续扩大,2018年我国跨境电子商务零售进出口交易额突破1000亿元。2019年,我国跨境电子商务零售进出口额达到1862.1亿元,是2015年的5倍,年均增速49.5%。随着跨境电子商务综合试验区的增加,跨境电子商务市场规模将进一步扩大。此外,从跨境电子商务进出口结构看,目前我国跨境电子商务中出口仍占主导地位,但近年来出口占比在慢慢下滑,进口则在不断提升。整体看,我国跨境电子商务进出口占比结构中,出口占比将近80%,而进口仅20%左右。

2. 投融资市场

2019年,我国跨境电子商务行业投融资数量为34起,较上年同比下降24.4%;2020年,我国跨境电子商务行业投融资数量为33起,较上年同比下降2.9%,如图3-2所示。

图3-2 2016—2020年我国跨境电子商务行业投融资数量及增速

2019年,我国跨境电子商务行业投融资金额为230.8亿元,较上年同比增长129.2%;2020年,我国跨境电子商务行业投融资金额为70.9亿元,较上年同比下降69.3%,如图3-3所示。

3. 跨境电子商务的进出口规模

疫情在境外肆虐,导致境外市场需求下降,2020年外贸进出口低迷,至第三季度才实现由负转正。反观跨境电子商务,其进出口则一直保持逆势增长的态势,前三季度海关跨

图 3-3　2016—2020 年我国跨境电子商务行业投融资金额及增速

境电子商务监管平台进出口 1873.9 亿元,已超 2019 年全年,大幅增长 52.8%,为外贸进出口回稳做出突出贡献。截至 2020 年年底,中国货物贸易进出口总值达到 32.16 万亿元,比 2019 年增长 1.9%。其中,2020 年中国跨境电子商务进出口 1.69 万亿元,增长了 31.1%。

4. 跨境电子商务市场的拓展

尽管欧美仍是目前跨境电子商务最主要的市场,但东盟已经成为我国最大的贸易伙伴,接近 40% 的受访企业已经进入东南亚,超过日韩和俄罗斯。此外,进入非洲、拉美、中东等市场的企业均不足 20%,未来将有极大的拓展空间。2019 年,我国与"一带一路"倡议沿线国家的进出口总值达到 9.27 万亿元,增长 10.8%,高出外贸整体增速 7.4 个百分点。

5. 跨境电子商务平台的快速发展

跨境电子商务企业在亚马逊、阿里巴巴国际站和速卖通的入驻率排列前三,Shopee、Lazada 两个面向东南亚市场的平台也成为中国跨境电子商务企业出海的重要选择。此外,入驻 Newegg(新蛋)等海外国家本地平台的企业占比 14.4%,中国的跨境电子商务企业正在深度融入全球市场。2013 年以后,跨境 B2C 市场的平台型电商可谓强势崛起,eBay、亚马逊、速卖通、wish 等第三方电商平台逐步成为主流。跨境电子商务已经进入立体化渠道布局阶段,25% 的企业已经开设独立站。疫情进一步推动了这一趋势,另有 25% 的企业表示正在筹划建立独立站。

3.7.2 发展趋势

1. 跨境卖家地域及类型更加多元化

长三角地区、珠三角地区凭借产业集中、人才资源丰富、外贸基础成熟等优势孕育了目前全国最大规模的跨境卖家群体。根据数据显示,过去 5 年,长三角地区跨境卖家规模增长高达 9 倍,珠三角地区跨境卖家规模增长高达 6 倍。随着行业发展,以福建为代表的海西经济区卖家日益活跃,跨境卖家规模增长高达5倍。此外,华北、华中地区卖家逐步崛起,以北京为例,众多科技创新企业、传统知名品牌在全球初露锋芒。跨境卖家地域分布日益广泛,从珠三角、长三角向内陆延伸趋势明显。

2. 行业全球化布局加快

近年来,跨境电子商务在美国、欧洲国家等成熟市场上快速发展的同时,也积极布局中东、新加坡、澳洲等新兴站点,跨境电子商务全球化布局加速。

3. 品牌意识进一步增强

着眼于长期发展,跨境电子商务卖家越来越重视自身品牌的打造。例如,卖家依据亚马逊海外站点上消费者的反馈,有效提高产品质量,改进产品设计,进行新品研发。

4. 产品创新提速

为满足全球消费者逐渐多元和细化的需求,中国跨境店家选品由保准化产品向更有创意的产品升级。

5. 响应能力升级

响应能力升级:疫情背景下,全球急需口罩、消毒液、酒精等医疗用品。基于此种情况,跨境卖家快速识别并响应全球消费趋势调整选品,有助于推动行业发展。

本 章 小 结

在本章中,我们学习了跨境电子商务交易的流程形式及其特点,了解了跨境电子商务合同的签订和履行,并且总结了跨境电子商务的优劣势及其发展前景。

第 4 章

跨境电子商务贸易术语

作为连接中国制造与全球消费的重要方式,跨境电子商务近年来一直保持着规模化的增速,助推我国出口贸易建设。要深入研究跨境电子商务,前提是对跨境电子商务的专业术语要有一定的了解。本章将介绍这些知识。

本章分4部分介绍跨境电子商务贸易:跨境电子商务贸易术语含义及相关国际惯例、适合任何运输方式的贸易术语、适合海运及内河运输的贸易术语,以及跨境电子商务商品报价相关知识。希望本章的知识有助于大家学习跨境电子商务的知识。

学习目标

- 了解跨境电子商务贸易术语含义
- 了解跨境电子商务贸易术语相关惯例
- 了解跨境电子商务商品报价

能力目标

- 了解跨境电子商务流程
- 了解跨境电子商务线上及线下支付
- 了解跨境电子商务支付及收款面临的障碍

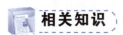

4.1 跨境电子商务贸易术语含义及相关国际惯例

4.1.1 跨境电子商务贸易术语含义

1. 海关管理类

(1)货管监管。

货管监管简称货管,是海关代表国家在口岸根据《中华人民共和国海关法》和国家其他进出口法律、法规和政策监督合法进出境货物和运输工具的重要管理职权,也是海关完成征收关税、制止走私违法、编制海关统计等各项任务的基础。

(2) 进出口许可证。

进出口许可证是国家管理进出口贸易通关证件,由对外经济贸易部及其授权的有关省、自治区、直辖市经贸委局和特派员办事处审核签发,从1992年起,进出口许可证上各项标注中英文对照、商品名称、编码和计量单位,采用"商品分类和编码协调制度"。

(3) 报关、清关、查验、放行。

报关是指进出口货物收发货人、进出境运输工具负责人、进出境物品所有人或者他们的代理人向海关办理货物、物品或运输工具进出境手续及相关海关事务的过程,包括向海关申报、交验单据证件,并接受海关的监管和检查等。基本程序是申报、查验、征税、放行。

清关即结关,是指进出口或转运货物出入一国关境时,依照各项法律、法规和规定应当履行的手续。

查验是以经过审核的单证为依据,对货主申报的内容直接进行核实和查对,除有特殊规定准予免验者外,进出境货物的运输工具均应接受海关的查验,它在打击走私违法犯罪,以及为征税、统计提供实际监管依据等方面有着重要的作用。

放行是指对经过审单、查验、征税监管环节后,对单货相符的货物和运输工具签印放行的监管行为。

(4) 开验、开拆、重封、关封。

开验是指海关在查验过程中,针对有些货物做细查细验时,进行内外包装开拆核实查证的行为。

开拆是指海关在查验工作中,对需要重点查验的货物进行开箱拆包细验的监管行为。

重封是指对受海关监管的货物由于复查等原因需要再次施加关封的行为,称为"重新加封",简称重封。

关封是指用于海关内部联系、交接有关单证所使用的印有"海关关封"字样,可以加封的信封。

(5) 关锁、纸封、海关封志、骑缝章。

关锁是一种用于对海关监管货物加封的金属制一次性使用的长条形封锁。

纸封是指用于加封小件海关监管物品的纸质封条。

海关封志是指加封海关监管物品的纸封在施封时,注明具体海关的称谓及年、月、日的称为封志。

骑缝章是指为了保证海关监管货物留存单据完整齐全以及核对有关单证,在单据交接处所加盖的印章。

(6) 保函、担保、保证金、滞报金。

保函是由担保人按照海关的要求向海关提交的,定有明确义务的一种担保文件。

担保是指以向海关缴纳保证金或提交保证函的方式,保证在一定期内履行其承诺义务的法律行为。

保证金是由担保人向海关缴纳现金的一种担保形式。

根据《中华人民共和国海关法》的有关规定,进口货物自运输工具申报进境之日起14

日内,应当向海关申报。超期未报的,从第十五天开始海关所征收的延期未报罚金称为滞报金,日征收金额为进口价格的0.5%,起征点为10元,不足10元的免收。

2. 货物管理类

(1) 转关货物、载进口货物、卸转出口货物、海关监管货物、退关货物。

转关货物指经收、发货人申请并经海关核准,进口货物可以转至设有海关的指运地办理进口手续;出口货物可以在设有海关的起运地办理出口手续,之后再转运至出境地海关核查放行出口。转关货物向海关申报时须填写《中华人民共和国海关进(出)口转关运输货物申报单》。

载进口货物是指境内汽车到口岸海关监管区接载由境外汽车载运进境后倒装的海关监管货物。

卸转出口货物是指境内汽车载运至口岸海关监管区后倒装由境外汽车载运出境的海关监管货物。

海关监管货物是指进出境受海关监管尚未办结海关手续的一切货物。

退关货物是指对已办理进出境海关手续的货物,由于某种原因,在征得海关同意后,货物取消进出口并按海关规定办理退关手续,这类货物称为退关货物。

(2) 一类、二类、三类进口商品。

一类进口商品指国家统一经营、代理订货关系国计民生的、大宗的敏感性的重要进口商品,包括粮食、钢材等。

二类进口商品指国家定为联合成交的国际市场供应相对集中、价格敏感、国内紧缺、国内外差价较大的大宗进口商品,包括羊毛等。

三类进口商品指国家规定除一、二类商品以外的其他商品。

(3) 单货相符、单货不符。

单货相符是指在办理进出口海关手续时,经查验货主申报的进出口货物的单证与实际进出口货物相一致。

单货不符是指在办理进出口海关时,货主申报的进出口货物单证与实际进出口货物经核实不一致。

3. 对外经贸类

(1) 保税港区、综合保税区、空港保税区、陆港保税区。

保税港区是指经国务院批准,设立在国家对外开放的口岸港区和与之相连的特定区域内,具有口岸、物流、加工等功能的海关特殊监管区域。保税港区的功能具体包括仓储物流,对外贸易,国际采购、分销和配送,国际中转,检测和售后服务维修,商品展示,研发、加工、制造,港口作业9项功能。

综合保税区是设立在内陆地区的具有保税港区功能的海关特殊监管区域,由海关参照有关规定对综合保税区进行管理,执行保税港区的税收和外汇政策,集保税区、出口加工区、保税物流区、港口的功能于一身,可以发展国际中转、配送、采购、转口贸易和出口加工等业务。

空港保税区是设立在国家对外开放的口岸港区,和与之相连的特定区域内,具有口岸、物流、加工等功能的海关特殊监管区域,有机场为之服务。

陆港保税区是内陆经济中心,城市铁路、公路交会处,集综合物流、仓储加工、中心商务、生活居住等功能于一体,布局合理,功能完善,产业聚集,辐射四周。

(2) 自由贸易区、FTA、FTZ。

自由贸易区(Free Trade Zone)是指在贸易和投资等方面比世贸组织有关规定更加优惠的贸易安排;在主权国家或地区的关境以外,划出特定的区域,准许外国商品豁免关税自由进出实质上是采取自由港政策的关税隔离区。

FTA是广义的自由贸易区,指两个或两个以上的国家或地区通过签署自贸协定,在世界贸易组织最惠国待遇基础上,相互进一步开放市场,分阶段取消大部分货物的关税或非关税壁垒,改善服务业市场准入条件,实现贸易和投资的自由化,从而促进商品、服务和资本、技术、人员等生产要素自由流通的"大区",如中国近年来推动建立的东盟、中日韩自由贸易区等就是广义自由贸易区。

FTZ是狭义的自由贸易区,国内称之为自由贸易园区。FTZ是缔约方境内的一部分,进入这部分的任何货物,就进口关税而言,通常视为关境之外,其特点是一个关境内的一小块区域是单个主权国家(地区)的行为,一般需要进行围网隔离,对境外入区货物的关税实施免税或保税,而不是降低关税。例如,德国汉堡自由港、巴拿马的科隆自由贸易区等属于FTZ。

(3) 自动出口限额、出口配额证商品。

自动出口限额指出口国在进口国的经贸压力下,或为了维护出口价格的稳定,而自动限制某项商品对进口国的出口。

出口配额证商品指在对外经贸活动中,一国政府在一定时期内对一些商品的进口数量或金额加以直接限制,这种限制下的商品对出口国来说首先要领取配额证,这些商品也因此称为出口配额证商品。

4. 贸易税的种类

贸易税有属地征税、行邮税、关税、出口退税等类别。

属地征税又称属地原则,是指一个国家以地域的概念作为其行使征税权力所遵循的原则。属地原则可称为来源地国原则,按此原则确定的税收管辖权称作税收地域管辖权或收入来源地管辖权。它依据纳税人的所得是否来源于本国境内,确定其纳税义务,而不考虑其是否为本国公民或居民。

行邮税是行李和邮递物品进口税的简称,是海关对入境旅客行李物品和个人邮递物品征收的进口税。由于其中包含了进口环节的增值税和消费税,因此也是对个人非贸易性入境物品征收的进口关税和进口工商税收的总称。课税对象包括入境旅客、运输工具、服务人员携带的应税行李物品、个人邮递物品、馈赠物品,以及以其他方式入境的个人物品等。

关税是指一国海关根据该国法律规定,对通过其关境的进出口货物课征的一种税收,按征收方法可分为从价关税、从揽关税、选择关税、滑动关税;按商品流向可分为进口税、出口税、过境税。

出口退税是指对出口货物退还其在国内生产和流通环节实际缴纳的增值税、消费税。出口货物退税制度是一个国家税收的重要组成部分。出口退税主要通过退还出口货物的国内已纳税款平衡国内产品的税收负担，使本国产品以不含税成本进入国际市场，与国外产品在同等条件下进行竞争，从而增强竞争能力，扩大出口创汇。

5. 商品运输类

（1）中转运输、承运、托运。

中转运输常指商品运输在商业系统内的中间转运，即商品运输不直达目的地，须在中途变换运输方式或更换运输工具的一种运输方式。

承运指运输企业承受托人委托运送货物的行为。

托运是指发货人委托运输企业将一批货物运到指定地点，交付给指定的收货人的行为。

（2）货柜车、集装箱车、进出境驮畜。

货柜车指将密封箱式货柜固定在汽车底盘上的运输车辆。

集装箱车是指用以运载可卸下的集装箱的专用运输车辆。

进出境驮畜指受海关监管，用于驮运货物进出境的驮畜。

（3）转关运输、押运。

进出口海关监管货物需由进境地或启运地设立的海关转运至目的地或出境地海关，这种转运方式称为转关运输。经海关同意可采用不同的交通工具，承运接驳转关运输货物。

押运是指对某些质量不佳或交货时间延误导致买方拒收或错发、错运造成的溢装、漏卸而且退运的进出口货物。

4.1.2 相关国际惯例

1. 锂电池空运新规

我国民航总局对 2020 年 1 月 1 日开始的锂电池空运需要的 UN38.3 试验概要提出规范要求。2019—2020 年版国际民航组织《危险品航空安全运输技术细则》规定，2003 年 6 月 30 日以后生产的锂电池芯或锂电池的制造商和随后的销售商必须提供联合国《试验和标准手册》第三部分第 38.3 小节第 38.3.5 段规定的试验概要（以下简称 UN38.3 试验概要）。这种 UN38.3 试验概要必须自 2020 年 1 月 1 日起提供。

2. 中国、巴基斯坦 75% 的产品将实施零关税

2019 年 12 月 1 日，《中华人民共和国政府和巴基斯坦伊斯兰共和国政府关于修订〈自由贸易协定〉的议定书》（以下简称《议定书》）正式生效。中巴两国完成相关国内程序，《议定书》降税已于 2020 年 1 月 1 日起实施。

根据《议定书》规定，降税安排实施后，中巴两国间相互实施零关税产品的税目数比例会从此前的 35% 逐步增加至 75%。此外，双方还对占各自税目数比例 5% 的其他产品实

施20%幅度的降税。

3. 中国、新加坡修订的进出口货物原产地管理办法

根据海关总署公告,《中华人民共和国政府和新加坡共和国政府关于升级〈中华人民共和国政府和新加坡共和国政府自由贸易协定〉的议定书》(以下简称《议定书》)已经国务院核准,《议定书》中原产地规则和产品特定原产地规则的修改自 2020 年 1 月 1 日起生效。

为确定《中华人民共和国政府和新加坡共和国政府自由贸易协定》项下进出口货物原产地,海关总署制定了《中华人民共和国海关〈中华人民共和国政府和新加坡共和国政府自由贸易协定〉项下经修订的进出口货物原产地管理办法》,自 2020 年 1 月 1 日起执行。

4. 法国: eBay 将分享卖家的法国应税交易数据

2020 年 1 月起,法国反欺诈法律开始生效,eBay 将按照法律要求向法国执法机关分享卖家的法国应税交易数据,增值税不合规的卖家承担连带责任。

一般来说,如果满足以下任一情形,卖家就有履行法国增值税的相关义务。

a. 销售存储在法国的物品;

b. 销售存储在欧盟国家(除法国)的物品给法国的个人,且所有渠道的此种销售营业总额超过 35 000 欧元/年。

所以,卖家可以向专业的法务或税务人士咨询自己是否有注册法国增值税义务。逃税是严重的违法行为,eBay 表示将持续与法国税务相关部门协作,对不合规的卖家采取限制措施。该限制措施将包括但不限于物品下架、账户限制或停用。

5. 美国站 FBA(亚马逊代发货服务)费率小幅上调

核心亚马逊物流配送费用变更("服装"类商品除外):调整后的核心亚马逊物流配送费用于 2020 年 2 月 18 日生效。亚马逊仓储费比较高,并且放得越久费用越高,所以一些卖不掉的、出货得太慢的货物,一定要及时处理。

与此同时,亚马逊 FBA 库容的 IPI(库存绩效指标)新规在 2020 年 1 月 1 日实行,IPI 分数从原来的 350 分被提至 400 分,未达标的卖家,库容会被限制,如果超容,还会被收取超容费。

当然,FBA 并非卖家唯一的选择,国外各类第三方海外仓服务目前已非常完善,如 4PX 递四方速递遍布全球近 30 个、35 万平方米海外仓,可以为卖家提供采购管理、仓储管理、订单管理、库存管理、物流配送管理等一体化仓储外包服务。

6. 综合试验区跨境电子商务应税所得率统一确定为 4%

2020 年 1 月 1 日起,《关于跨境电子商务综合试验区零售出口企业所得税核定征收有关问题的公告》(国家税务总局公告 2019 年 36 号)正式实施。

综合试验区内的跨境电子商务企业,同时符合下列条件的,试行以下核定征收企业所得税的办法。

(1)在综合试验区注册,并在注册地跨境电子商务线上综合服务平台登记出口货物日期、名称、计量单位、数量、单价、金额的。

(2)出口货物通过综合试验区所在地海关办理电子商务出口申报手续的。

(3)出口货物未取得有效进货凭证,其增值税、消费税享受免税政策的。

综合试验区内核定征收的跨境电子商务企业应准确核算收入总额,并采用应税所得率方式核定征收企业所得税。应税所得率统一按照4%确定。

税务机关应按照有关规定,及时完成综合试验区跨境电子商务企业核定征收企业所得税的鉴定工作。

综合试验区内实行核定征收的跨境电子商务企业符合小型微利企业优惠政策条件的,可享受小型微利企业所得税优惠政策;其取得的收入属于《中华人民共和国企业所得税法》第二十六条规定的免税收入的,可享受免税收入优惠政策。

本公告所称综合试验区,是指经国务院批准的跨境电子商务综合试验区;本公告所称跨境电子商务企业,是指自建跨境电子商务销售平台或利用第三方跨境电子商务平台开展电子商务出口的企业。

(4)调整优惠贸易协定项下进出海关特殊监管区域(场所)货物申报要求。

根据海关总署2019年第178号公告:为进一步优化营商环境,便利优惠贸易协定项下自海关特殊监管区域和保税监管场所(以下统称"区域(场所)")内销货物享受优惠关税待遇,海关总署决定调整优惠贸易协定项下进出区域(场所)货物申报要求。现将有关事项公告如下。

对于出区域(场所)内销时申请适用协定税率或者特惠税率的进口货物,除本公告第三条规定的情形外,在货物从境外入区域(场所)时,其收货人或者代理人(以下统称"进口人")不再需要按照《中华人民共和国海关进出口货物报关单填制规范》中有关优惠贸易协定项下进口货物填制要求(以下简称"优惠贸易协定项下报关单填制要求")填制进口报关单或者进境备案清单。上述货物出区域(场所)内销时,进口人应按照优惠贸易协定项下报关单填制要求填报进口报关单,并可自行选择"通关无纸化"或"有纸报关"方式申报原产地单证。选择"通关无纸化"方式申报的,进口人应当按照海关总署公告2017年第67号附件规定办理;选择"有纸报关"方式申报的,进口人应按现行规定提交纸质原产地证据文件。

《中华人民共和国政府和新西兰政府自由贸易协定》和《中华人民共和国政府和澳大利亚政府自由贸易协定》项下实施特殊保障措施的农产品出区域(场所)内销申请适用协定税率的,进口人仍应当在有关货物从境外首次入区域(场所)时按照优惠贸易协定项下报关单填制要求填报进口报关单或者进境备案清单,并以"通关无纸化"方式申报原产地单证。

预录入客户端的"海关特殊监管区域原产地"功能模块自2019年12月31日18:00起停止使用。对于2019年12月31日18:00前通过该功能模块录入并已部分使用的原产地证据文件电子数据在原产地证据文件有效期内仍可以继续使用;尚未使用的,数据将被删除,进口人按照本公告第二条规定在内销时重新申报。

内销时货物实际报验状态与其从境外入区域(场所)时的状态相比,超出相关优惠贸易协定所规定的微小加工或处理范围的,不得享受协定税率或者特惠税率。

本公告中原产地单证是指原产地证据文件、商业发票、运输单证和未再加工证明等单证。原产地证据文件是指相关优惠贸易协定原产地管理办法所规定的原产地证书和原产地声明。上述公告已于2020年1月1日起实施,自公告实施之日起,海关总署公告2013年第36号、2014年第96号和2016年第53号同时废止。

(5)沙特:出货箱单、发票有严格要求。

沙特阿拉伯标准组织(SASO)发布最新消息:2020年1月1日起,所有出口沙特市场的产品在包装上必须显示条形码,条形码由13位数字组成。条形码编制规则由工厂自定,可按产品型号或按系列产品编制,即同系列产品不同型号可共用一个条形码。条形码要求为:可被扫描出13位数字。条形码可印刷在外箱上,或打印成贴纸贴在外箱上。

从2020年1月1日起,出货时提供的发票、箱单必须显示条形码,并且发票必须盖章。此外,沙特官方还公布了1月份需进行SABER认证的产品,SABER认证,是指针对非沙特本土企业(即出口至沙特的企业)进行的符合性认证评估计划,是新推出的基于原有的SASO认证的升级版。它其实就是一个网络工具,用于产品注册、发行和获取符合性(CoC)证书,因此对中国出口企业而言非常重要。

(6)美国于2020年2月15日实施新的商标规定。

美国在2020年2月15日起实施新的商标规定,即强制性电子申请。

商标申请人和注册人必须:

a. 使用USPTO的商标电子申请系统(TEAS)在线提交其商标申请和有关商标申请和注册的文件。

b. 提供并维护精确的电子邮件地址,用以接收来自USPTO的有关其特定申请或注册的信函。

c. 提供准确的邮寄地址,以确保邮箱失联(失效)时可通过邮寄地址联系。

强制电子申请后产品使用证据提供规则:

a. 提供网页截图,须提供网址或网页列印的日期。

b. 须将标签细节和Logo显示在商品或包装上。

c. 可能所有已选的商品都要提供使用证据。

4.2 适合任何运输方式的贸易术语

4.2.1 FCA

FCA(free carrier),即货交承运人(指定地点),卖方办理货物出口结关将货物交到指定的地点由买方指定的承运人照管,履行其交货义务。买方必须自负费用订立从指定地或地点发运货物的运输合同,并将有关承运人的名称、要求交货的时间和地点充分地通知卖方,负担货交承运人后的一切费用和风险,本术语适用于各种运输方式,包括多式联运。

4.2.2 CPT

CPT(carriage paid to),即运费付至(指定目的地),是卖方支付货物运至指定目的地的运费。自货物已交付承运人照管之时起,关于货物灭失或损坏的风险以及自货物交至承运人后发生事件所产生的任何额外费用已从卖方转由买方负担。本术语适用于各种运输方式。如果需要利用后续承运人将货物运至指定目的地,则风险自货物交付给第一承运人时转移。本术语要求卖方办理货物出口清关手续,并支付有关的费用和税捐。

4.2.3 CIP

CIP(carriage insurance paid to),即运费、保险费付至(指定目的地),是指卖方除负有与 CPT 术语相同的义务外,还须办理货物在运输途中灭失或损坏的买方风险取得货物保险,订立保险合同,并支付保险费。如买卖双方事先未在合同中规定保险险别和保险金额,卖方只需按最低责任保险险别取得保险,最低保险金额为合同价款加 10%,即 CIP 合同价款的 110%,并以合同规定的货币投保。

4.2.4 EXW

EXW(EX works,工厂交货),是指卖方在其所在处所工厂、工场、仓库等将货物提供给买方时,即履行了交货义务,除非另有约定,卖方不负责将货物装上买方备妥的车辆,也不负责出口清关,买方要负担自卖方所在处所提取货物后至目的地的一切费用和风险,这是卖方责任最小的一种术语。若买方无法办理出口手续,则应用 FCA。

4.2.5 DAT

DAT(delivered at terminal,运输终端交货,指定港口或目的地的运输终端)是指在目的港集散站交货。卖方在合同中约定的日期或期限内将货物运到合同规定的港口或目的地的约定运输终端,并将货物从抵达的载货运输工具上卸下,交给买方处置时即完成交货。

4.2.6 DDP

DDP(delivered duty paid,完税后交货,指定目的地)。卖方将货物运至进口国指定地点,可供买方收取时即履行交货义务。卖方负担货物交至该处的一切风险和费用(包括关税、税捐和其他费用,并办理货物进口清关手续)。DDP 是卖方承担风险、责任和费用最大的一种术语。

4.3 适合海运及内河运输的贸易术语

4.3.1 FOB 及 FOB 的变化

Free On Board(FOB,also named port of shipment,装运港船上交货,指定装运港)是指卖方在指定的装运港将货物装船超过船舷后,履行其交货义务。它要求卖方办理货物出口结关手续。

FOB 后接装运港名称,表示卖方在装运港交货,交货之前的所有费用和风险都由卖方承担;当货物装上船后,风险随即转移给买方,且之后的费用(包括运费)等皆由买方承担。这意味着买方必须从那时起承担一切费用,以及货物灭失或损坏的一切风险。

FOB的变形如下。

(1) FOB班轮条件。

FOB Liner Terms(FOB班轮条件),指装船费用按照班轮的做法处理,即由船方或买方承担。

(2) FOB吊钩下交货。

FOB Under Tackle(FOB吊钩下交货),指卖方负担将货物交到买方指定船只的吊钩所及之处的费用,而吊装入舱以及其他各项费用一概由买方负担。

(3) FOB理舱费在内。

FOB Stowed(FOB理舱费在内),指卖方负责将货物装入船舱,并承担包括理舱费在内的装船费用。理舱费是指货物入舱后进行安置和整理的费用。

(4) FOB平舱费在内。

FOB Trimmed(FOB平舱费在内),指卖方负责将货物装入船舱,并承担包括平舱费在内的装船费用。平舱费是指对装入船舱的散装货物进行平整所需的费用。

采用FOB术语成交应注意如下问题。

关于通知问题,FOB术语中涉及两个充分通知:一个是买方租船后,应将船名、装货时间、地点给予卖方以充分通知;另一个是卖方在货物装船时通知买方。在第一种情况下,如买方未给予充分通知,指定的船舶未按时到达或未能按时受载货物,或比规定的时间提前停止装货,由此产生的货物灭失或损失应由买方承担。在第二种情况下,由于货物风险是在货物装上船时由卖方转移给买方,因此卖方在货物装船时必须通知买方,以便买方投保,否则由此造成买方受到的损失,卖方应当负责。卖方以电子通信方式(如电子邮件、传真等方式)通知买方。

运输合同的问题《2010国际贸易术语解释通则》规定:卖方没有义务为买方订立运输合同。但如果是根据买方要求或交易习惯且买方没有及时提出相反要求,在由买方承担风险和费用的情况下,卖方可以按一般条款为买方订立运输合同。在上述任一种情况下,卖方有权拒绝为买方订立运输合同,如果卖方订立运输合同,应及时通知买方。

关于装船费用负担问题按FOB条件成交时,卖方要负责支付货物装上船之前的一切费用。但各国对"装船"的概念没有统一的解释,有关装船的各项费用由谁负担,各国的惯例或习惯做法也不完全一致。如果采用班轮运输,船方管装管卸,装卸费计入班轮运费之中,自然由负责租船的买方承担;而采用租船运输,船方一般不负担装卸费用,这就必须明确装船的各项费用应由谁负担。

4.3.2 FAS

贸易术语FAS的含义为free alongside ship,即船边交货(指定装运港)。它指卖方在指定的装运港码头或驳船上把货物交至船边,在船边完成交货义务。从这时起买方须承担货物灭失或损坏的全部费用和风险。

4.3.3 CFR 及 CFR 的变化

Cost and Fright(成本加运费,指定目的港),是指卖方必须支付成本费和将货物运至指定目的港所需的运费,但货物灭失或损坏的风险以及货物装船后发生事件所产生的任何额外费用,自货物于装运港越过船舷时起即从卖方转由买方承担。CFR 或 CNF 后接目的港名称,表示卖方要承担包括到目的港的运费,风险自货物装船后转移给了买方。

CFR 的变形如下。

(1) CFR 班轮条件。

CFR Liner Terms(CFR 班轮条件),指卸货费按班轮方法处理,即买方不负担卸货费。

(2) CFR 卸到岸上。

CFR Landed(CFR 卸到岸上),指由卖方负担卸货费,其中包括驳运费在内。

(3) CFR 吊钩下交货。

CFR Ex Tackle(CFR 吊钩下交货),指卖方负责将货物从船舱吊起卸到船舶吊钩所及之处(码头上或驳船上)的费用。在船舶不能靠岸的情况下,租用驳船的费用和货物从驳船卸到岸上的费用一概由买方负担。

(4) CFR 舱底交货。

CFR Ex Ship's Hold(CFR 舱底交货),指货物运到目的港后,由买方自行启航,并负担货物从舱底卸到码头的费用。

采用 CFR 术语成交应注意如下问题。

在 CFR 术语下,一定要注意装船通知问题。在 CFR 术语下,卖方负责安排运输,而买方自行办理保险,因此,在货物装上船前,即风险转移至买方前,买方及时向保险公司办妥保险,是 CFR 合同中一个至关重要的问题。因此,INCOTERMS 强调卖方必须毫不迟延地通知买方货物已装上船,否则卖方要承担违约责任。

CFR 术语中有关卸货费用负担情形,通常采用 CFR 术语的变化。

4.3.4 CIF 及 CIF 的变化

CIF(cost insurance and freight,成本、保险费加运费,指定目的港),指卖方除有与 CFR 术语相同的义务外,还必须办理货物在运输途中应由买方承担的货物丢失或损坏风险的海运保险。

卖方订立保险合同并支付保险费。本术语要求卖方办理货物出口结关手续。CIF 后接目的港名称,表示卖方要承担包括到目的港的运费和保险费,风险自货物装船后转移给了买方。本术语虽然在 CIF 后,需注明目的港的名称,但它仍和 FOB 一样,是装运港交货的贸易术语,在实际业务中有人称 CIF 为"到岸价",这是一种误解。除此之外,买方还要自负风险和费用,取得进口许可证或其他官方证件,办理进口手续并按合同规定支付货款。在交单义务方面,卖方需要提交商业发票或与之相等的电子单证。

CIF 的变形如下。

(1) CIF 班轮条件。

CIF Liner Terms(CIF 班轮条件),指卸货费按班轮做法办理,即买方不负担卸货费。

(2) CIF 卸至码头。

CIF Landed(CIF 卸至码头),指卖家承担卸货费,包括可能涉及的驳船费。

(3) CIF 吊钩下交接。

CIF Ex Tackle(CIF 吊钩下交接),指卖方负责将货物从船舱吊起一直卸到吊钩所及之处(码头上或驳船上)的费用,船舶不能靠岸时,驳船费用由买方负担。

(4) CIF 舱底交接。

CIF Ex Ship's Hold(CIF 舱底交接),按此条件成交,货物到目的港在船上办理交接后,由买方自行启舱,并负担货物由舱底卸至码头的费用。

采用 CIF 术语成交应注意如下问题。

关于风险划分的问题,CIF 术语费用和风险的划分地点是相互分离的(它不同于 FOB 术语,FOB 术语费用和风险的划分都是同一地点)。费用的划分——按指定的目的港。风险的划分——以装运港船舷为界。

关于保险费问题,CIF 术语项下,出口方虽然负责保险,取得保险单,并支付保险费,但是这属于代办性质,就是进口方代办。因此,进口方签订合同时要特别谨慎。

有关单据的重要性,CIF 术语是很重要的。CIF 术语项下很重要的一条是"凭单交货,凭单收取",交单和付款是对流条件。如果单据齐全,内容正确,就可以及时收取货款;反之,单据不全,内容有误,尽管货物是好的、合格的,也结不了汇。

装卸问题,按 CIF 术语成交,卸货港(目的港)时合同的要件,因为它关系到进口方的利益,如果出口方违反了,进口方有权撤销合同。

4.3.5　CPT

同 4.2.2。

4.3.6　FCA

同 4.2.1。

4.3.7　CIP

同 4.2.3。

4.4　跨境电子商务商品报价

随着互联网的发展,中国进口贸易中的电商渗透率持续增长,2015 年进口电商市场交易规模达 9000 亿元,跨境消费需求持续增加,2016 年具备消费能力的受众已达 3.6 亿元,这一巨大的市场规模使得各类跨境电子商务、在华外资零售商都想分一杯羹,不同渠道的激烈竞争,使得跨境进口商品价格的制订备受重视。

4.4.1 跨境电子商务商品报价的含义

跨境电子商务,是指分属不同关境的交易主体通过电子商务平台达成交易,进行电子支付结算,并通过跨境电子商务物流及异地仓储送达商品,从而完成交易的一种国际商业活动。

而产品报价是指卖方通过考虑自己产品的成本、利润、市场竞争力等因素,公开报出可行的价格。跨境电子商务商品报价就是指在跨境电子商务活动中卖方公开报出的商品价格。

怎样报价才有效?报价太高,容易吓跑客户;报价太低,客户一看就知道你不是行家里手,不敢冒险与你做生意。对老客户报价也不容易:他会自恃其实力而过分压价,以致你接到他的询盘时,不知该如何报价。报得太低,没有钱赚;报得太高,又怕他在别处下单。

有经验的出口商在报价前会进行充分的准备,在报价中选择适当的价格术语,利用合同里的付款方式、交货期、装运条款、保险条款等要件与买家讨价还价,也可以凭借自己的综合优势在报价中掌握主动权。

4.4.2 跨境电子商务商品报价存在的问题

随着越来越多的外贸企业加入电商大军,跨境电子商务也面临越来越大的竞争与挑战。在国际贸易中,出口定价是最重要的环节,跨境电子商务交易改变了原有的交易方式,缩短了交易渠道,信息更加透明化等特点使得传统外贸企业采用的成本导向出口报价思路成为中国企业国际进程中的绊脚石,企业急需调整定价思路,来适应新的贸易方式、贸易环境。

电商平台上供应商数量急剧增长,国内外贸企业竞争日趋激烈,而交易方式的改变、交易环境的改变也增加了企业出口定价的难度,具体表现如下。

1. 低价抢客现象严重,买家价格敏感度强

跨境电子商务交易平台给买家最大的利益在于,能在最短的时间内了解各家企业的出口报价情况,大大减少了信息了解的代价。买家永远追求物美价廉,特别是一般消费品,电商交易平台便利了买家信息收索,也增强了买家的价格敏感度。例如,在阿里社区网的搜索栏输入 ladyhandlebag 就可出现 344 387 条产品信息及报价,而为了争抢客户,很多企业报出非常低的价格,导致恶性竞争,压低了行业总体利润,给一般出口产品增加了生存难度,企业若采取原有的成本+利润的报价模式,以牺牲利润为代价压低价格,将很难适应现实市场要求。

2. 买家类型多样化,增加报价难度

相对传统面对面的商务接触,跨境电子商务平台的买家大都素未谋面,为了吸引买家,平台经营商对买家一般不设会员制,不设门槛,企业很难判断对方出自什么类型的买家。买家是经销商、批发商,或是收取佣金的中间商?买家是有意问价,还是探取商业信

息?买家资信实力如何等因素都增加了企业报价的难度。另外,数据显示,跨境出口电商虽在 B2B 交易中占比达 91.9%,占据绝对优势,但 B2C 交易也达到 8.1%,而且 B2C 交易的发展速度更快,想进一步拓展 B2C 业务的外贸企业,如何针对终端消费者报价,这也是跨境出口电商遇到的难题。

3. 价格构成更为复杂多样,但企业定价思维仍然模式化

一方面,在 B2B 模式下,国内(特别是中小型企业)还是采用原有的成本导向型报价思维模式。如 FOB=实际采购成本+国内费用+佣金+预期利润,这个报价公式就被多数公司一成不变地套用报给客户,企业的决策者缺乏灵活的思维,没能根据市场的走势进行相应的调整,或调整仅限于对利润的挤压。另一方面,在 B2C 模式下,不同的跨境电子商务平台有不同的经营模式,包括支付平台,物流平台的不同,收取费用也有所不同,企业必须进行详细的了解,才能确保定价的合理性。

4.4.3 跨境电子商务商品报价应该考虑的因素

跨境出口电商产品定价应考虑的因素产品定价应有科学的依据,使产品满足市场的需求,符合企业的发展战略。归纳来说,成本、需求、竞争及目标国家的相关政策是跨境出口电商应考虑的四大因素。

1. 成本因素是定价的基础

成本可分为生产成本与销售成本。成本不是一成不变的,原材料价格的变动,出口退税的调整,进货渠道的改变,计价货币或支付货币汇率的变动,还有跨境平台运营商收费调整都会影响成本,企业必须清楚了解成本的构成,及时掌握相关费用的变化情况,才能准确制定价格。

2. 需求因素影响价格的高低

需求增加,产品价格上涨;需求减少,产品价格下降。了解市场的需求情况,要求跨境出口电商深入分析目标消费者,包括其消费偏好、收入情况、消费群体预期等,同时还应了解互补及替代商品价格,这也是目前跨境出口电商不能很好做到的方面。

3. 竞争因素影响消费者的选择

定价的目标是让消费者接受你的价格,购买你的产品。面对越来越激烈的营销竞争环境,跨境出口电商不可能自由定价,企业必须衡量利弊,分析竞争对手的定价策略,思考企业在市场中所扮的角色,找出自己的竞争优势,才能在市场中立足。

4. 目标国家的相关政策因素

不同国家对不同商品会有不同的规定,如阿根廷政府规定制药公司的标准利润为 11%,有些国家对中国的某些商品收取高额关税等,这也是定价时应考虑的因素。

4.4.4 跨境电子商务如何进行商品报价

营销大师科特勒曾说过,定价是一种战略手段。跨境电子商务模式拉进了企业与国际市场的距离,企业要进入国际市场,需要有步骤、有策略地进行,而定价策略是企业国际营销组合的四大因素之一,定价影响企业的国际竞争力,定价过高会错失良机,定价过低则压低利润,甚至可能被进口国认定为倾销,从而加收高额的反倾销税,不利于发展。因此,跨境出口电商在定价时应改变原有的思路,不但考虑本身的成本、费用,更要从国际营销的角度克服现有问题,不盲目竞价,有步骤、有策略地进行价格的制定。

1. 时间基准

以时间作为参考点,分析不同时间段商品的价格变化,依据商品实际成本调动商品价格,如果政府或合作企业存在红利,也可以适当降低价格,如果出口政策不利于企业出口商品,这个时候可以适当提升商品定价,我国商品在出口的时候由于自身的贸易性质,所以很大程度上会受国内跟国外的一些政策影响。

2. 结合产品的成本价格进行定价

跨境电子商务的成本会直接影响市场的价格成本,主要包括商品的原材料,商品的原材料会伴随市场价的浮动而出现一定的变化。当我们在对跨境商品进行定价的时候,需要参照各种数据,结合公司的实际情况对其进行定价。

3. 升级产品的售后服务

跨境电子商务和普通的交易是不一样的,消费者往往担心这种缺乏实体的购物体验,其售后服务会出现问题,一旦产品出现了质量问题,那么消费者如何维权,而且商品一旦出现问题,返修的成本是比较高的,因为需要跨越国境,这也是跨境电子商务发展的时候所面临的困境,为了能够更好地促进跨境电子商务的发展,必须提升产品售后服务的等级。具体方法比较多,例如可以建立一个海外售后点,集中为消费者办理售后服务,解决消费者遇到的问题,消除消费者的后顾之忧。

4. 以敏感商品的亏本销售换取人气

将一些敏感商品的价格制定得比众多竞争者低,不失为好的营销价格策略,毕竟消费者对敏感商品的价格印象深刻,也往往喜欢比较这类商品的价格,如果获知有的跨境店铺敏感商品明显要低于同类店铺,选择关注并进而购买自然是顺理成章的,关键是一旦将顾客拉到自己的店铺浏览选购后,企业应事先上架别的非敏感产品,利用敏感商品的亏本销售换来的店铺旺盛人气来引流,积极展开非敏感商品销售,从而才能够弥补前期所带来的负面影响。调查显示,顾客往往在购买敏感商品之后,70%以上的消费者都会顺带购买一些非敏感商品,这样,对于跨境电子商务来说,正好可以通过非敏感商品的高价厚利,在某种程度上弥补敏感商品降价所带来的亏空,随着跨境店铺浏览量的增加,非敏感商品购买数量的递增,跨境电子商务最终可以逐步实现自己的盈利指标。

新品撇脂定价义称高价法或吸脂定价,即在产品刚刚进入市场时将价格定位在较高水平(即使价格会限制一部分人购买),在竞争者研制出相似的产品以前,尽快收回投资,并且取得相当的利润。然后,随着时间的推移,其再逐步降低价格,使新产品进入弹性大的市场。

随着国外新产品层出不穷,跨境电子商务对进口新产品的推广自然不遗余力,一方面,新产品的出现可以在没有竞争对手的情况下,通过撇脂定价的方式快速获取高额的利润;另一方面,正是因为产品的刚刚面试,新颖、独特、更高、更新的性能往往极大地勾起消费者想尝试购买的欲望,这对于提高跨境店铺人气和知名度都有很大裨益。

5. 差异化定价提高溢价能力

电商必须突出产品的个性,让自己的商品获得更多的差异化特征,从而使自己的商品能够获得较高的定价权利是诸多从事进口商品跨界电商零售企业的正选。例如某跨境电子商务在销售一款海外航空模型时,所有产品在店铺中展示的照片都按照国外流行的航模模式进行拍摄,让人一看就可知产品的高大上和专业性,同时承诺可以在客户拍下的飞机模型中刻上客户的名称和心仪的图案,这种服务的个性化和差异化自然使产品在同类产品中赢得了更高的地位,如果以相同价格与同行竞争,自然会赢得先机,即便价格略有提高,也会让消费者易于接受。另一种定价的差异化体现在跨境电子商务对买家类型的判断,究竟是中间商、经销商、批发商,还是终端用户,应适时推出针对其身份定位的恰当报价。

6. 促销季的折扣定价、让利顾客和企业获利共赢

顾客的让渡价值往往通过大量的促销活动得以提高,这些促销活动也是伴随着各种折扣的定价策略而展开的,究竟如何合理计算折扣,并可以保证顾客感受到让利的同时,也使得跨境电子商务有利可图,这就需要我们能将各类折扣与商品成本、销售价格的关系厘清。在此我们应该明确,在跨境平台对商品排序起着重要影响的两大因素分别是销量和价格,而价格通常包含如下类型:①上架价格(list price,LP),即跨境进口商品在上传的时候所填的价格;②销售价格/折后价(discount price,DP),即跨境进口商品在店铺折扣下显示的价格;③成交价格(order price,OP),即用户最终下单所支付的单位价格。

7. 抓住顾客心理,合理拟定价格

首先可以运用同价定价策略。很多跨境电子商务的店铺经营的商品价格相差往往不是很多,特别是一些小商品、日用品,跨境电子商务完全可以制定统一的价格以简化定价,或者以一定的价格作为标准统一地包装商品,这对于喜欢简单并一口价地追求快速购物的男性消费者来说尤为适合,某种程度上也满足了受众的好奇心理。同价销售也方便跨境电子商务通过媒体进行传播时,以最强烈醒目的价格吸引眼球,达到事半功倍的广告效果。其次再考虑消费者普遍有求廉的购物心理,跨境电子商务的购物平台对商品综合排序项目中的价格排序绝对是消费者搜索商品的首选项,如何凭借价格的优势让消费者通过购物平台搜索后呈现的店铺排名靠前,以最小计量单位报价,应该是众多跨境电子商务

店铺的首选。

8. 适应新税制的双赢定价

随着新税制的实行,对跨境电子商务进口商品制定合理的价格策略,将进口产品以更合理的价格销售给国内消费者,这是跨境电子商务进口企业最关注的问题。新税制规定对进口零售单笔交易限值 2000 元关税为零,同时单个不可分割商品价值超过 2000 元限额的按一般贸易进口货物全额征税,这就使得跨境电子商务平台的企业在为相关进口产品定价时,对 2000 元左右价值的进口商品应尽量定价为 2000 元之内,而单个进口商品成本肯定超过 2000 元的则尽量定价偏高一些,对于前者,商家和消费者都可以获得关税为零的优惠,在降低企业税负成本的同时,也让消费者获得了实惠。

综上所述,跨境电子商务进口商品的定价策略应该本着各方利益的共同诉求来制定,在顾及客观营销环境的外部变化(如新税制实行),并适时采取相应对策后,商家的主观决策还是居于主导地位,所以跨境电子商务进口企业应该本着需求、成本、竞争 3 种导向的全面考虑,结合各种促销活动的展开,让相关进口商品定价策略以适应买卖双方共同目标来展开。

本 章 小 结

本章将跨境电子商务的主要贸易术语通过海关管理、货物管理、对外经贸、贸易税种、商品运输五大类向大家进行了介绍。而跨境电子商务商品报价则是通过含义、存在问题、报价考虑因素及报价方式等为大家做出了解释。除此之外,还为大家详细介绍了国际惯例、适合任何运输方式的贸易术语、适合海运和内河运输的贸易术语。希望通过本章的学习,读者能对跨境电子商务有更进一步的了解。

第 5 章 跨境电子商务物流

> **知识导读**
>
> 现在跨境电子商务卖家越来越多,每当做业务开始有订单时,第一个要考虑的问题就是怎么选择快递物流把货发到国外。一般来讲,作为跨境网商中基数最大的小卖家,他们可以通过平台发货,也可以选择国际小包等渠道。不过,对于大卖家或者独立平台的卖家而言,他们需要优化物流成本,还需要考虑客户体验,需要整合物流资源并探索新的物流形式。对于不同的电商卖家来说,到底哪种跨境电子商务物流才最适合他们呢?

学习目标

- 了解跨境电子商务物流
- 了解跨境电子商务物流的 5 种模式

能力目标

- 熟悉跨境电子商务物流的 5 种模式
- 熟悉各种模式的跨境电子商务物流如何运行
- 熟悉各种模式的优缺点

相关知识

5.1 跨境电子商务物流的 5 种模式

当前跨境电子商务的物流模式有:邮政包裹模式、国际快递模式、国内快递模式、专线物流模式和海外仓储模式。

5.1.1 邮政包裹模式

邮政包裹是邮政部门所传递的经过妥善包装、适于邮寄的物品,是邮件的一种。邮局分布广泛,既有自办的邮路,又可以综合利用铁路、公路、水运、航空等部门的运输工具运送邮件,所以能够满足公众寄递物品(特别是小件零星物品)的需要。各国经营邮政包裹业务,或采取与运输部门竞争的原则,或采取适当分工、相互配合的原则。中国采取的原则是:在不影响完成通信这一主要任务的前提下,利用邮政点多、线长、面广的特点,以传递个人和机关、企业、团体等的零星包裹为主,并适当收寄一部分商品包裹。

5.1.2 国际快递模式

国际快递是指在两个或两个以上国家(或地区)之间所进行的快递、物流业务。国家与国家(或地区)传递信函、商业文件及物品的递送业务,即通过国家之间的边境口岸和海关对快件进行检验放行的运送方式。国际快件到达目的国家之后,需要在目的国再次进行转运,才能将快件送达最终目的地。中国国际快递是快递业务中最重要的组成部分,它是 EMS(邮政特快专递服务)、DHL(敦豪航空货运公司)、UPS(美国联合包裹运送服务公司)、FedEx(联邦快递)、TNT(TNT 快递邮政服务公司)、ARAMEX(中外运安迈世(上海)国际航空快递有限公司)等快递业"巨头"的主营业务,每年的业务量以 30%的速度增长,在中国对外贸易工作中发挥了举足轻重的作用,为中国经济融入全球一体化做出了贡献,取得了令人瞩目的社会效益和经济效益。

5.1.3 国内快递模式

国内快递主要指 EMS、顺丰和"四通一达"。在跨境物流方面,"四通一达"中申通和圆通布局较早,但也是近期才发力拓展。例如,美国申通在 2014 年 3 月才上线,圆通也是 2014 年 4 月才与 CJ(韩国大型跨国企业)大韩通运合作。而中通、汇通、韵达则是刚刚开始启动跨境物流业务。顺丰的国际化业务则要成熟一些,目前已经开通到美国、澳大利亚、韩国、日本、新加坡、马来西亚、泰国、越南等国家的快递服务,发往亚洲国家的快件一般 2~3 天可以送达。国内快递中,EMS 的国际化业务是最完善的。依托邮政渠道,EMS 可以直达全球 60 多个国家,费用相对四大快递巨头要低。此外,中国境内的出关能力很强,到达亚洲国家是 2~3 天,到欧美则要 5~7 天。

5.1.4 专线物流模式

跨境专线物流一般是通过航空包舱方式运输到国外,再通过合作公司进行目的国的派送。专线物流的优势在于其能够集中大批量运送某一特定国家或地区的货物,通过规模效应降低成本。因此,其价格一般比商业快递低。在时效上,专线物流稍慢于商业快递,但比邮政包裹快很多。市面上最普遍的专线物流产品是美国专线、欧美专线、澳洲专线、俄罗斯专线等。也有不少物流公司推出中东专线、南美专线、南非专线等。

5.1.5 海外仓储模式

仓储是现代物流中连接买卖双方的一个关键节点,将这个节点置于海外不仅有利于海外市场的拓展,同时还能降低物流成本。拥有自己的海外仓库,能从买家所在国本土发货,从而缩短订单周期,完善用户体验,提升重复购买率,让销售额突破瓶颈,更上一个台阶!简单来说,针对广大中国电子商务卖家的需求,仓库是为卖家提供的仓储、分拣、包装、派送等项目的一站式服务。卖家将货物存储到国外仓库,当买家有需求时,卖家可以第一时间做出快速响应,及时通知国外仓库进行货物的分拣、包装,并且从该国仓库运送到其他地区或者国家,提升了物流响应时间。同时,结合国外仓库当地的物流特点,可以确保货物安全、准确、及时、低成本地到达终端买家手中。

5.2 邮政包裹模式

5.2.1 邮政包裹模式介绍

邮政网络基本覆盖全球,比其他任何物流渠道都要广,这主要得益于万国邮政联盟和卡哈拉邮政组织(KPG)。万国邮政联盟是联合国下设的一个关于国际邮政事务的专门机构,通过一些公约、法规来改善国际邮政业务,发展邮政方面的国际合作。

万国邮政联盟由于会员众多,而且会员国之间的邮政系统发展很不平衡,因此很难促成会员国之间的深度邮政合作。于是在2002年,邮政系统相对发达的5个国家(中国、美国、日本、澳大利亚、韩国)的邮政部门在美国召开了邮政CEO峰会,并成立了卡哈拉邮政组织,后来西班牙和英国也加入了该组织。

卡哈拉组织要求所有成员国的投递时限要达到98%的质量标准。如果货物没能在指定日期投递给收件人,那么负责投递的运营商要按货物价格的100%赔付客户。这些严格的要求都促使成员国之间深化合作,努力提升服务水平。

例如,从中国发往美国的邮政包裹,一般15天内可以到达。据不完全统计,中国出口跨境电子商务70%的包裹都是通过邮政系统投递,其中中国邮政占据50%左右。中国卖家使用的其他邮政包括新加坡邮政等。互联易专注于跨境电子商务物流供应链服务,是唯一一家集全球邮政渠道于一身的企业。

5.2.2 邮政包裹模式的优势

邮政包裹模式有以下几个优势。

(1) 速度优势:邮政包裹是直接交接中国邮政,不用中转,邮件交付到邮局后,当天就可以在中国邮政网查到包裹状态寄送要求。

(2) 中国邮政包裹安全、掉包率低;挂号可全程跟踪。

(3) 目前网点分布最广、最多的就是邮政,只要有邮局的地方,邮政包裹都可以安全地送达,极少数国家和地区除外。

(4) 价格实惠,相比现在知名的四大快递(TNT、UPS、DHL、FedEx)而言,邮政包裹就价格而言,拥有绝对的优势。

5.2.3 邮政包裹模式的劣势

一般以私人包裹方式出境,不便于海关统计,也无法享受正常的出口退税。同时,速度较慢,丢包率高。邮政快递这种物流方式已经得到大部分人的认可,因而,这种国际快递以及邮政快递事业的发展,基础是因为我国邮政与卡哈拉邮政组织开展了联盟工作。目前邮政快递最显著的问题是该组织旗下的国家数目过于庞大。因为每个国家推行的政策不同,管理的体制不同,就会造成各个国家邮政快递模式不能实现统一发展,因而最终会致使每个国家邮政快递发展的走势不同。在这种发展不一致的情形下,所有成员国邮政快递运行以及发展的标准固然不在同一水平线上,那么邮政快递模式在跨境电子商务交易中就达不到理想的效果。

5.3 国际快递模式

5.3.1 国际快递模式介绍

国际快递模式是除邮政包裹模式外最为传统和简单直接的物流模式,一般指四大国际快递巨头,分别是总部位于德国的 DHL、荷兰的 TNT、美国的 UPS 和 FedEx。这些快递巨头运用强大的 IT 系统建立了遍布世界各地的全球网络,能够为客户提供精准、快速的本地化服务,使跨境购物的海外客户获得良好的物流体验,如使用 UPS 从中国邮寄到美国的快递,最快可在 2 天内到达。这种模式对于很多中小企业来说是可选的物流方式之一,但是其价格昂贵,成本相对偏高。出于降低成本的因素考虑,很多中国商户只有在客户时效性要求很强的情况下,才使用国际快递派送商品。

5.3.2 国际物流的起源和发展

国际物流又称全球物流,是指物品从一个国家(地区)的供应地向另一个国家(地区)的接收地的实体流动过程。具体是消费与生产在两个或两个以上不同的国际进行交易时,为了克服两者之间的距离,对物资进行运输的一种国际交易,从而达到国际商品交易的最终目的,即实现卖方交付单证、货物和收取货款,而买方接受单证、支付货款和收取货物的过程。

1. 20 世纪 50 年代至 80 年代初

这一阶段物流设施和物流技术得到极大的发展,建立了配送中心,广泛运用电子计算机进行管理,出现了立体无人仓库,一些国家建立了该国的物流标准化体系等。物流系统的改善促进了国际贸易的发展。

2. 20 世纪 80 年代初至 90 年代初

20 世纪 80 年代初物流活动已经超出一国范围,但物流国际化的趋势还没有得到人们的重视。至 20 世纪 90 年代初。随着经济技术的发展和国际经济往来的日益扩大,物流国际化趋势开始成为世界性的共同问题。美国密歇根州立大学教授波克斯认为,进入 20 世纪 80 年代,美国经济已经失去了兴旺发展的势头,陷入长期倒退的危机之中,因此必须强调改善国际性物流管理,降低产品成本,并且要改善服务,扩大销售,在激烈的国际竞争中获得胜利。

3. 20 世纪 90 年代初至今

这一阶段国际物流的概念和重要性已为各国政府和外贸部门普遍接受。贸易伙伴遍布全球，必然要求物流国际化，即物流设施国际化、物流技术国际化、物流服务国际化、货物运输国际化、包装国际化和流通加工国际化等。世界各国广泛开展国际物流方面的理论和实践的大胆探索。人们已经形成共识：只有广泛开展国际物流合作，才能促进世界经济繁荣，物流无国界。

5.3.3 国际快递分类

国际快递走快递报关途径，通过空运方式运输，主要包括以下 3 种。

（1）商业快递：DHL 快递、UPS 快递、TNT 快递、FedEx 快递，统称为四大快递。

（2）国际邮政速递：如中国 EMS、新加坡 EMS 等。

（3）专线快递：通过航空包舱方式运输到国外，通过合作公司进行目的国派送（也有陆运或海运＋派送方式），如中美专线、中俄专线、欧洲专线、迪拜专线、新马泰专线等。

5.3.4 四大国际快递的业务对比

四大国际快递的业务对比情况如下。

（1）DHL，相对于其他 3 种运输方式，时效上有最大的优势，运费相对比 UPS 和 TNT 便宜。

（2）FedEx，运费是 4 种运输方式中最便宜的一种，但是时效是最慢的一个，一般时效为 4～7 个工作日。

（3）UPS，时效与 DHL 差不多，但是价格略高一点，对应的附加费用也比较多。

（4）TNT，费用是 4 种快递中最高的，但对于澳洲和中东、西欧国家，价格优势还是比较明显的。

5.3.5 四大国际快递适合的产品类型

四大国际快递适合的产品类型如下。

（1）DHL：小件货物运到全球价格和时效都非常有优势。

（2）FedEx：大件实重货物走此渠道价格比较有优势，虽然时效慢一点，但其实也相差不了多少。

（3）UPS：对时效要求较高的客户可以选择此方式，同 DHL 一样速度非常快。

（4）TNT：货物到不安全地区或国家，就可以选择此方式发货，因为它的安全性能较好。

5.3.6 四种国际快递的优缺点

1. UPS

优点：速度快（就美国快一点）、服务好。去美国，差不多 48 小时就能到达，货物可送达全球 200 多个国家和地区，查询网站信息更新快，遇到问题解决及时，可以在线发货，全国 109 个城市提供上门取货服务。

缺点：运费较贵，要计算产品包装后的体积和质量，对托运物品的限制比较严格，是单件计算质量。

2. FedEx

优点：21kg 的大货，到中美洲、南美洲和欧洲的价格较有竞争力，去其他地区，运费较贵。邮寄化工类的产品（特指小货），占有绝对的价格优势。基本什么货物都可以发，有代理、贸易、三方、阿里等账号可以使用。相对来说，FedEx 发货的限制是最少的。

缺点：比较容易扣关。海关很严格，特别是针对化工类的货物，当地 CBP 的一个机构是专门查货的。虽然查到假货的概率很小，但是也有。FedEx 的速度一般，向和美国有冲突的国家运送困难。

3. TNT

优点：速度较快，到西欧 3 个工作日左右，可送达国家比较多，查询网站信息更新快，遇到问题响应及时。TNT 是欧洲人的公司，运送 21kg 以上的大货具有优势，中转在比利时是可以直接清关的，并且 TNT 所有的货物都是预清关，具有很多优势。

缺点：目的地除欧洲，其他地方没优势，东南亚的都差不多。TNT 对所运货物限制也比较多。化工类的货物运输，在部分国家（如伊朗）需要拿正本的鉴定。

4. DHL

优点：速度快，去欧洲一般 3 个工作日，到东南亚一般 2 个工作日，可送达国家网点比较多，查询网站货物状态更新也比较及时，遇到问题解决速度快，21kg 以上物品更有单独的大货价格，部分地区大货价格比国际 EMS 还要便宜。普货的小货价格很有优势。

缺点：走小货，若是化工类货物，价格较贵，不划算，也需要考虑产品的体积和质量，对托运物品限制比较严格。DHL 会拒收许多特殊商品。

5.4 国内快递模式

5.4.1 国内快递公司运作模式

目前国内快递公司运作模式主要有 3 种类型：直营模式、加盟模式和混合型模式。混合型又可细分为传统混合型和现代混合型。

(1) 直营模式：直营型是指所有分公司及网点由公司总部直接经营投资、管理的经营模式。各分公司在总公司的管理下进行经营活动，典型代表公司为顺丰速递、中国邮政、宅急送等。其优点为经营管理统一化，易于发挥整体优势；服务水平高；员工队伍稳定；信息化程度高等。其缺点为需要拥有一定规模的自有资本，发展速度受到限制；管理系统庞杂，容易产生官僚化经营，使企业的交易成本大大提高。

(2) 加盟模式：加盟型（特许权经营模式）是指特许经营机构自己拥有的商标、专利和专有技术等，以特许经营合同的形式授予被特许者使用，被特许者按合同规定在统一的业务模式下在特定区域从事经营活动并支付相应的费用。该模式代表了中国绝大多数民营快递企业,如"四通一达"等,它们以低成本和快速扩张为运作模式。为短时间内尽可能建立起更多的物流网络,均采取全国加盟招商模式完成。其优点是:启动成本低、网点铺设迅速、利润高。存在的风险是:管理松散、职责不清、服务水平不一、加盟关系不稳定、人才流动大、市场定位低、不易开发双向客户等。

(3) 混合型模式:传统混合型是公司将一部分地区对外加盟,并授权加盟企业在这些地区享有市场经营权、管理权等,总公司不参与任何经营活动。传统混合型有两种原生态:一是直营为主,一般来说是在主要城市建立直营网点,而在市场未开发地区采取加盟,目的是加快网点的建设;二是加盟为主,这类企业出现直营主要是因为出现经营不善、无人加盟的区域而由总公司直接经营,或者是总公司选择市场比较成熟的地区,采用购买经营权的方法回收,这些区域由总公司自行经营,但经营方式或方法与总公司不一样。现代混合型由公司总部直接投资建立一个管理平台,在所有业务经营地区建立自己的管理公司,部分或绝大部分采取加盟的形式,通过管理公司对当地进行市场规范管理,监督加盟者或企业是否按照公司统一规范进行业务开发和市场经营。这类模式对加盟方只出让市场开发的权利,这是一种相对先进的混合方式。

5.4.2 操作流程

(1) 正常快件的操作流程可分为收件、发件、到件、派件、签收等环节,异常快件操作流程可能还牵涉退件、留仓、转件等,所有环节都应该通过快件单号(具有唯一性)进行记录,并反映在快递信息管理系统中。

(2) 一个快件从收件到派送结束全部流程如图 5-1 所示。

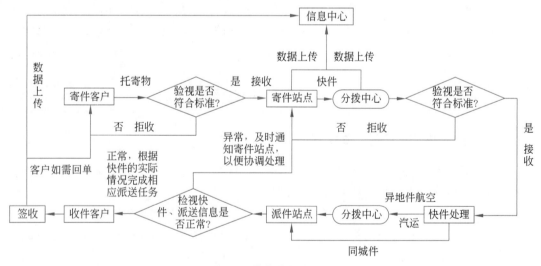

图 5-1 快件收派流程图

5.5 专线物流模式

5.5.1 专线物流介绍

一般通过航空包舱的方式将货物批量运输到国外,再进行目的国的派送,这样能够通过规模效应降低成本。根据目的地不同,专线物流可分为美国专线、欧洲专线、澳洲专线、俄罗斯专线等。专线物流通常为货运代理或物流服务提供商(如出口易、燕文物流)整合提供。

跨境专线物流一般通过航空包舱的方式将货物运输至国外,再通过国外合作公司进行目的地国国内的派送,是比较受欢迎的一种物流方式。这种物流模式的优势是:集中大批量货物发往目的地,通过规模效应降低成本,因此,其价格比商业快递低,速度快于邮政包裹,丢包率也比较低。但是,专线物流相比邮政包裹来说,运费成本还是高了不少,而且在国内的揽收范围相对有限,覆盖地区受限,有待扩大,如图 5-2 所示。

图 5-2 国际专线线路图

5.5.2 专线物流

1. 中俄专线

中俄专线是和俄罗斯邮政一起开发出的跨境物流专线,配送地点从我国到乌克兰,以新式的配送方式为跨境电子商务服务。它被启用的很大原因是俄罗斯邮政目前过于拥挤的负载过重邮路,是为了缓解乌克兰市场在跨境电子商务上配送的不便。目前,中俄专线已开通运营,跨境电子商务可以利用其为自己服务。

2. 中澳专线

中澳专线是对澳大利亚当地的货物运输资源进行利用,从而独立开发的专线。当货物在海关完成清关后,中澳专线将快件送至的时间为1~5天,这个速度比当地的邮政或其他快递公司的配送速度快很多。中澳专线更适合运输价格较贵、时间要求较短的小型快件。

3. 中美专线

中美专线与美国邮政以及DHL公司共同推出,是从深圳到美国的跨境物流运输专线,自开通以来,深受众多跨境电子商务的欢迎。又因为我国跨境物流运输大多是小件快递以及其对物流运输成本、运输速度、政策规定等要求,所以中美专线也在不断升级更新,使其更符合需求。

4. 欧洲专线

欧洲专线服务的范围不但是欧洲的几个关键国家,还有澳洲以及北美地区,承担的大多是中小型的快件配送,而且拥有高品质的服务。其价格比国际快运更便宜,速度比邮政更快,安全性比邮政包裹更可靠,而且还可为跨境电子商务提供查询服务和特价优惠。

5. Aramex专线

Aramex专线是中东地区的跨境运输专线,创立时间较早,在海关清关方面,有绝对优势。Aramex专线的实力很强,人力、物力充足,服务范围覆盖面广。Aramex专线拥有高品质的国际快件运输服务,可以为跨境电子商务提供相关的中东地区专线查询以及特价服务。

5.5.3 专线物流的优缺点

1. 优点

(1) 可承接物品多样。

国际专线可以承接的物品种类比较多样化,可以满足不同客户出口产品的需求,如化妆品、电池产品、食品等,都有相应的通道可以运送,相对于一般的物流通道,可以邮寄的物品种类比较多。

(2) 性价比高。

国际专线是一条成本效益较高的物流渠道,主要体现在其及时性比商业快递慢,但是比邮政、EMS都快。

(3) 运费便宜。

国际专线比商业国际快递便宜,而且和邮政包裹的价格差别不大。总体而言,国际专线在及时性和运费方面较均衡。

2. 缺点

(1) 没有标准的补偿方案。

与商业快递和邮政相比,国际专线没有标准的赔偿条款,也没有衡量货物损失的标准,赔偿相对较低,托运人风险较高。

(2) 航班不稳定。

为了节约运输成本,国际专线采用集中装运的方式,许多物流公司都没有固定航班,一般都是通过收货达到预估值后再安排航运发货,因此,货物的时效性也就成了问题。

(3) 物流信息不详。

由于国家专线网点较少,因而追踪信息不够详细,货主无法及时获取物流信息。

5.6 海外仓储模式

5.6.1 海外仓储模式介绍

海外仓储服务是指为卖家在销售目的地进行货物仓储、分拣、包装和派送的一站式控制与管理服务。确切来说,海外仓储应该包括头程运输、仓储管理和本地配送 3 部分。

头程运输:即中国商家通过海运、空运、陆运或者联运将商品运送至海外仓储。

仓储管理:中国商家通过物流信息系统,远程操作海外仓储货物,实时管理库存。

本地配送:海外仓储中心根据订单信息,通过当地邮政或快递将商品配送给客户。

海外仓储模式采用了海外仓储管理系统。海外仓系统 OSWMS 面向拥有海外仓的电商卖家或者物流服务商提供电子商务平台信息化和电商物流信息化整合服务。通过整合国内外电商平台将电商在各种直营、分销渠道的订单、客户、库存等信息进行集成同步和统一管理,实现国内电商与跨境电子商务业务的高效协同运营,让您在国内就能管理海外仓库,实时掌控货物库存,减少物流成本,快速响应订单,提高竞争力。

简单来说,就是把仓库搬到国外,这样就能实现产品的本地配送,大大缩短了交货期提高了客户的购物体验。

5.6.2 海外仓储模式的作用

1. 降低物流成本

由于海外仓储模式发货速度加快,因此卖家可以提高产品的售价,增加毛利。例如,与"出口易"合作 3 年的一个卖家,使用海外仓后,每件产品的毛利提高了 20～30 元。

2. 拓展产品品类

跨境电子商务卖家都是卖很小的东西,如深圳的 3C 产品,售价低、毛利低,且市场竞争剧烈,已经是红海一片。像这样的小品类市场,国内卖家一来没有定价权,二来扎堆上马,做得辛苦又没有多少利润。

3. 形成规模

使用海外仓,卖家的产品品类可以无限扩张,有些产品的使用期很长,不属于快消品,但是市场需求量大,形成规模,放在海外仓销售也是可以的。海外仓对产品没有特别的限制,在我们的仓库,你可以看见两米多长、几十斤的烧烤炉,还有机电床、狗屋、家具等产品。这些产品的市场竞争不会很剧烈,在海外是蓝海,都可以使用海外仓发货,零售价格可以自己定,毛利也由自己掌控。现在,外贸工厂也通过跨境电子商务,借助海外仓做生意,砍掉多层中间商后,利润空间不错。

总而言之,对于卖家而言,海外仓的好处显而易见,具体如下。

(1) 增加曝光率。

更改物品所在地,轻松成为海外卖家,增加产品曝光率。

(2) 提高卖价。

提高销售物品的定价水平,实现有竞争力的本土销售。

(3) 物流时效。

有效减少订单响应时间,提升物流配送时效。

(4) 规模效应。

批量将商品运至海外,有效降低物流成本。

(5) 增值服务。

快速的退换货处理,提升客户满意度。

5.6.3 为什么采用海外仓储模式

找寻仓库中的货物时费时、费力,常常不知道仓库中具有多少库存,不清楚具体存放位置;每次盘点货物耗时很长;入库、出库耗费时间也较长,影响效率;客户管理跟不上;国内与国外信息难以共享,沟通困难,数据没有得到统一的管理;国内无法及时了解国外仓储的库存情况;国内与国外之间在物流配送上失调等。这些问题会严重影响企业产品物流运送效率,造成管理混乱,增加企业的管理成本。而海外仓储模式的优势完美解决了以上问题。

5.6.4 现行的海外仓储模式

(1) 优点:仓储置于海外不仅有利于海外市场价格的调配,同时还能降低物流成本。拥有自己的海外仓库,能从买家所在国发货,从而缩短订单周期,完善客户体验,提升重复购买率。结合国外仓库当地的物流特点,可以确保货物准确、及时地到达终端买家手中。

(2) 缺点:这种跨境电子商务物流海外仓储的模式虽然解决了小包时代成本高昂、配送周期长的问题,但是值得各位跨境电子商务卖家考虑的是,不是任何产品都适合使用海外仓。库存周转快的单品最适合此类模式,否则极容易压货。同时,这种方式对卖家在供应链管理、库存管控、动销管理等方面提出了更高的要求。

本 章 小 结

本章首先介绍了跨境电子商务物流的相关知识,然后介绍了跨境电子商务物流的5种模式和各种模式的跨境电子商务物流的运行,最后介绍了各种模式的优点和缺点。

第 6 章 跨境电子商务保险

> **知识导读**
>
> 本章主要介绍跨境电子商务保险的发展历程、传统国际贸易保险,以及跨境电子商务保险的知识。

> **学习目标**
>
> - 了解跨境电子商务保险的发展历程及国内外的发展局势
> - 了解现代及传统跨境电子商务保险

> **能力目标**
>
> - 掌握有关跨境电子商务保险的相关知识
> - 能够较熟练地运用跨境电子商务保险的相关知识解决实际问题

> **相关知识**

6.1 跨境电子商务保险的发展历程

6.1.1 保险的起源

保险的本质是集合起大家的力量,一人有难大家相帮,也是人们常说的"我为人人,人人为我"。现代意义上的保险,最初是出于海上运输的需要。公元前 260 年,航行在地中海的商人在遇海难时,为避免船只和货物同归于尽,往往抛弃一部分货物,损失由各方分摊,形成"一人为大家,大家为一人"的共同海损分摊原则,成为海上保险的萌芽。最早的保险单是热那亚商人 G.勒克维伦于 1347 年 10 月 23 日开立的承担"圣·克维拉"号船从热那亚至马乔卡的航程保险单。1676 年成立的汉堡火灾保险社是最早的专营保险的组织。18 世纪后,保险业迅速发展,保险种类增加。到 19 世纪,保险进入现代时期,保险对象和范围不仅包括传统的财产损失和人身伤亡,而且扩展到生存保险、责任保险、信用保险和再保险等业务。最早的中国民族资本的保险公司是 1885 年由招商局设立的仁和、济和两家保险公司。

中国人自办的第一家人寿保险公司,是黎元洪开办的华安合群保寿公司。时至今日,保险公司已与银行一样,成为人们生活中不可或缺的一部分。其中,人寿保险为人们的生命安全提供了确切的保障,从保障人的生命安全这个意义上说,保险公司比银行更重要。

6.1.2 现代跨境电子商务保险

随着数字化发展,超过50%的全球贸易服务已经实现数字化,跨境电子商务的整个贸易形式也发生了很大变化,保险承载着覆盖国际贸易中长期保存风险和发挥经济赔偿作用的原始使命,所以就有了跨境电子商务保险。

跨境业务保险除跨境电子商务一般的正品险、货损险、丢件险、有效期险及延时险外,还有出口信用保险、跨境人员意外伤害保险、跨境车险、跨境货物运输保险、跨境工程保险、替代种植保险、跨境人民币结算再保险业务。我国"一带一路"倡议的不断推进,为我国跨境电子商务带来重大机遇的同时,跨境电子商务的几大痛点,包括正品质疑、原产地质疑、物流耗时长、丢件损坏、商品保质期问题等接踵而来,加上沿边地区经济贸易物流、客货运车流、旅游劳务人流逐年增大,传统保险已无法满足沿边地区及跨境电子商务的需要。

随着区块链、大数据和人工智能技术的快速发展,出现了现代跨境电子商务保险。其中大数据用于分析运营数据,监测方可以进行数据互通,信息共享;通过人工智能技术制定出信用评级,保险公司对整个跨境电子商务生态圈内的企业情况了如指掌。根据区块链技术的特点,所有记录到区块链上的信息无法被篡改。基于区块链平台打造的跨境电子商务产品溯源体系及全流程覆盖的保险体系,使保险人和被保险人之间省掉了中间环节消耗,直接通过区块链进行信息传递,信息真实、透明、可信,可解决商家和消费者关心的假货、伪造、非法运输和投诉等问题。同时,投保信息与理赔信息在链上不可篡改,也避免了虚假投保和骗保现象。跨境电子商务保险推动跨境电子商务持续健康发展,促进国际贸易效率不断提高。如图6-1所示是保险的发展历程。

图 6-1 保险的发展历程

6.2 传统国际贸易保险概述

6.2.1 传统国际贸易保险介绍

对外贸易货运保险业务是随着国际贸易和航海事业的发展而发展起来的。货运保险业务的发展,反过来又促进了国际贸易和航运事业的发展。早在5世纪以前,希腊、罗马奴隶制国家在地中海东部和黑海沿岸进行贩运贸易,原始形式的海上保险开始形成。随着国际贸易的不断发展和日益扩大,以及海上运输事业的发展,海运保险条款日益完善,同时还促进了其他货运方式保险业务的发展。现代对外贸易保险已成为国际贸易中不可缺少的业务之一。

6.2.2 国际贸易保险的优势

保险是一种经济补偿手段,在国际贸易中起着重要作用。国际贸易的发展不仅推动保险业进步,反过来也要求保险业为其提供更好的服务,以保障其顺利发展。对外贸易保险是指对进出口货物在运输过程中受到的各种风险损失采取的一种社会互助性质的补偿方法。对外贸易货运保险业务是随着国际贸易和航海事业的发展而发展起来的。货运保险业务的发展,反过来又促进了国际贸易和航运事业的发展。

6.2.3 传统国际贸易保险的种类

按照对外贸易货物运输方式的不同,保险公司办理的对外货运保险业务有海洋运输保险、陆上运输保险、航空运输保险以及邮包运输保险,其中业务量最大的是海洋运输保险。运输方式不同,运输保险的责任范围也各不相同。

1. 海洋运输保险

按保险责任范围大小,分为一切险、水渍险和平安险(伦敦保险市场现在改按条款 A、B、C 识别)。一切险的责任范围最大,由于外来原因造成的包括被偷窃、短少的全部或部分损失,包括除战争和罢工等危险以外的一切外来原因所造成的损失。水渍险与平安险的责任范围基本相同,所不同的是水渍险负责海上自然灾害和意外事故所造成的部分损失,而平安险则不负此项责任。3 种险承保的自然灾害指在海上遭遇的雷电、海啸和恶劣气候形成的狂风巨浪以及在陆上遭遇的地震、洪水等;意外事故指船舶搁浅、触礁、沉没、互撞、失火、爆炸等。保险公司的赔偿责任还包括在船舶遇难的情况下,为了维护买卖双方和船方的共同利益,有意识地采取各种合理的抢救措施而产生的船、货和运费的损失与支出的额外费用(习惯上称共同海损)以及海上过往船舶按惯例对船、货的自动救助费用。另外,为鼓励保户及时抢救受损货物,赔偿责任还包括保户的合理施救费用。一般来说,必然损失和保户的有意行为造成的损失都是不保的。保户可以从上述 3 种保险中选择投保。

2. 陆上运输保险

陆上运输(火车、汽车运输)货物保险分为:①陆运险。其责任范围是:被保险货物在运输途中遭遇暴风、雷电、地震、洪水等自然灾害;或由于运输工具遭受碰撞、倾覆或出轨,如有驳运过程,保险日期为货到达最后卸载的车站后 60 天为限,包括驳运工具搁浅、触礁、沉没、碰撞;或由于运输工具遭遇隧道坍塌、崖崩或火灾、爆炸等意外事故所造成的全部或部分损失,直至该项货物送交保险单载明的目的地收货人仓库时为止。②陆运综合险。包括正常陆运和有关水上驳运在内,其责任范围是:除包括陆运险的责任外,还包括由于外来原因造成的短少、短量、偷窃、渗漏、破损、破碎、雨淋、生锈、受潮、受热、发霉、串味、沾污等全部或部分损失。

3. 航空运输保险

航空运输保险分为：①航空运输险。其责任范围是：被保险货物在运输途中遭遇雷电、火灾、爆炸或由于飞机遭受碰撞、坠落或失踪等意外事故所造成的全部或部分损失。②航空运输综合险。除包括上述航空运输险的责任外，对被保险货物在运输途中由于外来原因造成的，包括被偷窃、短少等的全部或部分损失，保险公司也负赔偿责任。保险公司对下述损失不负赔偿责任：被保险人的故意行为或过失所造成的损失；由于工人罢工或运输延迟所造成的损失；由于战争、敌对行为、武装冲突所造成的损失；由于上述原因引起的拘留、扣押、没收或封锁造成的损失和各种常规武器以及炸弹所造成的损失；由于原子弹、氢弹等核武器所造成的损失。

4. 邮包运输保险

邮包运输保险分为：①邮包险。其责任范围是：被保险货物在运输途中，由于遭受雷电、暴风、地震、海啸、洪水等自然灾害或由于运输工具碰撞、搁浅、触礁、出轨、倾覆、坠落、失踪，或由于失火、爆炸等意外事故造成的全部或部分损失；或由上述事故引起的共同海损的牺牲、分摊和救助费用。②邮包综合险。除包括上述邮包险责任外，对被保险货物在运输途中，由于外来原因造成的包括被偷窃、短少的全部或部分损失，保险公司也负有赔偿责任。保险公司对因战争、敌对行为、武装冲突以及工人罢工所造成的损失，以及直接由于运输延迟或所保货物本质上的缺点或自然损耗所造成的损失，运输保险的责任范围也各有不同。邮包运输保险对被保险人的故意行为或过失所造成的损失，不负赔偿责任。传统国际贸易保险的种类如图6-2所示。

传统国际贸易保险 { 1. 海洋运输保险 2. 陆上运输保险 3. 航空运输保险 4. 邮包运输保险 }

图 6-2 传统国际贸易保险的种类

6.3 跨境电子商务保险概述

6.3.1 跨境电子商务保险的背景

自20世纪90年代以来，我国电子商务逐步发展。进入21世纪，电子商务发展迅猛，并呈现一发不可收的态势。世界一体化以及经济全球化的不断发展，跨境电子商务应运而生并不断发展。随着新一轮产业革命的兴起，跨境电子商务不断发展的同时也在和传统产业融合发展，而保险业就是其中之一。保险作为传统商务活动中不可或缺的一部分，有着减少商业损失，降低商业风险的作用，并且跨境电子商务涉及不同国家，不同地区，与保险业的融合发展不但能带动传统产业的发展，而且能够促进自己的发展。另外，消费升级和"一带一路"倡议的推进，跨境电子商务日渐普及，为应对跨境业务中潜藏的风险，保险业探索生成了多种化解风险、保证各方交易顺利完成的新方案，跨境电子商务保险由此产生，如图6-3所示。

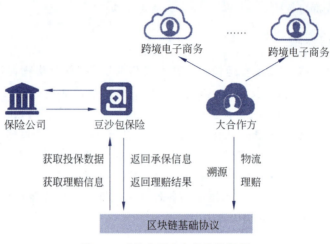

图 6-3　跨境电子商务保险流程图

6.3.2　跨境电子商务保险的发展

如今,有越来越多的企业通过跨境电子商务出口商品,也有越来越多的消费者购买进口跨境电子商务产品。但是,在这种长链条的跨境采购过程中,消费者精心挑选的物品遭遇破损、丢件、延误,甚至假货等情况时有发生,这严重降低了消费者的购物体验和对跨境电子商务的认可度。

保险的萌芽正是起源于海上贸易的风险分摊形式。随着数字化发展,超过50%的全球贸易服务已经实现数字化,跨境电子商务的整个贸易形式也发生了很大变化,保险承载着覆盖国际贸易中长期保存风险和发挥经济赔偿作用的原始使命,用新保险产品对接数字化贸易遇到的新问题是大势所趋。

跨境电子商务新型产业出现的时间不长,业务模式以传统集货模式向碎片化、短期的海量订单转变,与之相匹配的保险产品寥寥无几,这给保险公司及保险科技公司带来市场机遇。跨境电子商务从用户感知的层面看,只是一个下单、支付、物流派送的过程。其实底层的供应链是一个非常复杂的体系,包括海关报关清关、检验检疫、跨境运输、海外仓储、采购分销等诸多环节。相关领域企业经过梳理发现,一个跨境电子商务订单可能需要经历多达15个环节才会到达消费者手中。这条巨大的产业链上的不同环节存在着不同类型的风险点,保险则可以分门别类地对每个环节进行保险产品设计、精算以及风险控制定价。

目前国内已有互联网保险科技创业平台联合保险公司开发了多款新型产品,推出所谓的"跨境电子商务生态保险"。此类保险提供了采购流程风险全覆盖的服务:首先为销售产品本身提供保障;其次是兜底通关过程中存在的不确定性因素和风险;再次是解决物流配送中的破损、丢失、延误等问题。在信用层面,正品保险、产品溯源险和信用保证险给商家提供了基于保险服务的信用背书和售后保障。如2019年6月,宁波保税区与中国人寿财产保险股份有限公司就开展跨境电子商务真品保险试点达成合作,该真品保险由宁波保税区管委会投保,宁波保税区内各跨境电子商务平台为被保险人,保险赔款受益人则是各跨境电子商务平台或购买跨境电子商务商品的消费者。也就是说,消费者若在跨境购中买到假货,可以得到赔偿,商品保障种类也将在3年内实现100%全覆盖。

6.3.3 跨境电子商务保险的意义

跨境电子商务保险创新背后是科技力量的强力支撑,其中区块链、大数据和人工智能技术唱主角。

跨境海淘对于多数保险公司来说,只是切入跨境电子商务保险的一个入口,无论是消费升级带动的跨境电子商务进口,还是带动制造业全球销售的跨境电子商务出口,都是国家政策鼓励的重要领域。发展跨境电子商务对提高我国的外贸竞争力、缩短流通渠道,以及促进我国企业的国际化发展和转型升级都具有非凡意义。

尤其是"一带一路"倡议和"数字丝绸之路"在全球范围得到积极响应后,"一带一路"倡议地区沿线的65个国家、超过44亿人口的贸易需求充分激发出跨境电子商务的巨大发展潜力。我国海关总署数据显示,我国2018年通过海关跨境电子商务管理平台零售进出口商品总额1347亿元,同比增长50%;与中国签署双边电子商务合作谅解备忘录的国家达到17个,覆盖五大洲。同时,我国成立的35个跨境电子商务综合试验区已经成为外贸创新发展的新亮点和服务"一带一路"倡议的新载体。在各试验区的创新举措中,不乏包括跨境电子商务保险和出口信用保险服务的合作落地,其中包含B2B、B2C、C2C的贸易增量市场值得保险公司深入挖掘。

本 章 小 结

本章主要介绍了跨境电子商务保险的发展历程、传统国际贸易保险和跨境电子商务保险,希望学完本章后,读者能够了解并掌握跨境电子商务保险的相关知识。

第 7 章
跨境电子商务通关与商检

> **知识导读**
>
> 跨境电子商务通关是基于 2016 年 4 月 8 日国家对跨境电子商务零售实行的新税制确立的,通关是跨境电子商务流程十分重要的一步,其规范了跨境电子商务市场,引导市场合理发展,而跨境电子商务商检则是对通关的商品进行检验,便于商品交接结算。

> **学习目标**
>
> - 了解跨境电子商务通关并熟悉其流程
> - 了解商检的含义和商检的流程

> **能力目标**
>
> - 区分消费者海外购买途径,认识并会运用跨境电子商务通关流程
> - 掌握进出口商检流程,会区分商检类型

> **相关知识**

7.1 电子商务通关

1. 海关

经过不同关境的交易需要通过海关的认证。海关是根据国家法令,对进出关境的运输工具、货物、行李物品、邮递物品和其他物品进行监督管理,征收关税和其他税费,查缉走私和编制海关统计的国家行政管理机关。

本节介绍的通关其实就是清关。通关是一个经济学术语,是指进出口或转运货物出入一国关境时,依照各项法律法规和规定应当履行的手续。

通过本节的学习,可以深入了解通关与跨境电子商务之间的关系。

2. 跨境电子商务

跨境电子商务不同于国内的电子商务模式,所谓的跨境电子商务模式,"跨境"是指分

属不同关境的交易主体,"电商"是指通过电子商务平台达成交易,进行支付结算,并通过跨境物流送达商品,完成交易。

因此,较一般的电商,跨境电子商务的关键在于跨境,其他方面(如平台搭建、交易流程)较一般电商并无实质区别。从交易主体性质、进出口性质两个角度划分,跨境电子商务可以分为跨境出口B2B、跨境出口B2C、跨境进口B2B、跨境进口B2C 4个子领域,本节主要介绍跨境进口B2C业务的清关流程。

从狭义业务上讲,对于国内消费者而言,跨境电子商务等同于跨境B2C电商,包含代购、海淘等各种方式,只要是能够直接购买到海外原装产品,或通过线上手段购买到海外原装产品的途径,都可以算作跨境电子商务。

从海关监管机制上看,跨境电子商务是一种特有的海关清关通道,区别于常规的个人快件清关通道、一般贸易清关通道等。

本节介绍的均是基于海关监管机制角度模式下的电子清关流程,包含保税备货、跨境直邮两种模式。

国内消费者购买海外商品主要有3种途径:代购、海淘、跨境电子商务,区别见表7-1。

表7-1　3种途径的区别

方式	代购	海淘	跨境电子商务
简介	通过国外个人或买手直接购买海外商品	在国外电子商务网站直接购买	在国内的跨境B2C网站购买
交易模式	个人物品	个人物品	跨境B2C
商品品类	无限制	无限制	受海关正面清单限制
物流方式	海外直邮或人工带回	海外直邮	跨境直邮或保税备货
物流时效	较长	较长	保税模式最短,直邮较长
通关速度	较慢	较慢	全程通过申报,速度最快
报关概率	不报关,抽查	不报关,抽查	需报关
是否交税	抽查到需缴纳行邮税	抽查到需缴纳行邮税	跨境电子商务综合税
信任模式	对代购者的个人信任	对国外网站的信任	对国内跨境电子商务平台的信任

跨境电子商务最开始的形式就是代购和海淘,国内消费者要么通过国外个人或者买手直接购买海外产品,要么在支持全球物流配送的国外电商网站直接购买。这两种方式最大的问题在于:

(1)从消费者角度,无法保证商品质量。由于买卖双方物理距离远、语言问题等,一旦遇到商品质量问题,退换货基本无望。

(2)从国家角度,不利于海关监管。通过代购、海淘模式购买的商品,绝大部分以个人快件形式进入各海关口岸,个人快件原则上也是需要申报的,但是为了减少税费成本,各大代购平台基本不会主动申报,导致海关大量税费无法收取。

因此,为了规范跨境电子商务市场,引导其合理发展,2016年4月8日,我国对跨境电子商务零售进口商品实行了新税制,该类商品将不再按邮递物品征收行邮税,而是按货物征收关税和进口环节增值税、消费税,从而形成了"跨境电子商务"的专有概念。

3. 跨境电子商务的行业范畴

电子商务概念的内涵与外延非常宽泛,跨境电子商务也类似,它是一个空间很大但极度分散的行业,在国际贸易环节中只要涉及电子商务应用,都可以纳入这个范畴。在WTO框架下,纯粹电子交易适用于GATS服务贸易规则,而通过跨境运输运送至购买人所在地,则归入货物贸易范畴,属于关税及贸易GATT协定,因此,跨境电子商务面临不少模糊的贸易监管,见表7-2。

表7-2 跨境电子商务在线交易

跨境贸易在线交易(一般口径)		跨境电子商务扣关服务
跨境电子商务B2C (狭义,跨境贸易在线交易)	跨境电子商务B2B (线上撮合/线上成交/小额批发)	(供应链/物流/通关/支付/结汇/运营/推广/公共平台/法务等)

跨境电子商务将贸易活动重组为跨境一体的电子商务生态,是"通过互联网达成进出口的2B/2C信息交换、交易等应用,以及与这些应用关联的各类服务和环境"。跨境电子商务包括以下4方面。

- 交易相关的各类2B/2C进出口应用。
- 平台:主要是各类围绕应用的平台(如电子商务平台、供需信息平台、交易平台、供应链平台、信用平台等)。
- 基础服务和衍生服务。

基础服务包括物流、支付、贸易通关、检测验货等。

衍生服务包括代运营、咨询培训、翻译、旺铺、法务等。

服务参与者可以包含平台商,也可以包含服务提供商、参与者,还可以包含接入的监管机构及其相关企事业单位(监管便利化服务)。

- 环境:主要涉及国家环境(如文化、市场、法律差异等)、技术环境(如移动互联网、云计算等)、贸易规则/监管/政策环境(关、检、税、进出口管制政策等)。

分析跨境电子商务的产业链,相关经营主体包括电商平台、境外买家、外贸卖家、生产商/制造商、跨境支付、收汇结算、国际物流、运营服务等生态方,涉及的各类在线商业活动则包括货物的电子贸易、在线客户服务、数据信用、电子资金划拨、电子货运单证、物流跟踪等内容。

跨境电子商务企业也有多种类型,如综合电商平台、B2B信息服务平台、品牌电商、直营B2C类、返利导购网站、供应链服务、微商买手等;第三方服务企业,包括IT、营销、代运营、店铺装修、人员培训、法律咨询等围绕跨境电子商务交易之外的一系列相关服务,这部分服务在跨境电子商务的在线服务市场中非常活跃;外贸综合服务商或跨境物流综合服务商又是一类包括物流、支付、融资、清关、保险等线下服务体系的贸易中间服务商。

为了更好地对跨境电子商务进行进一步的监管和控制,自2016年3月24日,财政部、海关总署、国家税务总局共同发布了《关于跨境电子商务零售进口税收政策的通知》,其中包含跨境电子商务零售进口税收的新政策。该通知规定,自2016年4月8日起,跨境电子商务零售进口商品将不再按邮递物品征收行邮税,而是按货物征收关税和进口环节增值税、消费税,以推动跨境电子商务健康发展。该政策也简称为"四八新政"。

"四八新政"的核心管理规则包含:

(1) 跨境电子商务零售进口商品不再按物品征收行邮税,而是按货物征收关税、增值税、消费税。

(2) 设立跨境零售进口电商正面清单,跨境零售进口商品的品类受到一定的限制。

(3) 规定个人购买限额,"跨境电子商务零售进口商品的单次交易限值为人民币 2000 元,个人年度交易限值为人民币 2 万元"。

(4) 跨境进口标准提高,化妆品、婴幼儿配方奶粉、医疗器械、特殊食品等的首次进口需提供许可批件、注册或备案。

"四八新政"从税制、品类、购买限额、备案机制等各方面对跨境 B2C 电商进行了规范,从而区别野蛮生长的代购、海淘跨境模式,形成了"跨境电子商务"的新概念。

"四八新政"监管政策下的跨境电子商务包含保税备货、跨境直邮两种业务模式,见表 7-3。

表 7-3 模式对比

模式	保税备货模式		跨境直邮模式	
特点	单次 2000 元且累计 20 000 元内	不能提供"三单"电子信息	能提供"三单"电子信息	不能提供"三单"电子信息
关税	0	全额	0	—
增值税+消费税	应税额的 70%	全额	应税额的 70%	—
行邮税	—	—	—	11%、30%、60% 50 元免征税

保税备货模式和跨境直邮模式流程图如图 7-1 所示。

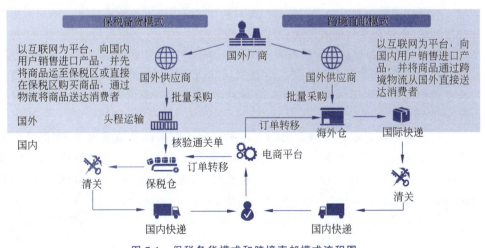

图 7-1 保税备货模式和跨境直邮模式流程图

保税备货：平台先将商品批量运输至国内保税仓，待消费者下单后，再从保税仓清关出区，交付国内物流配送至消费者。

跨境直邮：平台将商品存放在海外仓库，待消费者下单后，直接从海关配送，经中国海关清关后，交由国内物流配送至消费者。

保税备货、跨境直邮均是在"四八新政"监管规则下的合规跨境电子商务业务模式，均需进行商品备案，经营品类受正面清单限制，所有订单均需经平台进行主动申报，缴纳相关税费后才能进行境内配送，因此有效避免了代购、海淘等灰色区域。但由于备货地的配置差异，保税备货、跨境直邮模式在物流时效、商品品类等方面形成了各自的优劣势，如图7-2所示。

保税备货模式		跨境直邮模式
国内保税仓	备货地	海外仓
国内发运，物流时效接近普通电商	物流时效	国际物流，平均4~7天，运输周期长
标品、大众产品（如奶粉、化妆品等）	适用品类	非标品、长尾产品
物流时效快，用户体验好；集中采购，运输成本低	优势	品类全，环节少，运营成本低；模式灵活
占压资金，品类扩充有限，存在库存风险	劣势	物流时效慢、费用高；海外仓运营成本高

图7-2 两种模式对比

针对大多数消费者，推崇跨境直邮模式，因为跨境直邮模式可以提供完整的国外物流信息，从而规避假货风险；对于平台而言，则是根据不同的运营策略，对两种模式各有侧重。

7.2 跨境电子商务电子清关流程

1. 三单合一监管政策

"四八新政"完善了跨境电子商务的相关税制，即"跨境电子商务零售进口商品不再按物品征收行邮税，而是按货物征收关税、增值税、消费税"，不再设立免税额，同时要求"通过跨境电子商务入境的商品过往海关时需要三单合一，即支付单、订单、物流单要一致匹配"。

支付单由有支付资质的企业推送给海关，订单和物流单由跨境电子商务平台或提供保税仓仓储物流服务的第三方公司推送给海关，海关核对三单信息，核验放行后才可进行境内段配送，如图7-3所示。

"三单合一"的监管要求在国家层面有效提升跨境电子商务监管力度，在征缴海关税费方面提供了强有力的工具保障，但同时也提高了跨境电子商务行业的门槛，由于需要和第三方支付、物流、保税仓及电子口岸进行系统对接，因此一定的技术开发能力成为业务开展的基础。

在实际政策落地过程中，三单合一也存在很多变通方式，如部分关区仅要求三单（订单、支付单、物流单），而有些关区（如成都、郑州等）则要求"四单"，除订单、支付单、物流单外，还需要由代理清关公司报送"清单"；同时，订单、物流单、支付单均可由代理清关公司代为报送，但需要先向海关部门申请。

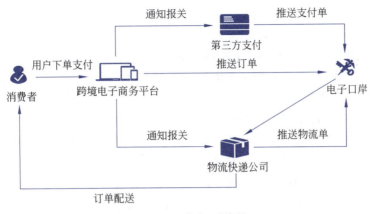

图 7-3 "三单合一"流程

2. 电子清关流程

在电子清关业务执行过程中,各关键节点流程如图 7-4 所示。

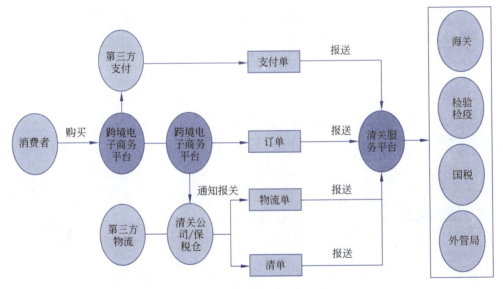

图 7-4 电子清关流程节点流程图

消费者在跨境电子商务平台下单完成支付;电商平台通知第三方支付公司,将支付单报送至各关区清关服务平台;电商平台将消费者订单报送至各关区清关服务平台;电商平台通知第三方代理清关公司(保税仓)等待清关订单信息;第三方代理清关公司(保税仓)获取电子运单号,结合待清关订单信息生成清单,报送至各关区清关服务平台;清关服务平台对支付单、订单、物流单、清单进行初步校验,通过后报关、检、税、汇各管理部门业务系统;清关服务平台获取海关校验结果(通过/不通过)后,回传清关结果至代理清关公司;若通过,则代理清关公司进行后续打包等操作。

各业务单据报送均为异步执行,可分别报送至清关服务平台,但是电商平台为了提高清关成功率,一般会优化该清关流程,例如会在收到支付单报送成功信息回执后,再向海关推送订单信息。

在电子清关过程中有两个比较特殊的角色:第三方代理清关公司;清关服务平台。

第三方代理清关公司:在保税备货模式下,没有能力自建保税仓的平台,需要与区内第三方公共保税仓合作,商品运达境内关区完成商检后,进入第三方保税仓。一般情况下,区内保税仓公司通常均具备代理清关资质,能够完成订单申报、代缴税费等工作,同时区内保税仓公司通常有合作的境内物流公司。因此,第三方代理清关公司往往具备仓储、订单作业、清关、物流配送等各项服务能力。

清关服务平台:即"海关单一窗口",在各关区没有清关公共服务平台前,跨境电子商务公司需要分别与地方海关、检验检疫、国税、外管局系统进行对接;清关公共服务平台整合了各管理部门的内部系统,形成一套统一的申报接口,从而有效降低了三单合一系统对接难度。

3. 电子清关监管规则

跨境电子商务对应的订单、支付单、物流单、清单报送海关系统后,根据相应的业务规则校验对应订单是否放行,只有查验放行的订单才可进入后续分拣、配送阶段。

三单合一监管规则下电子清关核心报送信息如下。

订单:订单编号、电商平台代码、电商平台名称、电商企业代码、电商企业名称、商品价格、运杂费、非现金抵扣金额、代扣税款、实际支付金额、订购人姓名、订购人证件类型、订购人证件号码、支付企业代码、支付企业名称、支付交易编号。

支付单:支付企业代码、支付企业名称、支付交易编号、订单编号、电商平台代码、电商平台名称、支付人证件类型、支付人证件号码、支付人姓名、支付人电话、支付金额,如图7-5所示。

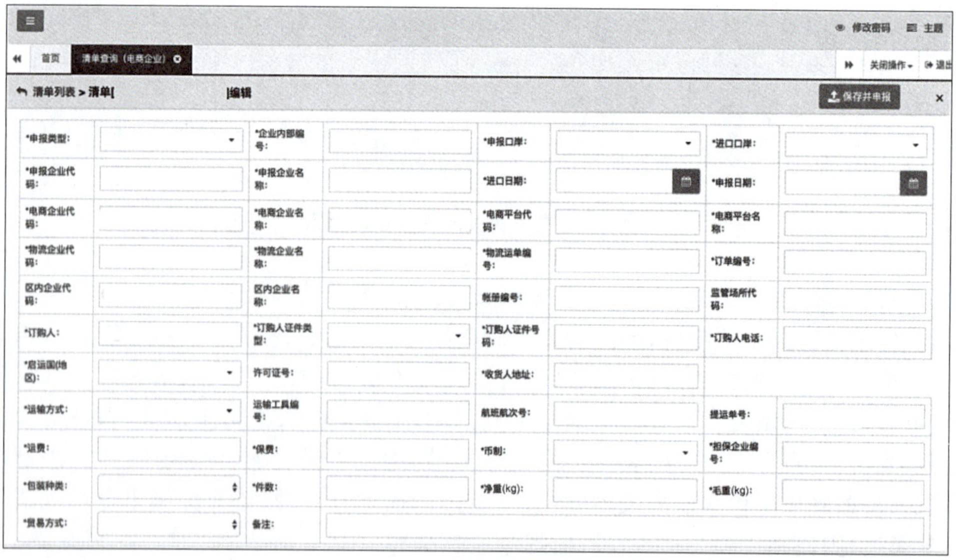

图7-5 支付单

海关系统会按照以下规则对信息进行校验,确认是否放行:订单、支付单、物流单匹配一致;电商平台、电商企业备案信息真实有效;订购人姓名、身份证号匹配查验一致;订购人年度购买额度小于或等于20 000元;单笔订单实际支付金额小于或等于2000元;单笔订单单个商品数量小于8,商品总数量小于25;订单商品价格、代扣税金、实际支付金额等计算正确(允许5%误差);订单实际支付金额与支付单支付金额、支付人信息等一致。

对于税费,代理清关公司在海关设置有保证金账户,订单放行同时会对保证金进行扣减。

在三单合一匹配规则中,电商企业代码、电商平台代码是一个比较有意思的点,订单申报信息中包含电商企业代码、电商平台代码,但支付单申报信息中仅包含电商平台代码,即海关系统的关注点在于订单、支付单需要发生在同一个平台,但支付企业与电商企业是否签订协议并不重要。这就为在天猫国际、京东全球购这样的B2C平台上开店的电商公司提供了报关途径。

实际上,在业务开展筹备期进行海关备案时,企业也是需要申报电商平台是自建还是挂靠在第三方电商平台的。当然,挂靠的第三方电商平台本身首先需要完成海关备案,否则会导致后续订单清关失败。

最后附上跨境电子商务相关名词解释,见表7-4。

表7-4 跨境电子商务相关名词解释

名 词	释 义
出口配额证商品	指在对外经贸活动中,一国政府在一定时期内对一些商品的进口数量或金额加以直接限制,这种限制下的商品对出口国来说就需先领取配额证,而这些商品也因此称为出口配额证商品
转关货物	指经收货人、发货人申请并经海关核准进口货物可以转至设有海关的指运地办理进口手续;出口货物可以在设有海关的起运地办理出口手续后,再转运至出境地海关核查放行出口。转关货物向海关申报时填写《中华人民共和国海关进(出)口转关运输货物申报单》
接载进口货物	是指境内汽车到口岸海关监管区接载由境外汽车载运进境后倒装的海关监管货物
卸转出口货物	是指境内汽车载运至口岸海关监管区后倒装由境外汽车载运出境的海关监管货物
海关监管货物	进出境受海关监管尚未办结海关手续的一切货物,统称为海关监管货物
货管监管	简称货管,是海关代表国家在口岸根据《中华人民共和国海关法》和国家其他进出口法律、法规和政策监督合法进出境货物和运输工具的重要管理职权,也是海关完成征收关税、制止走私违法、编制海关统计等各项任务的基础
货运监管的基本制度	对进出境的运输工具及其所载货物,进行审单(申报)、查验、征税、放行构成货运监管既相互制约又相对独立的统一整体,是货管的基本操作
查验	是以经过审核的单证为依据,对货主申报的内容进行直接实际的核实和查对,除有特殊规定准予免验者外,进出境货物的运输工具均应接受海关的查验,它在打击走私违法行为及为征税、统计提供实际监管依据等方面有重要的作用
单货相符	在办理进出口海关手续时,货主申报的进出口货物的单证与实际进出口货物经核实一致,习惯上称为单货相符
单货不符	在办理进出口海关时,货主申报的进出口货物单证与实际进出口货物经核实不一致,习惯上称为单货不符

续表

名　词	释　义
放行	即对经过审单、查验、征税监管环节后,对与备单货相符的货物和运输工具签印放行的监管行为
开验	在查验过程中,海关需要对某些货物进行细查细验,将内外包装开拆核实查验的行为
开拆	海关在查验工作中,对需要重点查验的货物进行开箱拆包细验的监管行为
重封	在海关监管过程中,某些货物由于复查等原因需要再次施加关封的行为称为"重新加封",简称重封
关封	用于海关内部联系、交接有关单证所使用的印有"海关关封"字样,可以加封的信封
关锁	一种用于对海关监管货物加封的金属制一次性使用的长条形封锁
纸封	用于加封小件海关监管物品的纸质封条
海关封志	加封海关监管物品的纸封在施封时,注明具体海关的称谓及年、月、日的称为封志
骑缝章	为了保证海关监管货物留存单据完整、齐全,以及核对有关单证,在单据交接处所加盖的印章
结关	办结或暂时办结海关监管手续的行为
进出口许可证	我国实行的对外贸易管理的一种行政保护手段,是根据我国的对外贸易政策对进出口货物和物品实行全面管理的制度。是国家管理进出口贸易通关证件,由对外经济贸易部及其授权的有关省、自治区、直辖市经贸委员会和特派员办事处审核签发,从1992年起,进出口许可证上各项标注中英文对照,商品名称、编码和计量单位采用"商品分类和编码协调制度"
三级管理	指进出口许可证的具体发证工作实行经贸部、经贸部驻口岸特派员办事处和省级对外贸易管理部门三级管理
保函	是由担保人按照海关的要求向海关提交的、订有明确义务的一种担保文件
担保	以向海关缴纳保证金或提交保证函的方式,保证在一定期限内履行其承诺义务的法律行为
保证金	是由担保人向海关缴纳现金的一种担保形式
滞报金	根据《中华人民共和国海关法》的有关规定,进口货物自运输工具申报进境之日起十四日内,应当向海关申报。超期未报的,从第十五天开始海关所征收的延期未报罚金称为滞报金,日征收金额为进口价格的0.5‰,起征点为10元,不足10元的免收
报关期限	指货物运送到口岸后,法律规定收货人或其代理人向海关报关的时间限制
自动出口限额	指出口国在进口国的经贸压力下,或为了维护出口价格的稳定,而自动限制某项商品对进口国的出口
中转运输	指商品运输在商业系统内的中间转运,即商品运输不直达目的地,须在中途变换运输方式或更换运输工具的一种运输方式
承运	指运输企业承受托人委托运送货物的行为
托运	发货人委托运输企业将一批货物运到指定地点,交付给指定收货人的行为
货柜车	指将密封箱式货柜固定在汽车底盘上的运输车辆
集装箱车	是指用以运载可卸下的集装箱的专用运输车辆

续表

名　词	释　义
进出境驮畜	指受海关监管,用于驮运货物进出境的驮畜
特殊运输方式输送进出口货物	指受海关监管,以特殊的承载和输送方式进出口的货物,包括水、电、油等
进出口货物证明书	由海关出具并签发,证明货物实际进口或出口的文件
转关运输	进出口海关监管货物需由进境地或启运地设立的海关转运至目的地或出境地海关,这种转运方式称为转关运输。经海关同意可采用不同的交通工具,承运接驳转关运输货物
押运	对某些质量不佳或因交货时间延误致买方拒收或错发、错运造成的溢装、漏卸而且退运的进出口货物
退关货物	对已办理了进出境海关手续的货物,由于某种原因,在征得海关同意后,货物取消进出口并按海关规定办理退关手续,这类货物称为退关货物
一类进口商品	指国家统一经营、代理订货关系国计民生的、大宗的、敏感性的重要进口商品,包括粮食、钢材等
二类进口商品	指国家定为联合成交的国际市场供应相对集中、价格敏感、国内紧缺、国内外差价较大的大宗进口商品,包括羊毛等
三类进口商品	指国家规定除一、二类商品以外的其他商品

7.3 跨境电子商务商检

1. 跨境电子商务商检介绍

跨境电子商务商检是指商品的产方、买方或者第三方在一定条件下借助某种手段和方法,按照合同、标准或国内外有关法律、法规、惯例,对商品的质量、规格、质量、数量、包装、安全及卫生等进行检查,并做出合格与否或通过验收与否的判定,或为维护买卖双方合法权益,避免或解决各种风险损失和责任划分的争议,便于商品交接结算而出具各种有关证书的业务活动,如图 7-6 所示。

2. 商检的范围

1) 进口商品法定检验范围

列入《种类表》的进口商品;有关国际条约、协议规定须经商检机构检验的进口商品;其他法律、行政法规规定须经商检机构检验的进口商品。

2) 出口商品及其运载工具法定检验报验的范围

列入《种类表》的出口商品;出口食品的卫生检验;贸易性出口动物产品的检疫;出口危险物品和《种类表》内商品包装容器的性能检验和使用鉴定;装运易腐烂变质食品出口的船舱和集装箱;有关国际条约、协议规定须经商检机构检验的出口商品;其他法律、行政法规规定须经商检机构检验的出口商品。

图 7-6　相关人员进行商检

3. 商品质检系统机构

商品质检系统机构如图 7-7 所示。

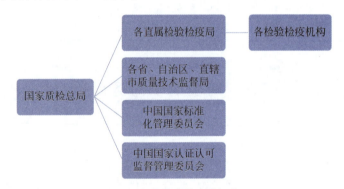

图 7-7　商品质检系统机构

4. 出入境检验检疫报检规定

1）依法报检的法律依据

《中华人民共和国进出口商品检验法》《中华人民共和国进出口商品检验法实施条例》《中华人民共和国国境卫生检疫法》《中华人民共和国国境卫生检疫法实施细则》《中华人民共和国进出境动植物检疫法》《中华人民共和国进出境动植物检疫法实施条例》《中华人民共和国食品卫生法》《中华人民共和国认证认可条例》以及《中华人民共和国进出口货物原产地条例》。

2）国际货物买卖合同中的检疫条款

有关检验权的规定；检验或复验的时间和地点；检验机构；检验标准和方法；检验项目和检验证书及买卖双方商定的其他内容。

3）商品检验的地点

在出口国检验；在进口国检验；在出口国检验，在进口国复验。

4）商品检验的方法和检验标准

常用的检验方法有感官检验法、化学检验法、物理检验法、微生物检验法等，微生物检疫的相关流程与设备如图7-8所示。

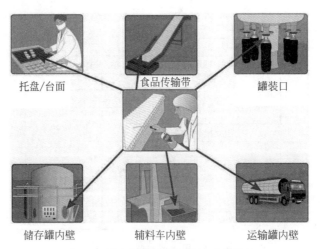

图7-8　微生物检疫的相关流程与设备

检验标准有以下几点：对买卖双方具有法律约束力的标准；与贸易有关国家所制定的强制执行的法规标准；国际权威性标准；国际标准、区域性标准化组织标准、国际商品行业协会标准、某国权威性标准。

5）商检费用

根据申报商检的货物价值收取费用。进口检验检疫费用是货值的万分之八，出口目前不收费。定价依据是用于进口报关的发票上显示的货值。

5. 进出口商检流程

1）出口商品检验流程

（1）商检机构受理报验。首先由报验人填写"出口检验申请书"，并提供有关的单证和资料，如外贸合同、信用证、厂检结果单正本等；商检机构审查上述单证符合要求后，受理该批商品的报验；如发现有不合要求者，可要求申请人补充或修改有关条款。

（2）抽样。由商检机构派员主持进行，根据不同的货物形态，采取随机取样方式抽取样品。报验人应提供存货地点情况，并配合商检人员做好抽样工作。

（3）检验。检验部门可以使用从感官到化学分析、仪器分析等各种技术手段，对出口商品进行检验。检验的形式有商检自验、共同检验、驻厂检验和产地检验。

（4）签发证书。商检机构对检验合格的商品签发检验证书，或在"出口货物报关单"上加盖放行章。出口企业取得检验证书或放行通知单后，在规定的有效期内报运出口，如图7-9所示。

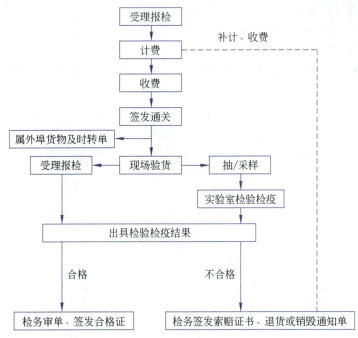

图 7-9 出口商品商检流程图

2）进口商品检验流程

根据进口商品登记规定，进口商品的检验分两大类。一类是列入《种类表》和合同规定由中国商检机构检验出证的进口商品。进口商品到货后，由收货、用货或其代理接运部门立即向口岸商检机构报验，填写进口货物检验申请书，并提供合同、发票、提单、装箱单等有关资料和单证，检验机构接到报验后，对该批货物进行检验，合格后，在进口货物报关单上加盖印章，海关据此放行。

另一类是不属于上一类的进口商品，由收货、用货或代理接运部门向所在地区的商检机构申报进口商品检验、自行检验或由商检机构检验，自行检验须在索赔期内将检验结果报送商检机构。若检验不合格，应及时向商检机构申请复验并出证，以便向外商提出索赔。

6. 商品检验的类型

依据检验目的的不同，商品检验通常可分为生产检验、验收检验和第三方检验 3 种。

（1）生产检验：又称第一方检验、卖方检验，是由生产企业或其主管部门自行设立的检验机构，对所属企业进行原材料、半成品和成品产品的自检活动，目的是及时发现不合格产品，保证质量，维护企业信誉。经检验合格的商品应有"检验合格证"标志。

（2）验收检验：又称第二方检验、买方检验，是由商品的买方为了维护自身及其顾客利益，保证所购商品符合标准或合同要求所进行的检验活动，目的是及时发现问题，反馈质量信息，促使卖方纠正或改进商品质量。在实践中，商业或外贸企业还常派"驻厂员"，对商品质量形成的全过程进行监控，一旦发现问题，及时要求产方解决。

（3）第三方检验：又称公正检验、法定检验，是由处于买卖利益之外的第三方（如专职监督检验机构),以公正、权威的非当事人身份,根据有关法律、标准或合同所进行的商品检验活动,如公证鉴定、仲裁检验、国家质量监督检验等,目的是维护各方面合法权益和国家权益,协调矛盾,促使商品交换活动正常进行。

依据接受检验商品数量的不同,商品检验可分为全数检验、抽样检验和免于检验。

全数检验:又称全额检验、百分之百检验,是对整批商品逐个(件)进行的检验。其特点是:能提供较多的质量信息,给人一种心理上的放心感。其缺点是:检验量大,费用高,易造成检验人员疲劳而导致漏检或错检。

抽样检验:是按照已确定的抽样方案,从整批商品中随机抽取少量商品用作逐一测试的样品,并依据测试结果推断整批商品质量是否合格的检验。它具有占用人力、物力和时间少的优点,并具有一定的科学性和准确性,是比较经济的检验方式。但其检验结果相对于整批商品实际质量水平,会有一定误差。

免于检验:即对于生产技术水平高和检验条件好、质量管理严格、成品质量长期稳定的企业生产出来的商品,在企业自检合格后,商业和外贸部门可以直接收货,免于检验。

7.3.1 法检与商检

法检指的是报关单上对监管内容的特定描述,如果其中对监管内容有所特定描述,例如明确强调了贸易中的商品是由谁进口或者出口的,那么这些商品在实际操作过程中就需要提供与之相对应的商检单据,但是,如果报关单并没有特别强调这些内容,就没有提供相应商检单的必要了。

1. 商检

在国际贸易中,"商检"是所有进出口需求货物必须经历的一个环节。在做贸易货物商检之前,要先辨别这些商品是否为法检的商品,如果是,就需要提供法检的单据;如果不是法检的商品,就需要送往指定的机构或者场地接受商检操作。首先,提供商检的书面材料,以便于检验机构安排检验时间和场地,然后安排官方检验场地。这时提交的书面材料通过检验之后,海关放行,那么就可以实施相应的检验流程了。一般情况下,商检之后两周左右便可以拿到相应的商检报告单,其中,如果是进出口食品,还需要拿到相应的卫生许可证,才能确保商品被正常提货并销售。

2. 法检

如果所有的贸易商品都是"商检"的,那么"法检"的商品就具有不确定性,需要在特定的条件下接受法定检验。首先,这个货物是被明确规定的小法检的货物,这样的货物是必须接受法定检验的。其次,这些贸易商品主要流通于美国、日本、韩国或者欧盟贸易市场之间,这样的贸易商品也是必须做法定检验的。最后一种是这个货物有特定的减税或者免税证明,这样的货物也要接受法定检验。

3. 商检和法检的区别

通过以上描述可以看出,商检和法检之间还有很大的区别。首先,在必要性上,所有的贸易商品是必须经过商检操作的,但是并不一定经过法定检测。其次,在工作性质上,商检属于入境免疫检测工作中的基础工作内容组成部分,而法检则是应买家要求而在指定机构所实施的检测操作。最后,在先后顺序上,贸易商品在接受法检之前首先要确定是否为商检商品,如果商检过了,就提供相应的检测报告单;如果商检没通过,就需要按照相应的工作流程安排相应的法检操作。

7.3.2 商检报关

1. 商检报关介绍

商检要到你的公司所在地的检验检疫局做商品检验,需要提交装箱单、商业发票、外销合同、厂检单、包装单(也就是包装公司产品的箱子的检验结果单),另外填写一份出境货物报检单、出境货物符合性声明,还要带上公司的产品样品。进出口商向海关商检报关时,需提交以下单证。

(1) 进出口货物报关单。一般进口货物报关单应填写一式二份;需要由海关核销的货物,如加工贸易货物和保税货物等,应填写专用报关单一式三份;货物出口后需国内退税的,应另填一份退税专用报关单。

(2) 货物发票。要求份数比报关单少一份,对货物出口委托国外销售,结算方式是待货物销售后按实销金额向出口单位结汇的,出口报关时可准予免交。

(3) 陆运单、空运单和海运进口的提货单及海运出口的装货单。海关在审单和验货后,在正本货运单上签章放行退还报关单,凭此提货或装运货物。

(4) 货物装箱单。其份数同发票。但是,散装货物或单一品种且包装内容一致的件装货物可免交。

(5) 出口收汇核销单。一切出口货物报关时,应交验外汇管理部门加盖"监督收汇"章的出口收汇核销单,并将核销编号填在每张出口报关单的右上角处。

(6) 海关认为必要时,还应交验贸易合同、货物产地证书等。

(7) 其他有关单证,包括①经海关批准准予减税、免税的货物,应交海关签章的减免税证明,北京地区的外资企业需另交验海关核发的进口设备清单;②已向海关备案的加工贸易合同进出口的货物,应交验海关核发的"登记手册"。

2. 商检报关的具体流程

(1) 换单。船靠港后,会给收货人发一份到货通知书,需要收货人换单或者委托代理公司换单。

(2) 报关。换单回来后,就可以向海关系统录入商检报关资料,提交报关资料。

(3) 海关审单审价。报关资料录入后,海关就会对货物的申报资料,包括数量、质量、货值、性质等方面进口审核。如果所申报的资料没什么问题,这个动作一般在一到两个工作日完成。

(4) 交税。海关对单证方面审核通过后,就会出一个进口关税及进口增值税的税单,这时收货人可以拿着税单去银行交税,或者委托代理公司交税。

（5）查货。交完税后，要把税单交回海关，等待海关查实是否已经交税。查实交税后，海关就会下通知，确定是否要查货（一般进口货物都需要查货）。

（6）放行。如果海关不查货，收货人交税后，就直接放行了；如果海关需要查货，海关就会通知收货人需要查货，一般一到两个工作日完成。

本 章 小 结

随着政策电子化流程的完善，保税仓模式在海关、国检等监管部门的监管下实现快速通关，几天内配送到消费者手中，企业可提前大量备货，节省仓储运输费用，消费者收到商品的时间也最短。海外建仓采用的是"海外直邮＋包税"模式，直接从海外发货，品质有所保证，避免大量囤货。虽然有抽中被税的风险，但是一般平台会提供关税补贴，尽量减少用户的损失。伴随着消费升级，国内消费者开始追求更有品质的生活，由于市场体量够大，跨境电子商务领域蕴藏着巨大的商机。

第 8 章 跨境电子商务支付

知识导读

目前跨境电子商务已经开始反向驱动中国国内供应链升级,成为中国外贸业务发展的新引擎。对于电商系统来说,业务从国内转移到跨境,变化最大的可能就是支付流程,而支付流程又是跨境电子商务贸易中重要的一个环节,所以,本章从跨境电子商务概念、分类、流程、跨境电子商务线下及线上支付与跨境电子商务支付所面临的问题方面介绍跨境电子商务支付与结算的相关知识。

学习目标

- 了解跨境电子商务流程
- 了解跨境电子商务线上及线下支付
- 了解跨境电子商务支付及收款面临的障碍

能力目标

- 熟悉跨境电子商务流程
- 掌握跨境电子商务线下及线上支付方式

相关知识

8.1 跨境电子商务支付介绍

1. 跨境电子商务支付的概念

跨境电子商务支付是指两个或两个以上的国家或地区之间因国际贸易、国际投资以及其他方面所发生的国际债权债务,借助一定的结算工具和支付系统实现的资金跨国和跨地区转移的行为。

2. 跨境电子商务支付的分类

一个完整的支付流程应该分为支付(买家)+结算(卖家)两步。根据地域(境内、境外)和货币种类两个维度,可把电商分为 4 类:国内电商;跨境电子商务、海淘(赚外汇);跨境电子商务(买买买);国外电商,见表 8-1。

表 8-1 跨境电子商务分类

类 型	买家所属地	支付币种	卖家所属地	结算币种	举 例
国内电商	境内	人民币	境内	人民币	淘宝、京东
跨境电子商务、海淘(赚外汇)	境外	外币	境内	人民币	Shopee、Lazada
跨境电子商务(买买买)	境内	人民币	境外	外币	天猫海外、网易考拉
国外电商	境外	外币	境外	外币	eBay、Amazon

根据买卖双方的所属地和币种,跨境电子商务可以分为两类:赚外汇模式;买买买模式。(Shopee、Lazada 主要部分是外国电商模式,就是买卖双方均是境外,跨境是其模式之一)两种跨境电子商务面对的消费者不同,对资金处理的需求也不同,如图 8-1 所示。

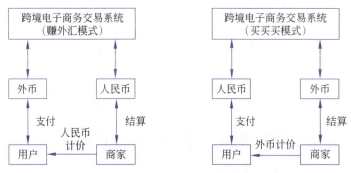

图 8-1 赚外汇模式与买买买模式

赚外汇模式:产品人民币计价,人民币结算,境外消费者支付外币。
买买买模式:产品外币计价,外币结算,境内消费者支付人民币。

3. 跨境电子商务支付平台

国外的跨境支付平台:CBiBank(神州数字银行)、WorldFirst(万里汇)、PayPal(贝宝)、Payoneer(派安盈)、Airwallex(空中云汇)。

国内的跨境支付平台:财付通、连连跨境支付、宝付、PingPong(呯嘭支付)、UMPay(联动支付)、支付宝国际、环迅支付、易宝支付。

4. 跨境支付的两大核心痛点

第一是解决多种货币的汇兑问题。跨国境的支付涉及不同的标价/结算货币,在如今大部分国家施行浮动汇率制的情况下,既有汇兑限制,又有汇率风险,多种货币汇兑复杂。

第二是解决不同区域支付清算水平不一的问题。每个国家/地区的支付清算系统和规则水平差异很大。在全球化发展的现在,虽然差距正在不断缩小,但还是存在协调不一带来的各种物理/认知上的统一困难。

5. 跨境电子商务支付流程

国内用户在跨境电子商务平台购买商品,使用国内支付方式(如网银、快捷、扫码等),支付公司去合作银行进行购汇(购汇成功后,外币进入支付公司的外币备付金账户),商户维护指定的境外收款人信息,支付公司向境外付汇(从支付公司外币备付金至境外收款人账户)。境内企业就需在出口业务时从外商处收取款项,境外消费者用外币支付,转到国内账户用人民币结算,如图 8-2 所示。

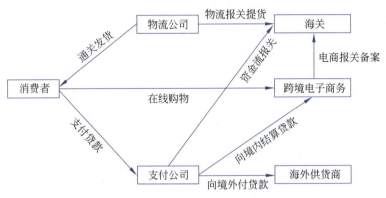

图 8-2　跨境电子商务支付流程图

8.2　跨境电子商务线下支付

跨境电子商务线下支付方式主要有:西联汇款、MoneyGram、电汇、离岸银行账户。

8.2.1　西联汇款

西联汇款是国际汇款公司(Western Union)的简称,是世界上领先的特快汇款公司,迄今已有 150 年的历史,它拥有全球最大、最先进的电子汇兑金融网络,代理网点遍布全球近 200 个国家和地区。中国光大银行、中国邮政储蓄银行、中国建设银行、浙江稠州商业银行、吉林银行、哈尔滨银行、福建海峡银行、烟台银行、龙江银行、温州银行、徽商银行、浦发银行等都是西联汇款中国合作伙伴。

1. 汇款

线上:在线汇款、取款。
线下:从合作伙伴银行位置汇款以取款。
用户可以亲自前往下面的合作伙伴银行汇款:中国光大银行;上海浦东发展银行;中国邮政储蓄银行;吉林银行;福建海峡银行;浙江稠州商业银行;广州农村商业银行;广西北部湾银行;江门农村商业银行;浙江泰隆商业银行。在中国,银行需要一个银行账户才能以现金汇款。有关详细信息,请咨询当地银行。海外收款人无须银行账户即可取回现金。

2. 收钱

现金取款：在代理处取钱。

在线：通过合作伙伴银行的在线/移动银行接收资金；通过支付宝应用程序接收资金。

直接到银行：从您的银行账户中接收资金。

可以通过支付宝移动应用程序和西联合作伙伴银行（如中国光大银行、上海浦东发展银行、中国邮政储蓄银行、中国银行）接收资金。

可以亲自前往下面的合作伙伴银行取款：中国光大银行；上海浦东发展银行；中国邮政储蓄银行；中国银行；中国建设银行；吉林银行；福建海峡银行；浙江稠州商业银行；广州农村商业银行；广西北部湾银行；江门农村商业银行；浙江泰隆商业银行。在中国，银行需要一个银行账户才能收到现金。有关详细信息，请咨询当地银行。海外寄件人无须银行账户即可发送现金。

汇款和收款：出示中国身份证、护照、内地旅游许可证三个中的一个即可从中国汇款。需要注意的是，西联银行代理也是中国的银行，受当地法规、风险控制和银行合规要求的约束。根据当地监管机构和银行风险控制的指导，商业银行代理最近对来往选定国家及其护照持有人的汇款服务实行了一些限制。在汇款或收款之前，请咨询您的商业银行代理以了解更多详情。中国邮政储蓄银行根据内部风险控制要求，实施了将汇款业务限制在 73 个国家/地区的新政策，它只处理汇往/接收/来自 73 个国家和地区的汇款。

3. 西联汇款的优点和缺点

优点：第一是手续费由买方承担，对卖方来说非常划算；第二是相对安全；第三是可以在送货前取款。

缺点：第一是买方风险大，不易接受；第二是买卖双方须到线下柜台操作；第三是手续费较高。

4. 费用

西联佣金由买方承担，买卖双方须到当地银行进行现场操作，卖方未收到货款时，买方可随时取消付款，适用于万元以下的付款。

8.2.2　MoneyGram

MoneyGram（速汇金）是一种快捷、可靠的国际汇款方式，收款人凭汇款人提供的编号即可收款。快速汇款是由 MoneyGram 引入的一种快速、简单、可靠、方便的国际汇款方式。目前，公司在全球 150 个国家和地区拥有 5 万多家代理网点。收款人可按汇款人提供的号码收款。

1. 汇款

①查找某一地点：查找您附近的某一 MoneyGram 代理地点。②为您在代理处办理业务做准备，请携带以下资料：本人的身份证（在适用情况下）、本人的收款人全名（与其

身份证和地点相匹配)、希望汇款的金额和手续费。若要汇款至银行账户,还需要收款人的银行名称和账号;若要汇款至手机钱包,还需要收款人带有国际拨号代码的手机号码。③完成交易:在适用情况下,填写汇款表格。向代理人提供已完成的表格以及适用资金(包括交易手续费)。④通知您的收款人。保存收据并与收款人分享 8 位参考号用于取款。汇款至银行账户或手机钱包的资金将直接存入该账户。

2. 收款

①收款步骤:查找某一地点,查找附近的某一 MoneyGram 地点;填写表格(如果适用);②如果需要,填入汇款人提供的参考号完成简单的收款表格;③接收资金:向代理人提交已完成的表格,以及本人有效的身份证(含照片)来接收资金。

3. MoneyGram 的优点和缺点

优点:第一,汇款速度快,十几分钟即可完成记账;第二,汇款金额不高,成本相对较低,无中介费和电报费;第三,手续简单,无须填写复杂的汇款路线,收款人无须提前开通银行账户。缺点:第一,汇款人和收款人都必须是个人;第二,汇款必须在境外进行;第三,如果客户使用现金账户汇款,还必须支付一定的现金汇兑费。

4. 费用

费用:汇款金额是 400 美元以下,费用为 10 美元;400～500 美元,费用为 12 美元;500～2000 美元,费用为 15 美元;2000～5000 美元,费用为 25 美元。MoneyGram 适用于单笔汇款不超过 10 000 美元(不含),每个汇款人不超过 20 000 美元(不含)的情况。

8.2.3 电汇

电汇指通过电报办理汇兑,是付款人将一定款项交存汇款银行,汇款银行通过电报或电话传给目的地的分行或代理行(汇入行),指示汇入行向收款人支付一定金额的一种交款方式。

1. 电汇的优点和缺点

优点:第一,可以在几分钟内快速收款;第二,货到付款,保证商家利益不受损害。

缺点:第一,货到付款,买家容易产生不信任,少数用户会限制商业交易的数量;第二,所有交易都有手续费,而国际电汇手续费相对较高。例如,富国银行每笔交易收费 45 美元。

2. 费用

费用:买卖双方各自承担当地银行费用,具体费用按银行实际利率计算。电汇是传统 B2B 外贸收付款的常用方式,适用于大额交易。

8.2.4 离岸银行账户

离岸银行账户是卖方通过在美国和新加坡等境外地区开设离岸银行账户获得海外平

台或买方汇款。

1. 离岸账户的优点和缺点

优点：第一，不受内地外汇管制，不限电汇，每年结算限额不超过 5 万美元；第二，其他国家也可以自由地在不同货币之间转移和汇款。

缺点：第一，境外账户操作不方便；第二，账户流量异常和涉外税收问题会导致资金冻结等风险。

2. 费用

费用：根据收汇款地区、银行及结算方式而定。离岸银行账户适用于传统外贸和跨境电子商务，但应由境外离岸公司和卖家解决相关税务问题。

8.3 跨境电子商务线上支付

跨境电子商务线上支付方式主要有 PayPal、Payoneer、Cashpay、Moneybookers、ClickandBuy、PaysafeCard、WebMoney、CashU、LiqPAY、Qiwi Wallet、NETeller。

8.3.1 PayPal

1. PayPal 介绍

PayPal 是全球使用最广泛的第三方支付工具之一。PayPal 于 1998 年 12 月由 Peter Thiel 及 Max Levchin 建立，是一个总部在美国加利福尼亚州圣何塞市的在线支付服务商。其秉持着"普惠金融服务大众"的企业理念，致力于提供普惠金融服务，通过技术创新与战略合作相结合，为资金管理和移动创造更好的方式，为转账、付款或收款提供选择。PayPal 也和一些电子商务网站合作，成为它们的货款支付方式之一；但是，用这种支付方式转账时，PayPal 收取一定数额的手续费。

2. PayPal 账户类型

PayPal 账户主要分为个人账户、高级账户、企业账户 3 种类型，见表 8-2。

表 8-2 PayPal 账户类型

个人账户	高级账户	企业账户
主要用于个人购物汇款； 接收款项只需支付低廉费用； 用户免费注册即可购物	可以用个人的名义接收来自买方的付款； 该账户可升级为商业账户	以公司和企业的名义进行买卖； 可设立 200 个子账户
适合购物买家	适合个人卖家	适合企业卖家

3. PayPal 支付流程

PayPal 支付流程如下。

（1）只要有一个电子邮件地址，付款人就可以登录开设 PayPal 账户，通过验证成为其用户，并提供信用卡或者相关银行资料，增加账户金额，将一定数额的款项从其开户时登记的账户（例如信用卡）转移至 PayPal 账户下。

（2）当付款人启动向第三人付款程序时，必须先进入 PayPal 账户，指定特定的汇出金额，并提供收款人的电子邮件账号给 PayPal。

（3）PayPal 向商家或者收款人发出电子邮件，通知其有等待领取或转账的款项。

（4）如商家或者收款人也是 PayPal 用户，其决定接收后，付款人所指定之款项即移转至收款人。

（5）若商家或者收款人没有 PayPal 账户，收款人须依照 PayPal 电子邮件内容指示连线进入网页注册取得一个 PayPal 账户，收款人可以选择将取得的款项转换成支票寄到指定的处所，之后转入其个人的信用卡账户或者另一个银行账户。

从以上流程可以看出，如果收款人已经是 PayPal 的用户，那么该笔款项就汇入收款人拥有的 PayPal 账户，若收款人没有 PayPal 账户，网站就会发出一封通知电子邮件，引导收款者至 PayPal 网站注册一个新的账户。

4. PayPal 的提现方式

PayPal 的提现方式见表 8-3。

表 8-3　PayPal 的提现方式

电汇提现（中国银行账户）	支票提现	提现至美国账户
提现周期短，固定费用，安全性高； 建议用户在有较多余额时一次性大额提取，可降低提现成本	提现费用低，等待周期长； 存在邮件在邮寄过程中丢失的风险； 适合小额提现且资金周转不紧张的人群	需要到美国办理银行账户； 提现周期短； 不适合中国用户，因无法办理美国银行账户

5. PayPal 的优势

PayPal 的优势为：①安全保障高。PayPal 为账户提供全面信息保护，将反欺诈技术与全天候账户监控相结合，付款时，个人和财务信息将经过安全加密，确保资金和信息安全。此外，PayPal 为账户提供实时欺诈防护，根据不同业务需求定制不同的欺诈风险模型和分析工具；②全球用户广。仅在中国，PayPal 与 Wish、速卖通、中国银联等达成合作伙伴关系；③品牌效应强。PayPal 在全球范围内普及率高，尤其在众多欧美国家，强大的品牌优势，能让网站吸引大量海外客户；④资金周转快。PayPal 具有即时支付、即时到账的特点，能实时打海外客户发送的款项，仅需几天时间，即可将账户内的款项转至国内银行账户；⑤使用成本低。无注册费用、无年费，手续费为传统收款方式的一半。

6. PayPal 账户各项服务的收费情况

（1）购物无须任何手续费。使用 PayPal 在线付款不必支付任何手续费，同时，符合条件的订单还将受到买家保障和退货运费赔付服务的保护。

（2）购物无须手续费，PayPal 在使用 PayPal 收款时将收取小笔费用。如果通过 PayPal 收款，则可使用 PayPal 商家账户获取更多的工具和折扣价格。

7. PayPal 现有的收费标准

现有的收费体系是为了鼓励卖家使用 PayPal，随着卖家交易额的增大，会给卖家一定的返利。

如果月度销售额达到 3000 美元及以上，并且保持良好的账户记录，就可以申请优惠商家费率。

PayPal 的收费标准以官方为准。用户可享受何种优惠收费标准将根据每月的交易额而定。

8.3.2 国际信用卡

国际信用卡收款是在线支付的一种方式，是通过国际信用卡进行支付。跨境电子商务网站可通过与 Visa、MasterCard 等国际信用卡组织合作，或直接与海外银行合作，开通接收海外银行信用卡支付的端口。该方式适用于从事跨境电子商务零售的平台和独立 B2C。目前，国际上信用卡品牌 Visa、MasterCard 为大家广泛使用。

Visa、MasterCard 等国际信用卡全球发卡量超过 20 亿张，潜在客户群体庞大。商家直接让第三方支付平台安装一个网关接口到自己的网站上面，国外买家在网站上订购产品可直接在线下单，在线用信用卡支付这笔订单款项，安全快捷。

1. 支付流程

使用信用卡支付的风险，来自"先用钱，后还款"。流程如下。

① 买家从自己的信用卡上发出支付指令给发卡银行。

② 银行垫钱为其支付给我方银行。

③ 银行通知持卡人免息期满的还款日期和金额。

之后，尽管我方已经完成交易，但只有买家做出如下行动时，贷款才有 100% 的保证：

（1）买家在还款日到期之前还款，交易顺利完成，我方贷款成功。

（2）买家先还部分，一般大于银行规定的最小还款额，其余作为银行贷款，并确认同意支付利息，以后再逐步偿还本息。最终买家得到融资便利，银行得到利息收入，卖家及时得到货款，共赢。

如果出现买家证明这笔支付交易取消，原因可以是退货等，或者短缺，或者质量问题，那么当买家通知发卡银行取消支付后，发卡银行通知信用卡清算公司，如 Visa、Master 或我方的银联，要求退款。随后，信用卡清算公司会向收款方银行扣收退款。那么，收款方银行将从我方卡中扣款给信用卡清算公司。至此可能还会出现如下情形：

(1) 如果我方卡中有足够的钱扣,则认扣。

(2) 如果我方卡中没钱可扣,则需要存钱进去。那么,此时还将出现如下问题:
①我方确认退款,存款进卡,顺利退款;②我方否认退款,不存款,形成透支,进入透支黑名单,且面临银行追债。

2. 国际信用卡支付方式的优点和缺点

优点:第一,迎合国外买家的消费习惯,使支付更方便;第二,潜在客户多,几乎涉及全球所有国家;第三,用银行信用,银行做担保,保证买卖双方利益;第四,国外信用体系健全,如顾客恶意拒付,会在银行终身留有记录,影响一生;第五,提现方便,只需提供一张国内银行借记卡,轻松体现。

缺点:通道维护费用高,技术费、年费从几千元到上万元,前期投入比较大。

8.3.3 Payoneer

Payoneer 是万事达卡国际组织授权的具有发卡资格的机构,为支付人群分布广而多的联盟提供简单、安全、快捷的转款服务,可为全球客户提供美国银行/欧洲银行收款账户用于接收欧美电商平台和企业的贸易款项。目前,Payoneer 的合作伙伴涉及的领域众多,并已将服务遍布全球 210 多个国家。

中国身份证即可完成 Payoneer 账户在线注册,并自动绑定美国银行账户和欧洲银行账户,像欧美企业一样接收欧美公司的汇款,并通过 Payoneer 和中国支付公司合作完成线上的外汇申报和结汇。

1. Payoneer 的支付服务

Payoneer 的虚拟美国银行账户(USPS)允许用户接收指定的美国公司转款,此账户和 Payoneer 万事达实体卡绑定使用。虚拟美国银行账户用于接收联盟的资金,万事达实体卡用于消费和取现资金。Payoneer 的虚拟美国银行账户为用户节省了开通美国银行账户实体卡的高额开户费,并且只需 1~5 个工作日,用户所在联盟的资金便会抵达 Payoneer,可随时通过网上个人账户查看到账情况。此外,Payoneer 电汇转账服务已在全球 210 个国家开通(包括中国),1~5 个工作日便可进入用户当地银行的账户,转账收取 2% 的费用。从 Payoneer 万事达预付卡转账到国内银行账户,包括小额转款和大额转款。小额转款(2~7 个工作日)只需自己在 Payoneer 后台操作,单笔最低转账金额为 500 美元,最高 9500 美元(这也是每天转账上限),每月 10 次上限;大额转款(2~10 个工作日)须人工协助,单笔转款 2 万(最好是 3 万)美元起,在 Payoneer 后台提交国内银行信息后,发申请邮件到 Payoneer 官方,告知具体的转款金额、到账货币和收款账户后四位数。

2. Payoneer 的接受付款服务

一是通过美国支付服务收款——美国银行账户及银行识别码与用户的卡相关联,此服务可接收美国本地的 ACH 汇款或直接转款。用户可接收指定公司的资金,如 PayPal、

Amazon、Apple 等;二是从合作公司接收付款,此方式只需进入合作公司网页,用户账户选择 Payoneer 作为收款方式并申请万事达卡即可。

3. Payoneer 的优点

第一,支持全球 210 个国家的当地银行转账;第二,可在全球任何地方接受万事达卡的刷卡机(POS)刷卡;在线购物和 ATM 取当地货币;第三,Payoneer 和万事达卡国际组织的保护系统确保您的账户高度安全;第四,账户内的资金以美元存放,两小时内快速到账;第五,简单的在线激活动作,方便易懂的"我的账户"(My Account)让用户了解账户详情;第六,多语言、多方式的客服系统让用户随时随地联系 Payoneer;第七,Payoneer US Payment Service(美国支付服务)可帮助用户接收指定美国公司的收款。该方式适用于客户群分布广的跨境电子商务网站或卖家,且单笔资金额度小。

8.3.4 Moneybookers

Moneybookers 是世界上第一家被政府官方认可的电子银行,Moneybookers 电子银行里的外汇可以转到我们国内银行账户里。Moneybookers 是一件工具,它允许用户通过电子邮件安全地、即时地收发钱。用户可以从信用卡发钱,也可以从银行账户中转账。用户可以随时使用 Moneybookers 发钱给别人(与朋友一起还清债务、在线支付、拍卖……),或者别人给该用户发钱。

1. Moneybookers 费用

注册:免费;从银行上载资金:免费;从信用卡上载资金:3%;发钱:1%(直到€0.50);收钱:免费;请求付款:免费;取钱到银行:€1.80 固定费用;通过支票取钱:€3.50 固定费用。关于其他支付方法所需费用的信息,请核对我们的价格表。

2. 用 Moneybookers 发钱

第 1 步:用户必须为账户提供资金,最常用的方法是通过银行转账。

首先进入:我的账户→上传资金→选择支付方法→银行转账→输入上传的数量→用户将获得一个交易 ID 和银行详细资料。然后,用户必须通知你的银行处理交易。请确信在参考栏输入了交易 ID 或者用户的注册电子邮件。如果不想通过银行转账为你的账户提供资金,在这里能找到支持的其他支付方法。

第 2 步:资金一旦存入用户的 Moneybookers 账户,用户就能继续发钱给任何一个有电子邮箱地址的人,用户能在发钱页面下按照提示操作。

3. 用 Moneybookers 收钱

将用户的电子邮箱地址提供给支付者,他能通过 Moneybookers 支付给你,任何时候别人使用 Moneybookers 发钱给你,资金将被立即存入用户的账户余额。用户能通过请求支付页面要求别人发钱给自己,然后按提示操作。

4. 通知银行把资金转到用户的 Moneybookers 账户

第 1 步：获得银行详细资料以便交易。

进入：我的账户→上传资金→选择支付方法→银行转账→获得银行详细资料。

第 2 步：用户需要把这些资料提交给银行并且指示它把资金转到 Moneybookers 的银行账户。请在交易的参考栏说明你的用户 ID。如果用户能使用在线银行，推荐直接在线转账以加速支付过程。

第 3 步：几天以后，资金到用户的 Moneybookers 账户。

5. 从我的账户取出资金

遵循我的账户→取出资金→指示程序。

6. Moneybookers 的优点和缺点

优点：①安全性高，使用 Moneybookers，用户在线购物，将不需要再暴露信用卡信息。Moneybookers 可以为用户安全地进行支付。②方便，使用 Moneybookers，用户只需要收款人的电子邮箱地址，就可以发钱给他，这就避免了复杂的银行电汇形式和收发支票的麻烦。③迅速，使用 Moneybookers，用户可以通过网络实时地进行收付费。④国际化，作为国际支付工具，Moneybookers 是最好的、最便宜的国际支付方法。

缺点：①不允许客户多账户，一个客户只能注册一个账户；②目前不支持未成年人注册，须年满 18 岁才可以。

8.3.5 PaysafeCard

支付安全卡是在线预付支付方式和支付安全控股英国有限公司子公司的全球市场领导者。预付费意味着用户在全球 65 万英镑销售网点中的任何一家都购买了支付安全卡，并用它在众多行业的数千家合作伙伴处在线支付。PaysafeCard 主要是欧洲游戏玩家的网游支付手段，是一种银行汇票。

PaysafeCard 的优点：①PaysafeCard 在大多数国家可以用在报摊、加油站等场所；②购买手续简单而安全；③用户用 16 位账户数字完成付款。

1. 预付卡

支付安全卡万事达卡是一种预付卡，可以让用户支付的方式与信用卡相同。用户从我的工资安全卡账户中充值卡余额，然后可以在万事达卡被接受的任何地方使用它。

2. PIN 账户

我的工资安全卡是用户的个人付款账户。免费注册后，用户可以将购买的支付安全卡 PIN 上传到用户我的支付安全卡账户，从而以最佳方式管理这些账户。用户的余额可在中心位置使用，只使用用户名和密码在线支付即可。

3. 费用

使用和支付带工资安全卡基本是免费的,但是会收取以下费用。

(1) 维护费:从第 7 个月起,从 PIN 的剩余余额中扣除 3 英镑的月服务费。

(2) 转换费:支付安全卡对涉及转换为外币的交易收取费用。支付安全卡货币转换器可让用户立即看到当前汇率。要转换,只输入所需的金额并选择货币即可。

(3) 兑换费:退款需要 6 英镑。这是从退还的金额中扣除的。此费用适用于每次退款。

(4) 我的支付安全卡维护费:从第 13 个月起,如果客户在过去 12 个月中没有任何支付安全卡交易,则从我的支付安全卡账户中扣除每月 5 英镑的费用。

8.3.6　CashU

CashU 是中东和北非最流行的支付方式(不含信用卡),主要用于在线购物、游戏支付、电信、IT 服务和外汇交易等方面。CashU 可以接受来自超过 28 个国家的付款,但账户将始终以美元显示账户金额。CashU 是一个拥有最新的防欺诈和反洗钱系统支付平台,不仅为买家和卖家避免了相关的风险,也让在线支付变得更便捷、安全。

CashU 在埃及、沙特阿拉伯、科威特、利比亚以及阿联酋都比较受欢迎。建议有中东客户的电商以及游戏公司接入 CashU 支付方式,目前 OffGamers、网龙游戏已经支持 CashU 支付方式。

1. 支付流程

使用 CashU 付款,只需要以下简单的 4 个步骤。

第一步:网站选择以 CashU 为支付方式。

第二步:用户输入账号和密码登录 CashU 账号。

第三步:CashU 进行在线实时转账。

第四步:CashU 确定转账完成。

第五步:返回您的网站,交易完成。

2. CashU 的特点

① 实时交易,这和 PayPal 或者信用卡是一样的。

② 不能拒付,而 PayPal 或者信用卡保护买家,可以拒付,在 180 天内买家都可以拒付。

③ 交易费用相对贵一些,是商家费用的 6%～7%。

④ 无保证金或者循环保证金,而 PayPal 或者信用卡一般都会有一定的交易保证金,以及 10% 的循环保证金,这对商家的资金周转造成很大的压力。

3. CashU 的优点

CashU 的优点为:①用户不需要信用卡/借记卡或银行账户;②用户可以轻松地支

付商品和在线服务；③用户无须提供任何个人资料或透露用户的财务状况；④用户可最大限度地减少网上交易的风险。

8.3.7 LiqPAY

LiqPAY是一个小额支付系统，一次性付款不超过2500美元，且立即到账，无交易次数限制。LiqPAY用客户的移动电话号码为标识，账户存款是美元，所以如果用户存另一种货币，将根据LiqPAY内部的汇率进行折算。

8.3.8 NETeller

NETeller(在线支付或电子钱包)是在线支付解决方案的领头羊，免费开通，全世界数以百万计的会员选择NETeller的网上转账服务。可以把它理解成一种电子钱包，或者一种支付工具。

8.3.9 ClickandBuy

ClickandBuy是独立的第三方支付公司，允许通过互联网的付款和资金转移。

客户收到ClickandBuy的汇款确认后，在3~4个工作日内会收到货款。如果客户选择通过ClickandBuy汇款，则可以通过ClickandBuy提款。经济商保留选择通过ClickandBuy退款的权利。使用ClickandBuy时，每次交易金额最小为100美元，每天交易金额最大为10 000美元。

8.3.10 Cashpay

Cashpay是一种多渠道集成的支付网关，具有安全、快速、费率合理、支付卡行业数据安全标准(PCIDSS)规范的特点。

Cashpay的安全性：Cashpay安全性较高。首先，其有专门的风险控制防欺诈系统Cashshield，一旦出现欺诈情况，100％赔付；其次，降低退款率，专注客户盈利，资料数据更安全。

Cashpay的费用：使用Cashpay时无须开户费及使用费，也无须提现手续费及附加费。

Cashpay的优点：①加快偿付速度(2~3天)，结算快；②支持商城购物车通道集成；③提供更多支付网关的选择，支持商家喜欢的币种提现。

Cashpay的缺点：在中国市场知名度不高。

8.3.11 WebMoney 与 Qiwi Wallet

WebMoney是俄罗斯主流的电子支付方式，俄罗斯各大银行均可自主充值取款。

Qiwi Wallet是俄罗斯较大的第三方支付工具，它使客户能够快速、方便地在线支付水电费、手机话费，以及网购费用。Qiwi Wallet还能用来偿付银行贷款。

8.4 跨境电子商务结算方式

8.4.1 跨境收汇结算方式

1. 第三方支付平台提供的支持

近几年,我国跨境电子商务业务发展速度较快,其规模水平持续扩展,传统的支付方式,如汇付、托收和信用证,已不能满足需求,所以发展了一批新的第三方付款方式。许多中小企业致力于跨境电子商务的发展,为了更好地开展跨境电子商务业务,普遍开通了第三方支付平台账号,采用第三方支付平台完成国际结算。此类交易模式是以第三方支付为载体,进而推进外贸交易活动的顺利开展。可从两方面对此模式内涵加以界定:其一,以电商平台为渠道,促使整体交易目标的实现;其二,以第三方支付机构作为路径,对所在地不在本国却持有国内卡的企业提供境外支付服务。第三方支付平台如上文提到的PayPal、信用卡等。

2. 汇款

汇款作为主要的跨境收汇结算方式,能帮助跨境企业在境内外分公司之间实现资金转移,不论是总公司与分公司之间,还是分公司与分公司之间,资金都可以顺利地转移到国内银行,由企业统一结算外汇交易,然后向国内供应商付款。

跨境汇款结算方式有现金、电汇、外币汇票、旅行支票、信用卡等方式。

3. 人民币跨境结算

在中央银行规定范围内,商业银行为进出口的跨境企业提供的使用人民币的国际结算方式就叫作人民币跨境结算,它是由商业银行通过人民币跨境贸易结算平台向有跨境结算需求的企业及个人推出的网上贸易及人民币跨境结算平台,实现线上交易,实时完成跨境收付款。

商业银行开展跨境贸易人民币结算业务有两种操作模式,即代理模式和清算模式。所谓代理模式,主要指中资行委托外资行作为其海外的代理行,境外企业在中资企业的委托行开设人民币账户的模式;而清算模式主要指在中资行境内总行和境外分支行之间进行的业务,即境外企业在中资行境外分行开设人民币账户。

人民币跨境结算方式的优点有很多,如交易成功率高,办理跨境结算业务便捷流畅,可支持向全球所有国家和地区进行人民币转账业务;全电子化网上操作,操作便利,到账周期短;有些可以实现实时到账,网上跨境转账,到账迅速等。使用人民币跨境收付款,能有效规避汇率波动带来的风险。随着人民币国际化进程的不断加快,跨境贸易人民币结算会越来越多地成为进出口企业进行国际结算的一个选择。

8.4.2 跨境购汇结算方式

1. 第三方支付

第三方支付服务主要通过第三方支付平台提供的国际交易平台进行交易：一种是通过代理人购买外汇；另一种是消费者更多地由第三方支付机构购买外汇并完成交易。

2. 境外电商平台

由于人民币国际化进程，国外电子商务平台建设正在加快步伐，跨境电子商务市场在中国是有前景的，所以一些国外的电子商务平台可以直接进行人民币交易和跨境支付。

8.5 跨境电子商务支付及收款面临的障碍

对于跨境出口电子商务卖家来说，在支付收款环节上面临的问题比国内电商更加艰难。

第一，跨境电子商务支付成功率虚高，存在删单或数据计算口径不标准的情况。

第二，不能实现随时提现，提现到账周期长，单笔提现有额度限制，手续费高，特别是欧美市场较为常用的支付凭条 PayPal，其每笔收款不仅会收取 0.3 美元手续费、35 美元提现费，以及 2% 的货币转换费，同时还会收取 3.4%～4.4% 的收款手续费。用户在支付机构或银行转化货币时，还需支付 0.1%～2.5% 的货币转换成本，这无疑增加了跨境支付的费用成本。

第三，结算资金入境存在风险。跨境电子商务面临交易安全的挑战。在跨境电子商务活动中，合同、价格和其他信息事关商业秘密，而网络病毒和黑客会导致商业欺诈、伪造文件等行为。许多外贸公司不敢在网上注册或结算交易，这严重影响了跨境电子商务的发展。

第四，国内第三方支付面临制度困境和技术风险。随着第三方跨境支付平台数量逐渐增多，这些平台中存储的平台用户信息也越来越多。由于第三方跨境支付市场准入门槛较低，一旦发生信息泄露，很容易给消费者带来巨大的经济损失和精神伤害，进而严重影响境内外消费者的购物体验。同时，这也会极大地损害跨境支付机构自身的声誉，破坏其良好的外部形象。

虽然国家出台了一些跨境电子商务的政策法规，但在跨境电子商务税收、网上纠纷解决、消费者权益保护等方面仍然缺乏法律、法规。跨境电子商务是一项复杂的系统工程，不仅涉及贸易双方，还涉及不同地区和国家的工商管理、海关、保险、税务、银行等部门。

第五，汇率变动风险。进出口贸易主要依托外币实现交易，外币贬值或升值时，会增加进出口商的经营、折算和交易等风险，银行客户未来某段时期内的收益会受到直接影响，企业的交易价格、销售额及其交易的成本等也会受到影响，产生跨境支付交易的风险。发生国际贸易的活动从签订合约开始，到贷款清算结束，中间需要一段时间处理，而国际上实行浮动汇率制，每日汇率都在发生变动，汇率下跌会引起货币在兑换过程造成没有必要的损益,使得出口商或者进口商承担汇率下跌的风险。当消费者对商品不满意并且商品退还给商家时,存在购买资金不足的风险。

第六,诚信缺失可能导致违约风险。因我国没有建立健全诚信档案,因而网络消费中的诚信隐患造成许多交易不必要的争端。从银行角度来看,目前的跨境信贷协调制度尚未得到改善,在其提供跨境电子支付服务时对交易实体的信用和信用状况的了解不全面,而实现银行跨境信用担保还存在很多阻力。从第三方电子支付角度来看,第三方电子支付平台只是作为中间人为使用者提供"代收代付"和"信用担保"的服务,而在跨境交易过程中存在众多安全隐患,没办法保障交易双方的信用。从交易过程来看,跨境贸易会出现购买方款项已付而货物未能收到,或卖方货物已发送而款项迟迟未能收到等问题,第三方支付平台这样的监管也只是停留在虚拟的层面上,很难深入确定实际交易情况。总之,信用风险存在于交易双方中,可能需要承担对方违约的风险。

第七,缺少监管产生的风险。首先,跨境不合法交易导致难监测,以"全球购"为例——国内的用户购买海外商品,支付宝提供相关银行的汇率,向国内用户显示商品的人民币成交价格。买方通过支付宝支付相关成交价格,支付宝转给国外商户。在支付成功通知时,海外商家则将货物交付给国内买家。同时,支付宝将提前通过银行购买外汇,并在买家收到订购的货物后立即清算银行的交易金额,完成整个交易过程。在交易中,客户的身份、交易目的和性质都具有隐藏的特点,整个交易的背景复杂,交易需要持续很长时间,这样不合法交易行为将难以监控。其次,监管困难、风险加大。因电子商务交易存在虚拟化的特点,不签订合同,没有相应的凭证资料,不能保证其真实性,增加了相应监管部门的监管难度,容易出现非法资金通过交易漏洞而轻松出入境等问题。跨境电子支付的涌现对传统外汇的监管造成了影响。随着海淘的兴起,大量小邮包会在海关处囤积,大量商品因为跨境电子商务而出入境,无法逐一统计而造成许多管理漏洞,也造成一定的逃漏税现象。由于部分交易不是通过银行外汇交易,而是第三方支付平台直接完成,银行无法通过第三方机构了解用户的具体信息,如果不符合银行的规定,将不予受理。例如,PayPal是用户用自己的电子邮箱注册账户,并添加银行账号,这样就避开了银行的监管,加大了风险。同时,部分第三方机构借助已经注册的用户信息来虚假交易,进行资金违规操作。

第八,跨境交易真实信息难以审核。第三方支付平台在同一天汇总客户的所有交易而没有将每笔交易的具体详细账户发送给收单银行,即第三方支付平台只向交易双方提供有效的信息,如交易订单号、客户银行账号等,而客户名称和客户职业等相关信息交易方不能获得。这直接影响了互助反洗钱系统对可疑交易的有效监控,也增加了分析和筛选可疑交易的难度。

本 章 小 结

本章主要讲述了跨境电子商务方面的知识,从概念、类型、线下及线上支付方式与面临的问题简单介绍了跨境电子商务支付。针对本章所学知识,读者应该了解各种支付方式,对比各种支付方式的优劣势。通过注册和设置账号等,可以在实践中进行操作。

第 9 章

跨境电子商务法律法规

知识导读

2008年全球金融危机的大背景下，加之人民币升值和劳动力成本持续上升的影响，我国传统的外贸行业遭受很大的打击，进出口增速明显下跌，很多外贸企业，尤其是中小外贸企业纷纷倒闭，与此形成鲜明对比的是，跨境电子商务因为具备中间环节少、价格低廉和利润率高等优点，还呈现出良好的发展势头。虽然跨境电子商务的前景很好，但我国跨境电子商务的发展还处于初级阶段，存在的问题还不少。我国有关跨境电子商务的法律法规健全程度不够。本章主要学习有关电子商务法律法规的相关知识和国际上跨境电子商务法律法规的历程。

- 了解跨境电子商务的法律法规
- 了解跨境电子商务监管的法律法规
- 了解世界主要国家和地区跨境电子商务法律法规

能力目标

- 了解并掌握电子商务法律法规的发展历程
- 了解并掌握跨境电子商务相关的法律法规
- 了解并掌握国际上有关跨境电子商务的法律法规

9.1 电子商务相关法律法规

9.1.1 我国电子商务的法律法规

现阶段我国涉及电子商务的立法包括《合同法》《计算机软件保护条例》《中华人民共和国计算机信息系统安全保护条例》《中华人民共和国计算机信息网络国际联网管理暂行

规定》《商用密码管理条例》《互联网信息服务管理办法》《中华人民共和国计算机信息网络国际联网管理暂行规定实施办法》《中国互联网络域名注册暂行管理办法》《中国互联网络域名注册实施细则》《中文域名注册管理暂行办法》等。但是，以上立法只在某一方面对电子商务做出了规范，缺乏一个总体的法律构架规范电子商务的发展。那么，这样一个各自为政的立法模式显然不利于电子商务的发展。要建立一个科学的电子商务法律体系，必须先分清电子商务法的调整对象以及所要遵循的立法原则。

9.1.2 国际电子商务法律法规

电子商务立法是近几年世界商事立法的重点。电子商务立法的核心，主要围绕电子签名、电子合同、电子记录的法律效力展开。从1995年美国犹他州颁布《数字签名法》至今，已有几十个国家、组织和地区颁布了与电子商务相关的立法，其中较重要或影响较大的有：联合国贸易法委员会1996年的《电子商务示范法》和2000年的《电子签名统一规则》，欧盟的《关于内部市场中与电子商务有关的若干法律问题的指令》和《电子签名统一框架指令》，德国1997年的《信息与通用服务法》，俄罗斯1995年的《俄罗斯联邦信息法》，新加坡1998年的《电子交易法》，美国2000年的《国际与国内商务电子签章法》等。总体来看，各国国内的电子商务立法有3个共同特征：第一，迅速。从1995年俄罗斯制定《联邦信息法》及美国犹他州出台《数字签名法》至今，已有几十个国家和地区制定了电子商务的相关法律或草案，无论是美国、德国等发达国家，还是马来西亚等发展中国家，对此反应都极为迅速。尤其是联合国贸易法委员会，更起到了先锋与表率的作用，及时引导了世界各国的电子商务立法。这种高效的立法在世界立法史上是罕见的。第二，兼容。在电子商务高速发展并逐步打破国界的大趋势下，电子商务立法中任何的闭门造车不仅是画地为牢，更会严重阻碍电子商务与相关产业的发展，所以，各国在进行电子商务立法时，兼容性是首先考虑的指标之一。而且，也正是这种兼容性的要求造就了电子商务立法中先有国际条约后有国内法的奇特现象。联合国贸易法委员会在其《电子签名统一规则指南》中就曾指出："电子商务内在的国际性要求建立统一的法律体系，而目前各国分别立法的现状可能会产生阻碍其发展的危险"。第三，法律的制定及时有力地推动了电子商务、信息化和相关产业的发展。

9.2 跨境电子商务贸易、商务、运输、知识产权相关法律法规

随着电子商务的快速发展，国家制定的有关电子商务的法律法规也越来越多，身为电子商务这一行业的一员，我们应该了解与我们有关的各种法律法规，这样才能保证在安全的条件下获得更高的个人利益，同时，为了更好地发展与管理电子商务行业，国家发布了各种法律法规。2004年8月28日，十届全国人大常委会第十一次会议表决通过了《中华人民共和国电子签名法》，于2005年4月1日起施行，《电子签名法》首次赋予可靠电子签名与手写签名或盖章具有同等的法律效力，并明确了电子认证服务的市场准入制度，并根据我国电子商务的发展情况与2019年4月23日在第十三届全国人民代表大会常务委员会第十次会议中进行了《关于修改〈中华人民共和国建筑法〉等八部法律的决定》第二次修

正。2005年3月31日,国家密码管理局颁布了《电子认证服务密码管理办法》,2005年4月18日,中国电子商务协会政策法律委员会组织有关企业起草《网上交易平台服务自律规范》正式对外发布。2005年6月,央行发布了《支付清算组织管理办法》(征求意见稿),2005年10月26日,中国人民银行发布了《电子支付指引(第一号)》,意在规范电子支付业务,并规范支付风险,保证资金安全,维护银行及其客户在电子支付活动中的合法权益,促进电子支付业务健康发展。2006年6月,商务部公布了中华人民共和国商务部《关于网上交易的指导意见》(征求意见稿),有效地避免了网上交易面临的交易的安全性问题。2007年3月6日,商务部发布了《关于网上交易的指导意见(暂行)》,其目的是贯彻国务院办公厅《关于加快电子商务发展的若干意见》文件精神,推动网上交易健康发展,逐步规范网上交易行为,帮助和鼓励网上交易各参与方开展网上交易,警惕和防范交易风险。2008年4月24日,为规范网上交易行为,促进电子商务持续健康发展,中华人民共和国商务部起草了《电子商务模式规范》和《网络购物服务规范》。2008年,为加大对电子商务的监管力度,北京工商局出台了《关于贯彻落实〈北京市信息化促进条例〉加强电子商务监督管理意见》,并有望被工商部门今后逐步在全国推行。2009年4月,央行、银监会、公安部和国家工商总局联合发布的《关于加强银行卡安全管理预防和打击银行卡犯罪的通知》出台。该通知被视为是在为牌照发放预热。这似乎预示着国家监管部门开始真正着手加强对第三方支付企业的监管力度。随着社会的发展,各个行业的需求也在不断发生着变化,管理着各个行业的各种法律法规也在不断完善,使法律与法规更适合当下的社会背景,以及更满足人民的要求,身为国家的一员,我们要了解并遵守法律与法规,不做不知法犯法的人,也不做知法犯法的人。

9.3 跨境电子商务监督相关法律法规

9.3.1 适用范围

跨境电子商务企业、消费者(订购人)通过跨境电子商务交易平台实现零售进出口商品交易,并根据海关要求传输相关交易电子数据的,按照本公告接受海关监管。

9.3.2 企业管理

跨境电子商务平台企业、物流企业、支付企业等参与跨境电子商务零售进口业务的企业,应当依据海关报关单位注册登记管理相关规定,向所在地海关办理注册登记;境外跨境电子商务企业应委托境内代理人(以下称跨境电子商务企业境内代理人)向该代理人所在地海关办理注册登记。

跨境电子商务企业、物流企业等参与跨境电子商务零售出口业务的企业,应当向所在地海关办理信息登记;如需办理报关业务,应向所在地海关办理注册登记。

物流企业应获得国家邮政管理部门颁发的《快递业务经营许可证》。直购进口模式下,物流企业应为邮政企业或者已向海关办理代理报关登记手续的进出境快件运营人。

支付企业为银行机构的,应具备银保监会或者原银监会颁发的《金融许可证》;支付企业为非银行支付机构的,应具备中国人民银行颁发的《支付业务许可证》,支付业务范围应当包括"互联网支付"。

参与跨境电子商务零售进出口业务并在海关注册登记的企业,纳入海关信用管理,海关根据信用等级实施差异化的通关管理措施。

9.3.3 通关管理

对跨境电子商务直购进口商品及适用"网购保税进口"(监管方式代码为1210)进口政策的商品,按照个人自用进境物品监管,不按有关商品首次进口许可批件、注册或备案要求执行,但对相关部门明令暂停进口的疫区商品和对出现重大质量安全风险的商品启动风险应急处置时除外。

适用"网购保税进口A"(监管方式代码为1239)进口政策的商品,按《跨境电子商务零售进口商品清单(2018版)》尾注中的监管要求执行。

海关对跨境电子商务零售进出口商品及其装载容器、包装物按照相关法律法规实施检疫,并根据相关规定实施必要的监管措施。

跨境电子商务零售进口商品申报前,跨境电子商务平台企业或跨境电子商务企业境内代理人、支付企业、物流企业应当分别通过国际贸易"单一窗口"或跨境电子商务通关服务平台向海关传输交易、支付、物流等电子信息,并对数据真实性承担相应责任。

直购进口模式下,邮政企业、进出境快件运营人可以接受跨境电子商务平台企业或跨境电子商务企业境内代理人、支付企业的委托,在承诺承担相应法律责任的前提下,向海关传送交易、支付等电子信息。

跨境电子商务零售出口商品申报前,跨境电子商务企业或其代理人、物流企业应当分别通过国际贸易"单一窗口"或跨境电子商务通关服务平台向海关传输交易、收款、物流等电子信息,并对数据真实性承担相应法律责任。

跨境电子商务零售商品进口时,跨境电子商务企业境内代理人或其委托的报关企业应提交《中华人民共和国海关跨境电子商务零售进出口商品申报清单》(以下简称《申报清单》),采取"清单核放"方式办理报关手续。

跨境电子商务零售商品出口时,跨境电子商务企业或其代理人应提交《申报清单》,采取"清单核放、汇总申报"方式办理报关手续;跨境电子商务综合试验区内符合条件的跨境电子商务零售商品出口,可采取"清单核放、汇总统计"方式办理报关手续。

《申报清单》与《中华人民共和国海关进(出)口货物报关单》具有同等法律效力。

开展跨境电子商务零售进口业务的跨境电子商务平台企业、跨境电子商务企业境内代理人应对交易真实性和消费者(订购人)身份信息真实性进行审核,并承担相应责任;身份信息未经国家主管部门或其授权机构认证的,订购人与支付人应当为同一人。

跨境电子商务零售商品出口后,跨境电子商务企业或其代理人应当于每月15日前(当月15日是法定节假日或者法定休息日的,顺延至其后的第一个工作日),将上月结关的《申报清单》依据清单表头同一收发货人、同一运输方式、同一生产销售单位、同一运抵国、同一出境关别,以及清单表体同一最终目的国、同一10位海关商品编码、同一币制的规则进行归并,汇总形成《中华人民共和国海关出口货物报关单》向海关申报。

允许以"清单核放、汇总统计"方式办理报关手续的,不再汇总形成《中华人民共和国海关出口货物报关单》。

《申报清单》的修改或者撤销,参照海关《中华人民共和国海关进(出)口货物报关单》修改或者撤销有关规定办理。

除特殊情况外,《申报清单》《中华人民共和国海关进(出)口货物报关单》应当采取通关无纸化作业方式进行申报。

9.3.4 税收征管

对跨境电子商务零售进口商品,海关按照国家关于跨境电子商务零售进口税收政策征收关税和进口环节增值税、消费税,完税价格为实际交易价格,包括商品零售价格、运费和保险费。

跨境电子商务零售进口商品消费者(订购人)为纳税义务人。在海关注册登记的跨境电子商务平台企业、物流企业或申报企业作为税款的代收代缴义务人,代为履行纳税义务,并承担相应的补税义务及相关法律责任。

代收代缴义务人应当如实、准确地向海关申报跨境电子商务零售进口商品的商品名称、规格型号、税则号列、实际交易价格及相关费用等税收征管要素。

跨境电子商务零售进口商品的申报币制为人民币。

为审核确定跨境电子商务零售进口商品的归类、完税价格等,海关可以要求代收代缴义务人按照有关规定进行补充申报。

海关对符合监管规定的跨境电子商务零售进口商品按时段汇总计征税款,代收代缴义务人应当依法向海关提交足额有效的税款担保。

海关放行后30日内未发生退货或修撤单的,代收代缴义务人在放行后第31日至第45日内向海关办理纳税手续。

9.3.5 场所管理

跨境电子商务零售进出口商品监管作业场所必须符合海关相关规定。跨境电子商务监管作业场所经营人、仓储企业应当建立符合海关监管要求的计算机管理系统,并按照海关要求交换电子数据。其中开展跨境电子商务直购进口或一般出口业务的监管作业场所应按照快递类或者邮递类海关监管作业场所规范设置。

跨境电子商务网购保税进口业务应当在海关特殊监管区域或保税物流中心(B型)内开展。除另有规定外,参照本公告规定监管。

9.3.6 检疫、查验和物流管理

需在进境口岸实施的检疫及检疫处理工作完成后才可运至跨境电子商务监管作业场所。

网购保税进口业务:一线入区时以报关单方式进行申报,海关可以采取视频监控、联网核查、实地巡查、库存核对等方式加强对网购保税进口商品的实货监管。

海关实施查验时,跨境电子商务企业或其代理人、跨境电子商务监管作业场所经营

人、仓储企业应当按照有关规定提供便利,配合海关查验。

跨境电子商务零售进出口商品可采用"跨境电子商务"模式进行转关。其中,跨境电子商务综合试验区所在地海关可将转关商品品名以总运单形式录入"跨境电子商务商品一批",并需随附转关商品详细电子清单。

网购保税进口商品可在海关特殊监管区域或保税物流中心(B型)间流转,按有关规定办理流转手续。以"网购保税进口"(监管方式代码为1210)海关监管方式进境的商品,不得转入适用"网购保税进口 A"(监管方式代码为1239)的城市继续开展跨境电子商务零售进口业务。网购保税进口商品可在同一区域(中心)内的企业间流转。

9.3.7　退货管理

在跨境电子商务零售进口模式下,允许跨境电子商务企业境内代理人或其委托的报关企业申请退货,退回的商品应当符合二次销售要求,并在海关放行之日起30日内以原状运抵原监管作业场所,相应税款不予征收,并调整个人年度交易累计金额。

在跨境电子商务零售出口模式下,退回的商品按照有关规定办理手续。

对超过保质期或有效期、商品或包装损毁、不符合我国有关监管政策等不适合境内销售的跨境电子商务零售进口商品,以及海关责令退运的跨境电子商务零售进口商品,按照有关规定退运出境或销毁。

9.3.8　其他事项

从事跨境电子商务零售进出口业务的企业应向海关实时传输真实的业务相关电子数据和电子信息,并开放物流实时跟踪等信息共享接口,加强对海关风险防控方面的信息和数据支持,配合海关进行有效管理。

跨境电子商务企业及其代理人、跨境电子商务平台企业应建立商品质量安全等风险防控机制,加强对商品质量安全以及虚假交易、二次销售等非正常交易行为的监控,并采取相应处置措施。

跨境电子商务企业不得进出口涉及危害口岸公共卫生安全、生物安全、进出口食品和商品安全、侵犯知识产权的商品以及其他禁限商品,同时应当建立健全商品溯源机制并承担质量安全主体责任。鼓励跨境电子商务平台企业建立并完善进出口商品安全自律监管体系。

消费者(订购人)不得再次销售已购买的跨境电子商务零售进口商品。

海关对跨境电子商务零售进口商品实施质量安全风险监测,责令相关企业对不合格或存在质量安全问题的商品采取风险消减措施,对尚未销售的按货物实施监管,并依法追究相关经营主体责任;对监测发现的质量安全高风险商品发布风险警示,并采取相应管控措施。海关对跨境电子商务零售进口商品在商品销售前按照法律法规实施必要的检疫,并视具体情况发布风险警示。

跨境电子商务平台企业、跨境电子商务企业或其代理人、物流企业、跨境电子商务监管作业场所经营人、仓储企业发现涉嫌违规或走私行为的,应当及时主动告知海关。

涉嫌走私或违反海关监管规定的、参与跨境电子商务业务的企业,应配合海关调查,开放交易生产数据或原始记录数据。

海关对违反本公告，参与制造或传输虚假交易、支付、物流"三单"信息，为二次销售提供便利、未尽责审核消费者（订购人）身份信息真实性等，导致出现个人身份信息或年度购买额度被盗用，进行二次销售及其他违反海关监管规定情况的企业依法进行处罚。对涉嫌走私或违规的企业，海关依法对其处理；对构成犯罪的，依法追究刑事责任。对利用其他公民身份信息非法从事跨境电子商务零售进口业务的，海关按走私违规处理，并按违法利用公民信息的有关法律规定移交相关部门处理。对不涉嫌走私违规、首次发现的，进行约谈或暂停业务责令整改；被再次发现的，一定时期内不允许其从事跨境电子商务零售进口业务，并交由其他行业主管部门按规定实施查处。

在海关注册登记的跨境电子商务企业及其境内代理人、跨境电子商务平台企业、支付企业、物流企业等应当接受海关稽核查。

本公告有关用语的含义如下。

"跨境电子商务企业"是指自境外向境内消费者销售跨境电子商务零售进口商品的境外注册企业（不包括在海关特殊监管区域或保税物流中心内注册的企业），或者境内向境外消费者销售跨境电子商务零售出口商品的企业，为商品的货权所有人。

"跨境电子商务企业境内代理人"是指开展跨境电子商务零售进口业务的境外注册企业所委托的境内代理企业，由其在海关办理注册登记，承担如实申报责任，依法接受相关部门监管，并承担民事责任。

"跨境电子商务平台企业"是指在境内办理工商登记，为交易双方（消费者和跨境电子商务企业）提供网页空间、虚拟经营场所、交易规则、信息发布等服务，设立供交易双方独立开展交易活动的信息网络系统的经营者。

"支付企业"是指在境内办理工商登记，接受跨境电子商务平台企业或跨境电子商务企业境内代理人委托为其提供跨境电子商务零售进口支付服务的银行、非银行支付机构以及银联等。

"物流企业"是指在境内办理工商登记，接受跨境电子商务平台企业、跨境电子商务企业或其代理人委托为其提供跨境电子商务零售进出口物流服务的企业。

"消费者（订购人）"是指跨境电子商务零售进口商品的境内购买人。

"国际贸易'单一窗口'"是指由国务院口岸工作部际联席会议统筹推进，依托电子口岸公共平台建设的一站式贸易服务平台。申报人（包括参与跨境电子商务的企业）通过"单一窗口"向海关等口岸管理相关部门一次性申报，口岸管理相关部门通过电子口岸平台共享信息数据，实施职能管理，将执法结果通过"单一窗口"反馈申报人。

"跨境电子商务通关服务平台"是指由电子口岸搭建，实现企业、海关以及相关管理部门之间数据交换与信息共享的平台。

适用"网购保税进口"（监管方式代码为1210）政策的城市：天津、上海、重庆、大连、杭州、宁波、青岛、广州、深圳、成都、苏州、合肥、福州、郑州、平潭、北京、呼和浩特、沈阳、长春、哈尔滨、南京、南昌、武汉、长沙、南宁、海口、贵阳、昆明、西安、兰州、厦门、唐山、无锡、威海、珠海、东莞、义乌37个城市。

本公告自2019年1月1日起施行，施行时间以海关接受《申报清单》申报时间为准，未尽事宜按海关有关规定办理。海关总署公告2016年第26号同时废止。

9.4 跨境电子商务法律法规

9.4.1 美国

美国是世界上最早发展电子商务的国家,同时也是全球电子商务发展最成熟的国家。美国在电子商务方面制定了《统一商法典》《统一计算机信息交易法》《电子签名法》等多部法律,其中《统一计算机信息交易法》为美国网上计算机信息交易提供了基本的法律规范。《统一计算机信息交易法》属于模范法的性质,并没有直接的法律效力,但在合同法律适用方面,如格式合同法律适用等问题,融合了意思自治原则和最密切联系原则,最大限度地保护电子合同相对法人的合法权益。

在电商的课税问题上一直坚持税收公平、中性的原则,给予电商一定的自由发展空间。美国从 1996 年开始实行电子商务国内交易零税收和国际交易零关税政策。1998 年,美国国会通过《互联网免税法案》,规定三年内禁止对电商课征新税、多重课税或税收歧视。2001 年,国会决议延长了该法案的时间。直到 2004 年,美国各州才开始对电子商务实行部分征税政策。2013 年 5 月 6 日,美国通过了关于征收电商销售税的法案——《市场公平法案》,此法案以解决不同州之间在电子商务税收领域划分税收管辖权的问题为立足点,对各州内年销售额 100 万美元以上的网络零售商征收销售税(在线年销售额不满 100 万美元的小企业享有豁免权),以电商作为介质进行代收代缴,最后归集到州政府。仍然沿用对无形商品网络交易免征关税的制度,在税负上给了电商更多的发展空间。

美国在电商的课税问题上一直坚持税收公平、中性的原则,给电商一定的自由发展空间。美国从 1996 年开始实行电子商务国内交易零税收和国际交易零关税政策。1998 年,美国国会通过《互联网免税法案》,规定三年内禁止对电商课征新税、多重课税或税收歧视。2001 年,国会决议延长了该法案的时间。直到 2004 年,美国各州才开始对电子商务实行部分征税政策。2013 年 5 月 6 日,美国通过了关于征收电商销售税的法案——《市场公平法案》,仍然沿用对无形商品网络交易免征关税的制度。入境包裹关税起征点为 200 美元,其综合关税由关税和清关杂税构成。

9.4.2 欧盟

欧盟要求所有非欧盟国家数字化商品的供应商要在至少一个欧盟国家进行增值税登记,并就其提供给欧盟成员国消费者的服务缴纳增值税。增值税征收以商品的生产地或劳务的提供地作为判定来源地,并且对电子商务收入来源于欧盟成员国的非欧盟企业,在欧盟境内未设立常设机构的,应在至少一个欧盟成员国注册登记,最终由注册国向来源国进行税款的移交。其中,德国对来自欧盟和非欧盟国家的入境邮包、快件执行不同的征税标准。除药品、武器弹药等被限制入境外,对欧盟内部进入德国境内的大部分包裹免除进口关税。对来自欧盟以外国家的跨境电子商务商品,价值在 22 欧元以下的,免征进口增值税;价值在 22 欧元及以上的,一律征收 19% 的进口增值税。商品价值在 150 欧元以下的,免征关税;商品价值在 150 欧元以上的,按照商品在海关关税目录中的税率征收关税。

作为世界经济领域中最有力的国际组织,欧盟在电商领域的发展一直处于世界领先水平。在电子商务税收问题上,欧盟委员会在1997年4月发表了《欧洲电子商务动议》,认为修改现行税收法律和原则比开征新税和附加税更有实际意义。1997年7月,在20多个国家参加的欧洲电信部长级会议上通过了支持电子商务的宣言——《伯恩部长级会议宣言》。该宣言主张,官方应当尽量减少不必要的限制,帮助民间企业自主发展以促进互联网的商业竞争,扩大互联网的商业应用。这些文件初步阐明了欧盟为电子商务的发展创建"清晰与中性的税收环境"的基本政策原则。

1998年,欧盟开始对电子商务征收增值税,对提供网上销售和服务的供应商征收营业税。1999年,欧盟委员会公布网上交易的税收准则:不开征新税和附加税,努力使现行税(特别是增值税)更适应电子商务的发展。为此,欧盟加紧对增值税的改革。2000年6月,欧盟委员会通过法案,规定通过互联网提供软件、音乐、录像等数字产品应视为提供服务,而不是销售商品,和目前的服务行业一样征收增值税。在增值税的管辖权方面,欧盟对提供数字化服务实行在消费地课征增值税的办法,也就是由作为消费者的企业在其所在国登记、申报并缴纳增值税。只有供应商与消费者处于同一税收管辖权下时才对供应商征收增值税,这可以有效防止企业在不征增值税的国家设立机构,以避免缴税,从而堵塞征管漏洞。

由于个人不进行增值税登记而无法实行消费地征收增值税,因而只能要求供应商进行登记和缴纳。为此,欧盟要求所有非欧盟国家数字化商品的供应商要在至少一个欧盟国家进行增值税登记,并就其提供给欧盟成员国消费者的服务缴纳增值税。其从2003年7月1日起施行的电子商务增值税新指令将电商纳入增值税征收范畴,包括网站提供、网站代管、软件下载更新以及其他内容的服务。增值税征收以商品的生产地或劳务的提供地作为判定来源地,并且对于电子商务收入来源于欧盟成员国的非欧盟企业,若在欧盟境内未设立常设机构,则应在至少一个欧盟成员国注册登记,最终由注册国向来源国进行税款的移交。2002年8月,英国《电子商务法》正式生效,明确规定所有在线销售商品都需缴纳增值税,税率分为标准税率(17.5%)、优惠税率(5%)和零税率。根据所售商品种类和销售地的不同,实行不同税率标准。在德国,网上所购商品的价格已含增值税,一般商品的普通增值税率为9%。对欧盟国家邮包、快件进境的管理规定如下。①限制进境物品种类:他国生产的药品;军民两用产品;烟花爆竹(常规邮寄禁止入境,可选择危险物品邮寄方式);历史文物;武器和弹药。②海关征税标准:德国海关总署对欧盟内部邮递包裹并没有定期处理的规定,因此,欧盟内部包裹进入德国境内将免除进口关税,但也有例外。在某些情况下,欧盟各国海关将对邮件进行内部控制。海关有权力检查邮件是否包含须被征消费税的物品或违法的被限制、禁止进口的物品。如果邮件是从个人到个人的投递方式,酒精类饮料、烟草、咖啡或以咖啡为基础的产品将不能私人投递,须被认定为商业行为,且该类商品须缴纳消费税(葡萄酒除外),并由德国邮政运输至海关,收货人将被通知前往海关缴纳税费。烟草类商品在原欧盟国家缴纳过税款的,收货人须持相关发票向德国海关证明,但葡萄酒并不在此类。另外一类由在线邮购公司寄送包裹给私人的行为,酒精类饮料、烟草、咖啡或以咖啡为基础的产品和能源类产品须交纳德国消费税或其他税费后投递至买家,且该税费由在线卖家支付。对非欧盟国家邮包、快件进境的管理规定如下。①限制进境物品种类:非欧盟国家生产的药品;烟花爆竹(常规邮寄禁止入境,可选择危险物品邮寄方式);刑具;危害青少年的著作与媒体刊物;毛坯钻石;历史文物;作为个人需求与馈赠礼物的食品类原则上可以入境,但对具体物品有所限制(如蘑菇不超过2kg;鱼子酱禁止入境;具备药物功效的特定营养品禁止入境);假冒与盗版物品;不符合欧盟相关安全标准的工业产品;纺织品入境须出具符合欧盟标准的相关证明;根据动植物保护条例,由动植物制成的产品须经海关严格检查,以确定能否入境;武器和弹药。②海关征税标准:若属商业行为(如网购商品),商品价值在22欧元以下的,免征进口增值税;价值在22欧元及以上的,一律征收19%的进口增值税。商品价值在150欧元以下的,免征关税;商品价值在150欧元以上的,按照商品在海关关税目录中的税率征收关税,且关税的税基是商品价值附加进口增值税的总额,而不仅仅是商品价值本身。若属私人物品:物品价值在45欧元以下的,海关予以免征;物品价值超出45欧元但在700欧元以下的,关税和进口增值税全包税率为商品价值的17.5%;如果是与欧盟缔结海关优惠协定的国家,税率为15%;某些特定物品(如烟酒类)税率更高。

9.4.3 日本

1998年,日本公布电子商务活动基本指导方针:在税收方面强调公平、税收中性及税制简化原则,避免双重征税和逃税。日本《特定商取引法》规定,网络经营的收入也需要缴税。但如果网店的经营是以自己家为单位的,那么家庭的很多开支就可以记入企业经营成本。这种情况下,如果一年经营收入不足100万日元,是不足以应付家庭开支的,就可以不用缴税。据统计,日本年收益高于100万日元的店主大都自觉报税。

从2015年10月起,通过互联网购买海外的电子书及音乐服务等被征收消费税。一般的做法是消费税被加到商品价格中,由消费者承担,如图9-1所示。

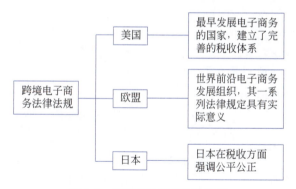

图9-1 跨境电子商务法律法规

本 章 小 结

本章主要讲述了跨境电子商务相关的法律法规,以及世界上其他主要国家和地区跨境电子商务的法律法规,希望读者学完本章后能有大的收获。

第 10 章 盈店通

知识导读

盈店通是杭州龙席网络科技股份有限公司旗下品牌,杭州龙席网络科技股份有限公司(以下简称龙席网络)多年来深入跨境电子商务 B2B、B2C 领域研发、运营、服务,结合当前跨境电子商务主流形式和对未来跨境电子商务发展趋势的判断,以独立站运营为核心实操平台,形成学员自主流量导入、去中心化平台建设的思维能力建设,以客户来源、业务模式、运营规则与要点等特点进行深入分析,形成综合运营技能。盈店通是针对跨境电子商务企业海外销售及品牌推广的需求,基于 Facebook、Twitter、Instagram 等海外"移动社交"平台及以"数据营销"为核心的企业级 SaaS 服务,提供全新的海外社交数字营销解决方案。

学习目标

- 了解盈店通的用途
- 了解盈店通的运行环境
- 了解盈店通的注册与登录
- 了解盈店通的功能

能力目标

- 熟悉盈店通的系统登录与系统板块
- 理解盈店通的营销逻辑
- 熟悉盈店通的客户分类与客户跟进技巧
- 掌握盈店通的订单跟进流程
- 掌握盈店通的营销基本技巧与营销效果分析
- 熟悉盈店通的系统板块数据采集与大数据在运营中的应用
- 熟悉盈店通的官网设置
- 掌握盈店通的商品管理应用与采购物流管理
- 熟悉盈店通的板块功能操作
- 掌握盈店通的数据反馈分析与运营改进措施

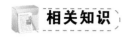 相关知识

10.1 用　　途

10.1.1 功能

盈店通 SaaS 系统主要包括五大模块：工作台、盈店 CRM、盈店营销、盈店探索、盈店 SHOP。

菜单界面在登录界面顶部，如图 10-1 所示。

图 10-1　盈店通菜单界面在登录界面顶部

菜单主界面如图 10-2 所示。

图 10-2　盈店通菜单主界面

10.1.2 性能

盈店通系统性能稳定,响应速度快,容错性高,符合用户使用需求。

10.1.3 安全保密

盈店通系统使用严格的注册—登录—验证的安全保密机制,每人在使用系统前必须先通过手机号注册,之后进行登录、修改密码等操作,用户的所有信息都保存在服务器中,不会发生用户个人信息数据泄露等问题,用户数据安全得到有效保证。

10.2 运行环境

10.2.1 硬件设备

PC 的英文全称是 Personal Computer,指的是个人计算机。个人计算机由硬件系统和软件系统组成,是一种能独立运行,完成特定功能的设备。PC 主要由显示器、主机和音箱组成。个人计算机不需要共享其他计算机的处理器、磁盘和打印机等资源也可以独立工作。台式机(或称台式计算机、桌面计算机)、笔记本电脑、上网本、平板电脑以及超级本等都属于个人计算机的范畴。PC 作为微型计算机的关键技术,主要集中在 CPU 技术、主板技术、显示屏技术、电源技术、存储技术、接口技术、触控板技术、软件技术、微型化技术等方面。

10.2.2 支持软件

数据库:MySQL 5.6。

开发工具:Eclipse。

系统支持环境:Windows 系列、macOS。

10.3 注册与登录

10.3.1 注册

打开网站,出现账号登录界面,没有注册的用户可填写资料申请账号,具体步骤如下。

第一步,输入手机号码、账号、密码,获取手机验证码并输入,如图 10-3 所示。

第二步,填写公司信息,包括联系人、公司名称、联系人手机号码、邮箱、省市和详细地址,如图 10-4 所示。

第三步,注册成功。按照图示要求操作,填写完毕后等待系统开通服务,如图 10-5 所示。

10.3.2 登录

登录界面如图 10-6 所示。

图 10-3　用户注册（一）

图 10-4　用户注册（二）

登录是进入操作系统或者应用程序（通常在远程计算机上）的过程。

应用范围：计算机领域。

分时系统允许多个用户同时使用一台计算机，为了保证系统安全和记账方便，系统要求每个用户由单独的账号作为登录标识，还为每个用户指定了一个口令。用户在使用该系统之前要输入标识和口令，这个过程被称为"登录"。

很多人使用的网站或程序应用系统为每位用户配置了一套独特的用户名和密码，用

图 10-5　用户注册（三）

图 10-6　登录界面

户可以使用各自的这套用户名和密码使用系统，以便系统能识别该用户的身份，从而保持该用户的使用习惯或其使用的数据。用户使用这套用户名和密码进入系统的过程，以及系统验证进入是成功或失败的过程，称为"登录"。

登录成功后，用户就可以合法地使用该账号具有的功能。例如，邮箱用户可以收发邮件、查看/更改通讯录等；论坛用户可以查看/更改资料、收发帖子等；即时通信应用可以收发消息、查看/更改资料、查看/更改关系链信息等。

打开网站后,出现账号登录界面,已经注册的用户可以直接输入手机/邮箱账号,之后输入密码进行登录。登录成功后的界面如图 10-7 所示。

图 10-7　登录成功后的界面

已经注册但忘记密码的用户可以单击忘记密码按钮,通过如图 10-8 所示方式找回密码,然后重新登录即可。

图 10-8　找回密码

10.4 功能介绍

10.4.1 工作台

工作台包含客户管理(联系人资源)、活动营销效果、邮件统计、线索池统计、日历、微询盘、邮件营销效果,如图 10-9 所示。

图 10-9 工作台

工作台的模块展示可以进行设置,如图 10-10 所示。

图 10-10 工作台展示设置

1. 日历

在工作台界面中,日历所处位置如图 10-11 所示。

图 10-11　日历

展现用户新增的日程,支持用户对日程进行查看,如图 10-12 所示。

图 10-12　日程查看

2. 客户管理(联系人管理)

客户管理,即客户关系管理(customer relationship management)的简称,也可以称作 CRM。CRM 是通过深入分析客户详细资料,提高客户满意程度,从而提高企业竞争力的一种手段。客户关系是指围绕客户生命周期发生、发展的信息归集。客户管理是新态企业管理的指导思想和理念，也是创新的企业管理模式和运营机制，是企业管理中信息技术、软硬件系统集成的管理方法和应用解决方案的总和。客户关系管理的核心是客户价值管理，通过"一对一"营销原则，满足不同价值客户的个性化需求，提高客户忠诚度和保有率，实现客户价值持续贡献，从而全面提升企业盈利能力。在工作台界面可以用下拉方式展示所有模块，客户管理所处位置如图10-13所示。

图 10-13　客户管理

系统将客户管理分成了 4 块，分别为客户阶段、客户分组、客户来源和客户添加渠道。客户阶段可分成 7 个阶段(待定义客户、潜在客户、犹豫客户、目标客户、跟进中客户、已报价客户和已成单客户)，并会统计每个阶段中的客户人数，如图 10-14 所示。

图 10-14　客户阶段

客户分组可以根据不同国家来定义分组,并会统计每个分组中的客户人数,如图 10-15 所示。

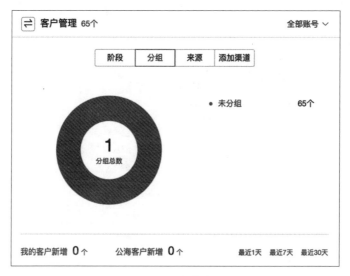

图 10-15　客户分组

客户来源可以参看客户不同的来源,对不同来源进行分类,如阿里巴巴、自主开发等,并统计每个部分中的客户人数,如图 10-16 所示。

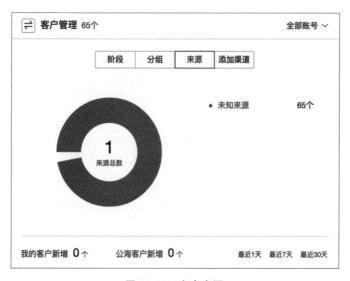

图 10-16　客户来源

客户添加渠道主要有 8 个(手动新建、社媒引入、盈店探索、表单广告、批量导入、SHOP 官网、邮件获取和其他),并统计每个渠道中的客户人数。

点击最近 7 天和最近 30 天,可看到相应的转换数据,如图 10-17 所示。

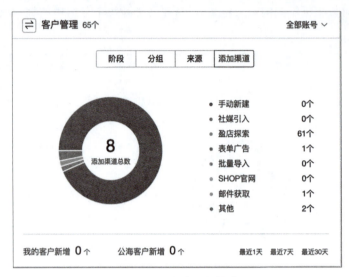

图 10-17　客户添加渠道

3. 线索池统计

线索池是存放线索的地方,通过线索池,可以保证线索不会由于无人跟进或者长时间未跟进而错过销售的机会;线索池可查看所有线索的负责人、状态和跟进状态。

注意:线索池在设置中开启后才能使用;仅线索池管理员可查看线索池及线索池内的线索。

1) 分配线索

若线索池未设置默认负责人,则需要管理员手动分配客户。点击线索,手动选择负责人。

2) 分配提醒

每个线索池内的线索会根据设置时间,针对过期的线索未分配,对管理员进行消息提醒。

在工作台页面可以用下拉方式展示所有模块,线索池所处位置如图 10-18 所示。

线索池可展现信息线索的来源、联系人的信息和来源的比例。来源分为 4 部分:官网登录、官网询盘、表单广告、Messenger,如图 10-19 所示。

4. 邮件营销效果

1) 邮件营销

邮件营销(E-mail Marketing)是在用户事先许可的前提下,通过电子邮件的方式向目标用户传递有价值信息的一种网络营销手段。E-mail 营销有 3 个基本因素:用户许可、电子邮件传递信息、信息对用户有价值。3 个因素缺少一个,就不能称为有效的邮件营销。邮件营销是利用电子邮件与受众客户进行商业交流的一种直销方式,广泛用于网络营销领域。邮件营销是网络营销手法中最古老的一种,它比绝大部分网站推广和网络营

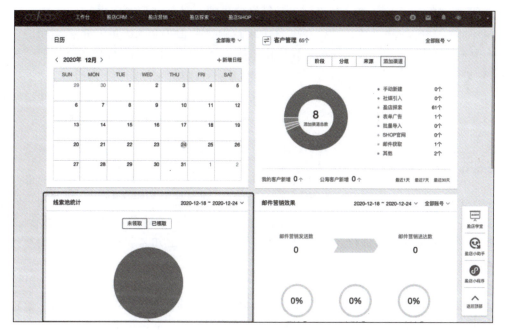

图 10-18　线索池

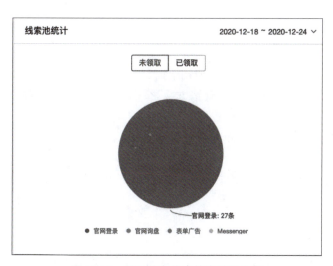

图 10-19　展现信息线索的来源及比例

销手法使用时间都要久。

　　E-mail 营销是一个广义的概念,既包括企业自行建立邮件列表开展的 E-mail 营销活动,也包括通过专业服务商投放电子邮件广告。为了进一步说明不同情况下开展 E-mail 营销的差别,可按照 E-mail 地址的所有权划分为内部 E-mail 营销和外部 E-mail 营销,或者叫内部列表和外部列表。内部列表是一个企业/网站利用注册用户的资料开展的 E-mail 营销,而外部列表是指利用专业服务商或者其他可以提供专业服务的机构提供的 E-mail 营销服务,投放电子邮件广告的企业本身并不拥有用户的 E-mail 地址资料,也无须管理、维护这些用户资料。外部列表是网络广告的一种表现形式。内部列表 E-mail 营销和外部列表 E-mail 营销在操作方法上有明显的区别,但都必须满足 E-mail 营销的 3 个基本因素:基于用户许可、通过电子邮件传递信息、信息对用户是有价值的。内部列表和外部列表各有优势,两者并不互相矛盾,如果有必要,可以同时采用。

对于外部列表来说,技术平台由专业服务商所提供,因此,E-mail 营销的基础也就相应的只有 2 个,即潜在用户的 E-mail 地址资源的选择和 E-mail 营销的内容设计。

2) 邮件营销效果分析

(1) 定位/开发客户。

这是一种需要结合商家/企业已有的资料,定期向用户发送关于商家/企业的最新产品和服务的动态消息,主要利用对客户需求的定位,同时还可起到维护客户关系和再购率的效果。而开发客户也属于其中之一,商家/企业需要尽可能地争取客户,对收集到的客户邮件地址和基本资料进行针对性的产品宣传,扩大品牌的知名度和影响力,从而起到开发客户的作用。

(2) 主题内容。

要想吸引客户,营销人员对邮件主题内容的编辑一定要精细,从文字到图片,越精致越好,起码可以让对方看到营销人员具有诚意的态度,这就是一种形象的树立。同时,如果想让看到邮件的客户觉得有趣并能给出回复,可以通过一些比较有趣的小游戏和优惠活动测验客户收取邮件后的反应。

(3) 有节制地发送。

不少营销人员以为发送邮件越多越好,其实不是这样的。很多时候,过度宣传只会给人一种厌烦的感觉,所以营销人员在进行邮件营销的时候,最好有节制地进行推广。邮件营销依旧是当前市场中非常重要的营销方式之一,所以,当自己的邮件营销起不到效果时,营销人员应该反思自己究竟哪里做得不够好。

在工作台页面可以用下拉方式展示所有模块,邮件营销效果所处位置如图 10-20 所示。

展现邮件营销效果列,包含邮件营销名称、送达率、打开率、点击率、所属人,如图 10-21 所示。

5. 微询盘展示

询盘(enquiry)也称询价,是指交易的一方准备购买或出售某种商品的人向潜在的供货人或买主探寻该商品的成交条件或交易的可能性的业务行为,它不具有法律上的约束力。

1) 询盘的基本内容

询盘的内容涉及价格、规格、品质、数量、包装、装运以及索取样品等,多数只是询问价格。所以,业务上常把询盘称作询价。

询盘不是每笔交易必经的程序,如交易双方彼此都了解情况,不需要向对方探询成交条件或交易的可能性,则不必使用询盘,可直接向对方发盘。

询盘可采用口头或书面形式。

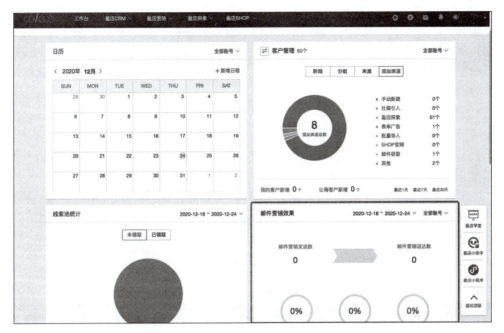

图 10-20 邮件营销效果

图 10-21 邮件营销效果展现

2）询盘的法律效力

在实际业务中，询盘只是探寻买或卖的可能性，所以不具备法律上的约束力，询盘的一方对能否达成协议不负有任何责任。由于询盘不具有法律效力，所以可作为与对方的试探性接触，询盘人可以同时向若干交易对象发出询盘。

合同订立后，询盘的内容成为磋商文件中不可分割的部分，若发生争议，其也可作为处理争议的依据。

3）主要分类

买方：是买方主动发出的向国外厂商询购所需货物的函电。在实际业务中，询盘一般多由买方向卖方发出。

（1）对多数普通商品，应同时向不同地区、国家和厂商分别询盘，以了解国际市场行情，争取最佳贸易条件。

（2）对规格复杂或项目繁多的商品，不仅要询问价格，而且需要对方告之详细规格、数量等，以免往返磋商、浪费时间。

（3）询盘对发出人虽无法律约束力，但要尽量避免询盘而无购买诚意的做法，否则容易丧失信誉。

（4）对垄断性较强的商品，应提出较多品种，要求对方一一报价，以防对方趁机抬价。

卖方：是卖方向买方发出的征询其购买意见的函电。

卖方对国外客户发出询盘大多是在市场处于动荡变化及供求关系反常的情况下，探听市场虚实，选择成交时机，主动寻找有利的交易条件。

在工作台页面可以用下拉方式展示所有模块，微询盘展示所处位置如图10-22所示。

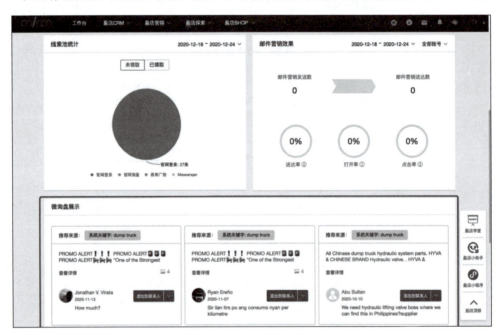

图10-22　微询盘展示

微询盘展示包含推荐来源、详情信息、联系人、时间等信息，如图10-23所示。

6. 普通邮件统计

1）邮件

邮件是指经传递方式处理的文件。邮件进行传递的过程称为"邮递"，而从事邮递服务的机构或系统则称为邮政。邮件有国内邮件和国际邮件两类。

图 10-23 微询盘展示内容

2）基本简介

邮件是通过邮局传递的函件和包裹的统称。邮件分国内邮件和国际邮件两大类。国内邮件按内容性质可分为函件和包件。在中国,函件包括信函、明信片、印刷品和盲人读物 4 种,包件包括包裹和快递小包。国际邮件分为国际函件和国际包裹,前者包括信函、明信片、印刷品、盲人读物和小包 5 种;后者分为普通包裹、脆弱包裹、保价包裹和过大包裹 4 种。邮件按处理手续、运递方式或寄递时限等又可分为挂号邮件、快递邮件、航空邮件、保价邮件等。

3）传输过程

邮件的传递顺序分收寄、分拣和封发、运输、投递 4 个环节。收寄方式主要是设置信箱、信筒和在邮局的营业窗口直接收寄。分拣和封发是将邮件按寄往地点分开,然后将分拣好的邮件分别封成邮件总包(袋、套)以便发运。运输是将邮件总包分别经由规定的邮路,运到寄达地点。投递方式有按址投递和在邮局内投交两种。无法投递的邮件一般退给寄件人。无法投递又无法退回的邮件为无着落邮件,由指定的机构集中开拆,能发现投退线索的即予以投退,仍然无着的经保管一定期限后予以销毁或作其他处理。

4）常见问题

（1）邮件服务器间的邮件传输使用了 TCP(传输控制协议),为何邮件有时还会丢失?

邮件服务器之间的 SMTP(简单邮件传输协议)使用 TCP 连接,可以保证邮件准确无误地在邮件服务器之间传输。但邮件服务器本身的故障,如邮件空间不足等,会导致邮件无法完成传输而丢失。

（2）发件人的用户代理为何不直接将邮件发送给收件人的用户代理,而是通过邮件服务器传输?

因为用户计算机性能的限制,无法运行收发邮件的程序,并且无法不间断地运行并连接到互联网上,因此只能将信件暂时存放在邮件服务器中,用户需要时可以下载信件。

在工作台页面可以用下拉方式展示所有模块,邮件统计所处位置如图 10-24 所示。

如图 10-25 所示,邮件统计包含全部账号的收邮件数和回复率、发邮件数和阅读数。

图 10-24　邮件统计

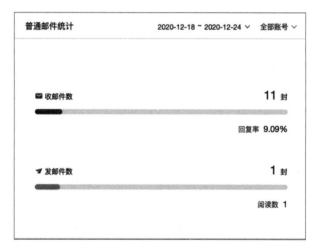

图 10-25　邮件统计内容

7. 活动营销效果

1）活动营销

活动营销的英文为 Event Marketing，国内有人把它直译为"营销"，其实并不准确。所谓的活动营销，是指企业通过参与重大的社会活动或整合有效的资源策划大型活动而迅速提高企业及其品牌知名度、美誉度和影响力，促进产品销售的一种营销方式。简单地说，活动营销是围绕活动而展开的营销，以活动为载体，使企业获得品牌的提升或销量的增长。活动营销分室内与室外,活动营销就是室内活动,室内活动营销具体讲是把消费者从室外请进室内进行直销的过程,而这个过程的演变是由市场环境的变化而来的。活动营销的演变条件是在市场环境不断恶化、行业制约力强化、产品竞争矛盾重重时自由压缩而成的,一般发达国家经过较长时间的市场销售后,也会出现我们如今的销售局面,既然产生直销的销售模式,活动营销当属这样的范畴。

活动营销看起来十分简单,用通俗的话讲就是多功能营销,对传统营销的冲击非常大,也产生了积极影响,如何使用它呢?如何管理?员工素质如何?环境预测怎样?外联关系怎样?这些都是活动营销必须解决的问题,如果没有准备好,就不要使用这样的营销模式,否则破坏性也比较大。

活动营销的真正意义在于销售与渠道、销售与市场、销售与各方利益关系的客观综合效能的最大化,是现代企业对应市场的有效途径。活动营销等于高科技下的航空母舰,对现代营销的作用可想而知。成本营销是现今销售中最大的问题,利益的回报是这个行业要求比较高的现象,可以通过理解与实践,也可以借鉴成功企业的活动营销模式,分析其中的利弊,从而真正意义上用好活动营销。

2) 活动营销分为3个步骤

(1) 广泛搜集特定消费者数据信息,建立数据库。

通过各种渠道收集消费者信息,这些信息包括消费者姓名、年龄、家庭住址、联系电话、家庭收入、健康状况等,建立消费者档案数据库,并对这些数据进行分析、整理,把消费者根据需求状况分类,确定目标消费人群。

消费者数据信息搜集的渠道如下。

① 熟人(如亲戚、朋友、同事、邻居等)信息收集。

② 通过熟人介绍。

③ 拜访陌生人。

④ 通过各种活动搜集信息。

(2) 活动营销的组织实施。

确定活动的时间、地点后,针对目标消费人群发出邀请。活动营销主要以服务为主,以健康保健理念的宣传、免费的健康咨询、诊断,以及消费者喜闻乐见的文娱活动吸引目标人群参加;通过专家推荐,使用消费者对产品良好效果的现身说法,以及业务员一对一的沟通,促成销售。

(3) 跟踪服务。

对购买产品的客户进行售后跟踪服务,指导其使用,并对使用前后的效果进行比较,形成良好的口碑宣传。对未购买产品的客户继续进行跟踪,通过一对一的沟通,消除其顾虑,促成销售。

8. 企业营销活动效果分析

企业开展市场营销活动的主要目的是满足消费者的需求和欲望,促进消费,帮助企业成功。而对营销活动进行效果分析,是企业获得市场成功的重要保证,也是企业提高营销活动效果最有效的方法。

影响企业市场营销活动成败的因素有很多,企业应该如何进行分析,确保每一次的营销活动都能圆满成功呢?

(1) 与活动前期进行比较。

假设此次营销活动的目的是提升销售额,那么可以将活动期间的日均销售额与上个月的日均销售额进行比较,如果销售额有明显上升,毫无疑问,这次的营销活动是有成效的。需要注意的是,销售额并不是唯一的指标,与此同时,客流量以及毛利率等指标也不可忽视。

(2) 与活动同期进行比较。

活动营销效果分析的第二步是与同期的营销活动进行比较。例如,2019 年国庆节 7 天企业的盈利是 200 万元,而 2018 年国庆节 7 天企业的盈利却为 260 万元,结果显而易见,这时企业就需要总结并寻找原因了。同理,客流量以及毛利率这些指标也需要关注。

(3) 与活动后期进行比较。

通过对以往数据进行分析,很多企业在营销活动结束后销量反而低于活动前的水平,这种现象屡见不鲜。有可能是促销活动方式有误,也有可能是竞争对手反攻,还有可能是顾客不能接受等原因导致。因此,活动营销效果分析的最后一步是将活动中与活动后期的数据进行比较,了解后续的销售水平,及时发现问题方能及时应对。

在工作台页面可以用下拉方式展示所有模块,活动营销效果所处位置如图 10-26 所示。

图 10-26 活动营销效果

10.4.2 盈店 CRM

盈店 CRM(客户关系管理)由客户管理、联系人资源、线索池、审批、报价单、订单、产品 7 部分组成，下面详细介绍这 7 部分。

直接单击下拉菜单相应模块，可以直接进入对应的模块部分，如图 10-27 所示。

图 10-27　"盈店 CRM"下拉菜单

1. 客户管理

按照上述介绍，系统将用户管理分成了 4 块，分别为客户阶段、客户分组、客户来源和客户添加渠道。

单击盈店 CRM 下拉菜单里的"客户管理"选项，进入客户列表，如图 10-28 所示展示不同阶段、不同分组下的用户状态，可以点开查看具体详情，分页展示。

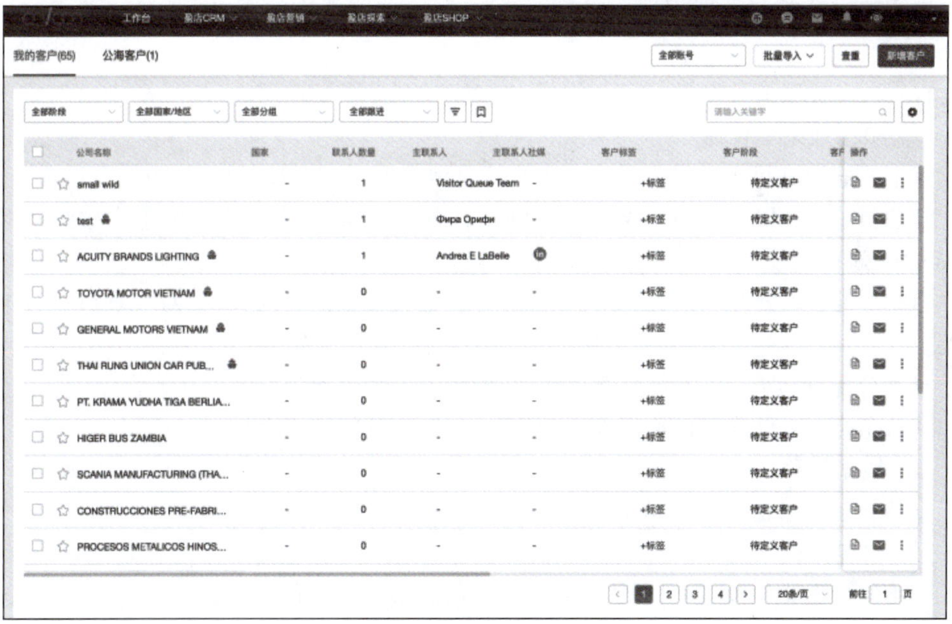

图 10-28　客户管理

2. 联系人管理

按照上述介绍，联系人管理参照用户管理，它们原则上类似，图 10-29 所示的联系人列表展示了不同阶段、不同分组下的用户状态，可以点开查看具体详情，分页展示。

图 10-29 联系人列表

3. 线索池

1) 线索池设置

开启线索池后,系统自动获取的线索或者管理员创建的线索会默认在线索池中,管理员可进行线索分配和管理,线索池可开启或关闭;关闭线索池时,需要选择一个默认线索池。

权限:仅管理员可设置。

(1) 单个线索池设置。

每个线索池都可单独进行设置。点击线索池数据后,在弹出的卡片中进行设置。

管理员:仅设置成为单个线索池管理员的用户,才能在线索库左侧列表中显示对应的线索池。

超时提醒:未分配线索负责人的线索,如果超过设置的时间,就会对管理员进行消息提醒。

自动分配创建人:勾选该复选框后,线索负责人为自动分配的创建人。

默认负责人:设置默认负责人后,所有线索默认分配给该人员。

(2) 线索转移。

支持将该线索池内的线索全部转移至其他线索池中。

(3) 自定义线索池字段。

对不同的线索池设置不同的自定义字段,补充该类线索的信息。

2) 相关资料

CRM 系统线索池的使用:管理客户全生命周期从销售线索开始,企业通过各类渠道搜集潜在客户名单,汇总到 CRM 库中的销售线索池,执行一定的分配规则,快速分配到销售员手中,以便销售人员快速跟进销售线索,对客户进行过滤。韬初 CRM 系统中有完成的销售线索池管理制度,且具备很强的灵活性,可以按需定制。

(1) CRM 线索池的数据导入。

企业通过市场活动(如展会、推广活动等)收集的客户名单、市场部其他渠道收集的客户名单,可以直接导入 CRM 系统。

(2) CRM 线索池的数据分配。

CRM 系统是支持线索自动分配和手动人工分配的。

如果是自动分配,需要企业提供自动分配规则,由科技企业提供个性化定制,实现销售线索实时自动分配。

(3) CRM 线索池的数据转化。

当用户(销售人员)收到分配给自己的销售线索后,需要及时跟进,对意向销售线索进行转化。将潜在的销售线索转化到自己的 CRM 客户库里,进行持续跟进,加速合作。

(4) 销售线索来源分析、转化率分析等。

基于整个销售线索管理,CRM 系统可以自动生成各类数据分析,如销售线索来源占比分析、销售线索各维度的转化率分析(销售员的线索转化率分析、不同渠道的线索转化率分析)等。

根据企业自己的需要,在韬初 CRM 系统中,数据分析基于 CRM 中的各字段,依据企业自身需求配置的,一般情况都包含在整体报价中。若想对销售线索有更高的利用率,一定要使用 CRM 销售线索管理。

3) 线索及线索池

(1) 线索及线索池概述。

销售线索是与客户初次接触获得的原始信息,可以是从展会中获得的名片、通过推广活动获得的电话号码,或是从会议、广告、外部购买等渠道获得的客户简单信息,然后通过管理和跟进可以转化为客户。同时,可以根据不同线索来源分析渠道的转化率,从而优化市场活动的资源投放,以达到利润最大化。

线索池是辅助企业管理各类线索的有效工具,将这些公共线索按区域、行业等分类放到线索池,如上海区线索池、北京区线索池、教育行业线索池、金融行业线索池等。线索池可以设置管理员和成员,并配置推送或拉取的方式分配线索给销售人员跟进,以达到合理化、规范化管理线索的目的。

(2) 销售线索的业务流程。

① 收集线索。

可以是从展会中获得的名片,通过推广活动获得的电话号码,或是从会议、广告、外部购买等渠道获得的客户简单信息,汇总手机之后,可以进行线索录入。

② 线索录入。

线索录入可以采用逐个新建或者批量录入的方式录入,查看新建线索。

③ 线索分配。

企业根据自身业务场景将收集的线索划入线索池统一管理,若线索池类型为手动分配型,则管理员可根据销售条件,如地域远近、擅长领域等因素合理分配,有效保证线索的转换率。线索被领取或分配之后在应用端的线索池中消失。道一云 CRM 中提供了多种线索分配方式,详细操作请查看分配线索。

④ 线索跟进。

线索跟进是指销售人员与客户进行沟通,了解客户意向,以跟进更多信息。

⑤ 线索转换。

销售人员对销售线索进一步验证筛选后,将有价值的线索,或有明确购买意向的线索转化为客户、联系人或商机,以便后续采取进一步的跟进措施或销售流程跟进,详细操作请查看线索转换。

⑥ 数据分析。

数据分析是指道一云 CRM 对这些数据进行分析,得出每个线索,以获取最有效的途径、线索转换率等。

(3) 详细介绍。

业务介绍如下。

(1) 新建线索。

通过以下方式可创建线索。

① 手工创建。

管理员在后台或应用端可以直接创建线索;销售也可以在应用端直接创建线索。

② 批量导入。

管理员可以在后台批量导入。下载批量导入模板,按照模板要求填写信息后,上传到系统,之后单击"导入"按钮即可。

③ 业务操作入口。

管理员可以通过业务端口进入功能操作区域。

(2) 线索分配。

线索分配有如下两种方式。

① 线索池管理员分配。

由线索池管理员在前端线索池中批量分配销售线索,适用于将敏感或重要的销售线索指派给能力强的销售人员跟进,以保证线索的转化率最大。

操作步骤:进入线索池待分配,勾选欲分配给相关销售的线索,点击分配,选择要分配的负责人和相关人,负责人可以转移、退回、废弃、转换、编辑线索,相关人员可以查看该线索的一切更新状态。

② 销售人员主动领取。

如果线索池配置为员工可领取,则销售人员可以直接领取销售线索。通过主动领取的方式,可提高销售人员的工作积极性。

(3) 线索转换。

销售人员对销售线索进一步验证筛选后,将有价值的线索,或有明确购买意向的线索转化为客户、联系人或商机,以便后续采取进一步的跟进措施或销售流程跟进(目前只能由销售人员从应用端进行转换)。转换时线索的字段如何带入客户、联系人、商机的字段中,由后台预先设置。

(4) 变更线索池。

为了方便导入,在新建线索的时候没有严格放好线索,为了方便管理,可将线索池内的多条线索转移至指定线索池。

(5) 回收线索。

当线索被分配一段时间后,仍然没有得到跟进时,线索池负责人可以将其从销售人员那边回收到线索池,以进行重新分配,促进销售人员的线索跟进,提高线索转换率。

回收线索分为系统自动回收和手动回收。系统自动回收需要在线索池中设置线索池类型。手动回收的操作如下:进入"已分配"界面,勾选要回收的线索,单击"回收"按钮即可回收。

模块设置具体包括如下几种设置。

1) 线索自定义字段设置

通过"后台→销售→设置→线索自定义字段设置",根据需要编辑固定字段和自定义字段。

2) 线索池设置

(1) 线索池名称:可以根据地理区域进行线索池命名,也可以按照业务进行命名。

(2) 线索池负责人:默认线索池的负责人为所有管理员,可以根据企业业务需求,选择特定对象作为默认线索池的负责人;新建线索池,线索池的负责人可自定义。支持勾选"线索池线索分配或领取后,线索池负责人设置为线索相关人",以方便线索池负责人查看线索的跟进情况。

(3) 线索池类型:分为主动领取型和手动分配型。主动领取型线索池鼓励销售积极领取线索进行跟进,也支持线索池负责人进行分配,侧重鼓励销售人员的积极性;手动分配型线索池则适用于线索控制。比较严格的企业只能由线索池负责人进行分配,保证线索池成员无法查看待分配线索。

(4) 线索池成员:默认线索池的负责人为所有人,可以根据企业业务需求,选择特定对象作为默认线索池的成员;新建线索池,线索池的成员可自定义。

(5) 线索池规则:默认线索池只能对应默认规则,如需更多线索池规则,可以新建和设置,详情请看线索池规则设置。

3) 线索池规则设置

(1) 规则名称:可以由功能性命名规则名称,也可以由线索池对应规则进行命名。

(2) 应用范围:一个线索池只能有一个规则,且规则之间相互独立。

规则 B 可直接将该线索池从规则 A 中拉过来;没有分配规则的线索池将自动归属默认规则。

(3) 领取额度:可以根据企业的业务需求设置领取额度,表示该规则管理的线索池下,其线索池成员只能从该线索池获得一定数量的线索,保证销售不会同时负担过多线索或出现恶意霸占线索的情况。

(4) 自动回收:可选择不自动回收或者自动回收。若选择不自动回收,则表示该规则管理的线索池下,其成员负责的线索无论是否有效跟进,系统都不会发起自动回收,只能由线索池负责人手动回收,或者线索池成员自动退回;选择自动回收,需要设置转换客户的天数,表示该规则管理的线索池下其成员负责的线索,如果在 X 天内没有转为客户,系统会自动回收该条线索,辅助线索池负责人管理线索跟进效率。合理设置自动回收规则,可以在一定程度上减少线索池负责人检查线索跟进情况所耗费的精力。

(5) 清空规则：可以根据企业的业务需求，勾选或取消勾选该复选框。勾选该复选框，表示当该规则管理的线索池下线索的负责人变更为空时（可能是被回收或自动回收，也可能是被退回或被废弃），将同步信息给此线索的相关人。

(6) 回收提醒：设置自动回收规则后，系统将提前 N 天提示用户回收信息，引起用户的重视，从而跟进线索。结合自动回收规则使用，可以一定程度上提高销售的跟进效率。

(7) 提醒规则：可以根据企业的业务需求设置该选项。勾选该选项，表示当该规则管理的线索池下新增了待分配线索（系统导入、新建、退回、回收），会提醒线索池负责人。提醒规则适用于手动分配型线索池，提醒线索池负责人及时分配线索，避免线索堆积。

4）映射关系设置

① 免费用户仅 30 条转换次数。

② 线索可以转化为客户或联系人、商机，后台设置之后，销售可在应用端一键转换。

③ 源对象为线索。

④ 目标对象可为客户、客户＋联系人、客户＋联系人＋商机。

⑤ 目标对象可选的字段：除部分字段属性特殊，无法满足转换需求外，高级字段、自定义字段、系统字段均可选择设置对应的映射规则。

5）布局列表设置

在线索模块，最多支持添加 6 个列表字段，所有字段可以自由拖曳排序，并可以按需求场景选择是否显示字段名称。

盈店通线索池的详细信息裂变，可以点开查看详情，分页展示，如图 10-30 所示。

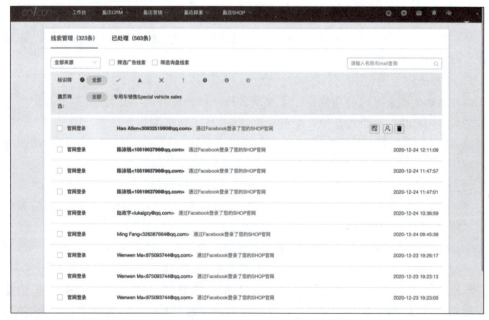

图 10-30　线索池的详细信息

4. 审批

审批的意思是审查批准,对下级呈报上级的公文进行审查批示,是指政府机关或授权单位根据法律、法规、行政规章及有关文件,对相关人从事某种行为、申请某种权利或资格等进行具有限制性管理的行为。

审批有 3 个基本要素：标额度限制；审批机关有选择决定权；一般都是终审。审批最主要的特点是审批机关有选择决定权,即使符合规定的条件,也可以不批准。行政审批是根据法律规定的条件,由实际执法部门审核是否符合条件的行为。

审批：可以新建,也可以查看账号审批的内容,包括审批标题、审批类型、发起人、发起时间、审批当前的状态等信息,分页展示,如图 10-31 所示。

图 10-31　审批

5. 报价单

报价单主要用于供应商给客户的报价,类似价格清单。如果是交期(delivery time)很长的物料或是进口的物料,交期和最小订单量(minimum order quantity,MOQ)很重要。因为进口的物料需要报关,交期会很久,所以需要注明。交期一般用"周"(week)表示,最小订单量一般用"千个"(k pcs)表示,有特殊情况的需要备注说明,例如 12 天是指工作日,需要 7 天报关等,其中英文报价单和中文报价单略有区别。

适用：任何交易,包括实物和服务。

基本条款：品名、价格、付款方式、备注。

发布人：任何法人、自然人均可。

报价单列表：包含报价单名称、关联到、文件夹、创建人、创建时间、操作等,分页展示,如图 10-32 所示。

图 10-32　报价单列表

6. 订单

订单(order form)是企业采购部门向供应商发出的订货凭据，包含成品、原材料、燃料、零部件、办公用品、服务等全部采购过程。

1) 订单类型

由于订单类型可以指定处理规则和订单分录默认值，因此系统在输入订单和退货单时会要求输入这些订单类型。可以将订单周期分配至每个订单类型，以控制订单处理，并提供此订单类型的默认值。

为订单类型定义的值可默认为分配订单类型时的订单，这取决于定义标准值规则集的方式。可以将标准值规则集附加至订单类型。

2) 订单流程

订单流程主要有以下 5 个环节。

(1) 用户下单。

用户下单是指前台顾客(会员)浏览商城网站进行商品的挑选并提交订单。系统提供在一定时间内(在会员订单提交至后台管理员还未对订单进行确认操作这段时间内)，允许会员自行修改、取消自己的订单等订单管理相关操作。

(2) 确认订单。

会员订单提交到商城系统后，商城系统管理员对订单的数据信息通过电话联系会员进行确认。确认的内容主要包括：会员填写的收获地址是否真实有效、商品配送相关情况。系统提供管理员对订单进行确认有效与无效的操作处理，无效的订单管理员可以直接取消。会员订单如果已经确认，将不能再进行修改。

(3) 分配订单。

订单确认有效后,商城管理员将分配订单到物流配送部门或人员进行备货、出货的处理。订单的配送是通过线下进行的。商城管理员根据线下的配送情况修改商城网上订单的配送状态进行标识。

(4) 订单收款。

订单的收款环节,主要根据货到付款、款到发货两种类型进行处理。收款的情况一般通过财务人员对确认有效的订单进行货款情况确认,如果是货到付款的订单,财务人员将根据配送人员的反馈修改订单的收款状态,如果是款到发货的订单,财务人员可以通过邮局的汇款情况、银行账号到账情况确认订单的收款状态。

订单收款的环节在整个订单处理流程中是一个独立的环节,它不依赖于其他任何环节,只要是确认有效的订单,财务人员即可对其收款情况进行跟踪处理。

(5) 发运订单。

发运订单就是真正的配送订单过程。系统提供商城管理员进行网上会员订单出货情况的标识修改,在商城系统可以将订单的处理过程视为完成阶段。

3) 订单软件

订单软件一般用于显示数字和其他项,以便快速引用和分析。现实生活中,订单软件有表格应用软件,也有表格控件,典型的像 Office Word、Excel 表格是最常用的订单数据处理方式之一,主要用于输入、输出、显示、处理和打印数据,可以制作各种复杂的表格文档,甚至能帮助用户进行复杂的统计运算和图表化展示等。表格控件还可用于数据库中数据的呈现和编辑、数据录入界面设计、数据交换(如与 Excel 交换数据)、数据报表及分发等。

订单列表包含订单名称、关联客户(联系人)、货币单位、汇率、处理人和订单状态等信息,分页展示,如图 10-33 所示。

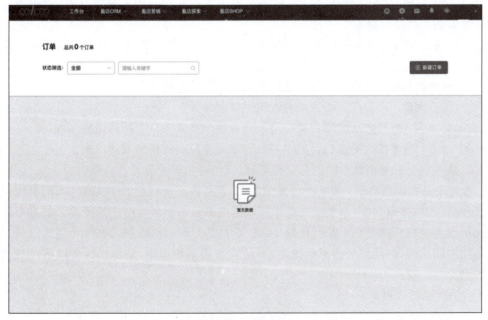

图 10-33　订单列表

7. 产品

1）产品（满足人们某种需求的东西）

产品是指能够供给市场，被人们使用和消费，并能满足人们某种需求的东西，包括有形的物品、无形的服务、组织、观念或它们的组合。产品一般可以分为 5 个层次，即核心产品、基本产品、期望产品、附件产品、潜在产品。核心产品是指整体产品提供给购买者的直接利益和效用；基本产品即核心产品的宏观化；期望产品是指顾客在购买产品时，一般期望得到的一组特性或条件；附件产品是指超过顾客期望的产品；潜在产品指产品或开发物未来可能产生的改进和变革。产品是"一组将输入转化为输出的相互关联或相互作用的活动"的结果，即"过程"的结果，在经济领域中通常也可理解为组织制造的任何制品或制品的组合。产品在《现代汉语词典》中的解释为"生产出来的物品"。简单来说，"为了满足市场需要而创建的用于运营的功能及服务"就是产品。

2）相关定义

产品的定义：向市场提供的，引起注意、获取、使用或者消费，以满足欲望或需要的东西。消费者购买的不只是产品的实体，还包括产品的核心利益（即向消费者提供的基本效用和利益）。产品的实体称为一般产品，即产品的基本形式，只有依附于产品实体，产品的核心利益才能实现。期望产品是消费者采购产品时期望的一系列属性和条件。附加产品是产品的第四层次，即产品包含的附加服务和利益。产品的第五层次是潜在产品，它预示着该产品最终可能的所有增加和改变。

在供应链上，上流工厂的产品是下流工厂的生产原料或耗材，如塑料粒、纸皮盒、玻璃片、计算机中央处理器、油漆等。

3）主要概念

（1）"产品概念"是企业想要注入顾客脑中关于产品的一种主观意念，它是用消费者的语言表达的产品构想。

一般用文字表达或用图片描述产品概念。通常，一个完整的产品概念由以下 4 部分组成。

① 消费者洞察：从消费者的角度提出其内心所关注的有关问题。

② 利益承诺：说明产品能为消费者提供哪些好处。

③ 支持点：解释产品的哪些特点是怎样解决消费者洞察中所提出问题的。

④ 总结：用概括的语言（最好是一句话）将上述三点的精髓表达出来。

产品概念要求对消费者的产品介绍足够清楚，对消费者有足够的吸引力。

（2）产品的狭义概念：被生产出来的物品；产品的广义概念：可以满足人们需求的载体。产品的"整体概念"——人们向市场提供的能满足消费者或用户某种需求的有形物品和无形服务。社会需要是不断变化的，因此，产品的品种、规格、款式也会相应地改变。新产品的不断出现，产品质量的不断提高，产品数量的不断增加，是现代社会经济发展的显著特点。

（3）产品整体概念。

20 世纪 90 年代以来，菲利普-科特勒等学者倾向于使用 5 个层次表述产品整体概念，认为 5 个层次的表述方式能够更深刻、更准确地表述产品整体概念的含义。产品整体概念要求营销人员在规划市场供应物时,要考虑能提供顾客价值的 5 个层次。产品整体概念的 5 个基本层次如下:

① 核心产品,是指向顾客提供的产品的基本效用或利益。从根本上说,每一种产品实质上都是为解决问题而提供的服务。因此,营销人员向顾客销售任何产品,都必须具有反应顾客核心需求的基本效用或利益。

② 形式产品,是指核心产品借以实现的形式,由 5 个特征构成,即品质、式样、特征、商标及包装。即使是纯粹的服务,也具有类似的形式上的特点。

③ 期望产品,是指购买者在购买产品时期望得到的与产品密切相关的一整套属性和条件。

④ 延伸产品,是指顾客购买形式产品和期望产品时附带获得的各种利益的总和,包括产品说明书、保证、安装、维修、送货、技术培训等。国内外很多企业的成功,一定程度上应归功于它们更好地认识到了服务在产品整体概念中所占的重要地位。

⑤ 潜在产品,是指现有产品,包括所有附加产品在内的,可能发展成为未来最终产品的潜在状态的产品。潜在产品指出了现有产品可能的演变趋势和前景。

4) 区分类别

(1) 服务。

服务通常是无形的,是为满足顾客的需求,供方(提供产品的组织和个人)和顾客(接受产品的组织和个人)之间在接触时的活动以及供方内部活动所产生的结果,并且是在供方和顾客接触上至少需要完成一项活动的结果,如医疗、运输、咨询、金融贸易、旅游、教育等。服务的提供可涉及:为顾客提供的有形产品(如维修的汽车)上所完成的活动;为顾客提供的无形产品(如为准备税款申报书所需的收益表)上所完成的活动;无形产品的交付(如知识传授方面的信息提供);为顾客创造氛围(如在宾馆和饭店)。服务特性包括安全性、保密性、环境舒适性、信用、文明礼貌以及等待时间等。

(2) 软件。

软件由信息组成,是通过支持媒体表达的信息所构成的一种智力创作,通常是无形产品,并可以方法、记录或程序的形式存在,如计算机程序、字典、信息记录等。

(3) 硬件。

硬件通常是有形产品,是不连续的具有特定形状的产品,如电视机、元器件、建筑物、机械零部件等,其量具有计数的特性,往往用计数特性描述。

(4) 流程性材料。

流程性材料通常是有形产品,是将原材料转化成某一特定状态的有形产品,其状态可能是流体、气体、粒状、带状,如润滑油、布匹,其量具有连续的特性,往往用计量特性描述。一种产品可由两个或多个不同类别的产品构成,产品类别(服务、软件、硬件或流程性材料)的区分取决于其主导成分。例如,外供产品"汽车"由硬件(如轮胎)、流程性材料(如燃料、冷却液)、软件(如发动机控制软件、驾驶员手册)和服务(如销售人员所做的操作说明)所组成。硬件和流程性材料经常被称为货物。称为硬件或服务主要取决于产品的主导成分。例如,客运航空公司主要为乘客提供空运服务,但在飞行中也提供点心、饮料等硬件。

质量保证主要关注预期的产品。该定义说明，产品是广义的概念，既可以是交付给顾客的最终产品，也可以是生产过程中的半成品和外购件。质量管理关注的是预期的产品，非预期的产品是指在生产预期产品的过程中，伴随产生的废液、废气、废料等物质，有可能造成环境的污染，不属于质量管理的范畴，它属于环境管理的范畴。

5）主要区别

有人把产品理解为商品，其实是不确切的。产品和商品的区别在于：商品是用来交换的产品，商品的生产是为了交换，而当一种产品经过交换后进入使用过程后，就不能再称为商品；当然，如果产品又产生了二次交换，那么在这段时间内，它又能被称为商品。

6）法律法规

（1）在中华人民共和国境内从事产品生产、销售活动，必须遵守《中华人民共和国产品质量法》。生产者、销售者依照该法规定承担产品质量责任。该法所称产品是指经过加工、制作，用于销售的产品。国务院产品质量监督部门主管全国产品质量监督工作。国务院有关部门在各自的职责范围内负责产品质量监督工作。县级以上地方产品质量监督部门主管本行政区域内的产品质量监督工作。县级以上地方人民政府有关部门在各自的职责范围内负责产品质量监督工作。

（2）国家对产品质量实行以抽查为主要方式的监督检查制度，对可能危及人体健康和人身、财产安全的产品，影响国计民生的重要工业产品，以及消费者、有关组织反映有质量问题的产品进行抽查。抽查的样品应当从市场上或者企业成品仓库内的待销产品中随机抽取。对依法进行的产品质量监督检查，生产者、销售者不得拒绝。

（3）消费者有权就产品质量问题，向产品的生产者、销售者查询；向产品质量监督部门、工商行政管理部门及有关部门申诉，接受申诉的部门应当负责处理。保护消费者权益的社会组织可以就消费者反映的产品质量问题建议有关部门负责处理，支持消费者对因产品质量造成的损害向人民法院起诉。因产品存在缺陷造成损害要求赔偿的诉讼时效期间为两年，自当事人知道或者应当知道其权益受到损害时起计算。因产品存在缺陷造成损害要求赔偿的请求权，在造成损害的缺陷产品交付最初消费者满十年丧失；但是，尚未超过明示的安全使用期的除外。军工产品质量监督管理办法，由国务院、中央军事委员会另行制定。

产品列表包含产品名称、产品图片、产品描述等，分页展示，如图 10-34 所示。

10.4.3 盈店营销

1. 营销（经营销售实现转化的过程）

营销是指企业发现或发掘准消费者需求，让消费者了解该产品进而购买该产品的过程。市场营销（marketing）又称市场学、市场行销或行销学，MBA、EMBA 等经典商管课程均将市场营销作为对管理者进行管理和教育的重要模块，市场营销是在创造、沟通、传播和交换产品中，为顾客、客户、合作伙伴以及整个社会带来经济价值的活动、过程和体系，主要指营销人员针对市场开展经营活动、销售行为的过程，即经营销售实现转化的

图 10-34　产品列表

过程。

2. 营销流程

在具有不同政治、经济、文化的国家,营销不应该一成不变。即使在同一个国家,在消费品行业、B2B(business to business)行业和服务业,营销方式也是不同的。而在同样的行业里,不同的企业也有各自不同的营销方式。营销学是关于企业如何发现、创造和交付价值,以满足一定目标市场的需求,同时获取利润的学科。营销学用来辨识未被满足的需要,定义、量度目标市场的规模和利润潜力,找到最适合企业进入的市场细分和适合该细分的市场供给品,满足用户的需求,甚至为用户创造需求,具体过程如下。

(1) 机会的辨识(opportunity identification)。

(2) 新产品开发(new product development)。

(3) 订单执行(order fulfillment)。

这些流程都处理得足够好,营销通常就是成功的,如果哪个环节出了问题,企业就会面临生存危机。

营销是一个系统工程,主要由以下4个环节支撑整个营销体系。

第一环:产品。

第二环:盈利方式。

第三环:销售渠道。

第四环:传播渠道。

3. 营销理念

(1) 无差异市场。

它的观念表现为企业在市场细分之后,不考虑各自市场的特征,而是注重子市场的共性,决定只推出单一产品,运用单一的市场营销组合,力求一定程度上满足尽可能多的顾客的需求。在无差异市场营销中,环境对此影响不大。

无差异市场的优点在于,产品的品种、规格、格式简单,有利于标准化与大规模生产,并且有利于降低生产、存货、运输、研究、促销等费用。

无差异市场的局限性在于,同行业中如果有几家企业都实行无差异市场营销,在较大的子市场中的竞争将会日益激烈,而在较小的子市场中的需求将得不到满足。例如,有一家化工产品单位,为了推出环氧丙烷产品,不考虑产品的各子市场的特征,而只注重子市场的共性,只生产出较单一的型号产品。这虽然有利于大规模生产,但由于较大的子市场竞争日益激烈,而较小的子市场的需求得不到满足,结果给产品生产带来影响,不得不停产,原因就是对市场考虑不周。

(2) 差异市场。

它的观念表现为企业决定同时为几个子市场服务,设计不同的产品,并在渠道、促销和定价方面都加以改变,以适应各个子市场的需要。从环境影响上看,企业的产品种类同时在几个子市场也占有优势,这会提高消费者对企业的信任感,进而提高重复购买率,而且通过多样化的渠道和多样化的产品线进行销售,通常会使总销售额增加。

(3) 环境。

环境主要包括以下几种。

经济环境:主要是收入、支出、消费者、经济发展状况。

人口环境:主要包括人口总量、人口的增长率、人口结构、人口的迁移。

社会文化环境:主要是文化、宗教信仰、价值观念、消费习俗、消费兴趣等。

政治法律环境:主要是政治和法律。

自然环境:主要是资源、地貌、气候。

科技环境:主要是科学和技术。

市场环境:主要是公司、竞争等。

以整个社会经济系统为出发点和基础研究市场营销,重点在于产品和服务如何能最经济地从生产领域进入消费领域,并使社会的供应和需求有效达到平衡,其涉及如何建立一种使资源和产品在社会组织和个人中得以合理分配的经济体系、宏观市场营销,要求通过买卖功能、储运功能、规范功能、金融功能、风险承担功能以及市场信息功能的发挥,创造出产品的形态效用(服务效用)、时间效用、空间效用和持有效用,以满足社会和个人在各种时间和地点所产生的各种需要,并促使整个社会经济系统得以正常运行。一些营销学者将其归纳为如何在适当的时间(right time)、适当的地点(right place)、以适当的价格(right price)和适当的方式(right pattern),将适当的产品(right product)销售给适当的顾客(right customer)的"六R模式"。一般情况下,微观市场营销学是人们研究的重点,宏观市场营销常常作为微观营销的环境因素加以研究。

4. 发展方向

第一，从营销的主体看，企业是营销的主体单位一般是传统营销。当然，传统营销并不是唯一的营销的主体，如各种组织机构和个人多种主体共存共同发展也是营销的主体单位。

第二，从营销的对象看，企业营销的对象不再是单一的产品和服务，而是各种有价值的事物都可以进行有效的使用。

第三，从营销的操作手法看，营销不再是单纯的传统营销手法，而是当代各种营销手法的混合，如流行的网络营销、电话营销（如一呼百应智能精准电话营销解决方案）、无线营销、声动营销、OAO（线下和线上有机融合的一体化双店经营模式）、会员制营销等，这些营销手法，一般大企业都会将其与传统营销配合使用，同时搭配出最适合企业营销的手法。

第四，从营销发展的未知性来说，谁也不能肯定营销即将发生什么，这个答案谁也不敢明确地给出，即使是专家，也不能肯定未来即将发生的事情，因为从哲学上来说："事物的发展是未知的，总是变化的"。

第五，从营销的发展看，人们在实践过程中不断遇到问题不断解决问题，在解决问题中以及各种营销实践中不断地总结理论，从而让营销的各种理论不断得到升华和发展。同时，理论在不断进步的同时，人们再用这种升华过的理论指导营销实践活动。

5. 营销分类

（1）市场。

市场营销既是一种组织职能，也是为了组织自身及利益相关者的利益而创造、传播、传递客户价值，管理客户关系的一系列过程。

推动重新审视和修订美国市场营销协会（AMA）关于市场营销的官方定义的主要力量之一是来自 AMA 的 CEO 丹尼斯·杜兰普。市场营销的第一版官方定义是 1935 年 AMA 的前身——美国营销教师协会所采用的定义，1948 年被 AMA 正式采用。1960 年，当 AMA 重新审视第一版定义时决定保持不变，不做任何修改。就这样，市场营销最初的定义一直沿用了 50 年，直到 1985 年才被重新修订。修订后的定义也就是当今市场营销最普遍的定义：市场营销是计划和执行关于商品、服务和创意的观念、定价、促销和分销，以创造符合个人和组织目标的交换的一种过程。这个定义直到 2004 年夏天才被重新修订。这次修订是近 20 年来关于市场营销定义的首次修订。

定义 1（AMA，1960）：市场营销是引导货物和劳务从生产者流向消费者或用户所进行的一切企业活动。这一定义将市场营销界定为商品流通过程中的企业活动。在此定义下，"营销"等同于"销售"，它只是企业在产品生产出来以后，为产品的销售而做出的各种努力。

定义 2（AMA，1985）：市场营销是计划和执行关于产品、服务和创意的观念、定价、促销和分销的过程，目的是完成交换，并实现个人及组织的目标。根据这一定义，市场营销活动已经超越流通过程，是一个包含分析、计划、执行与控制等活动的管理过程。

定义3(格隆·罗斯,1990):市场营销是在一种利益之下,通过相互交换和承诺,建立、维持、巩固与消费者及其他参与者的关系,达到各方的目的。这一定义强调营销的目的是,在共同的利益下建立、维持、巩固"关系",实现双赢或多赢。

定义4(菲利普·科特勒,1994):市场营销是个人和集体通过创造并同他人交换产品和价值以满足需求和欲望的一种社会和管理过程。

定义5(AMA,2004):市场营销是一项有组织的活动,它包括创造"价值",将"价值"通过沟通输送给顾客,以及维系管理公司与顾客间的关系,从而使公司及其相关者受益的一系列过程。

定义6(AMA):营销是计划和执行关于商品、服务和创意的构想、定价、促销和分销,以创造符合个人和组织目标的交换的一种过程。

定义7(美国营销大师Philip Kotler):世界上最短营销定义——比竞争对手更有利润地满足顾客的需要。

(2)活动。

"活动营销"就是主办方有明确的诉求,以活动为核心载体,经过充分的市场研究、创意策划、沟通执行等一系列科学流程,并通过整合相关社会资源、媒体资源、受众资源、赞助商资源等构建的一个全方位的内容平台、营销平台、传播平台,最终为主办方及活动参与各方带来一定社会效益和经济效益的一种新型营销模式。活动营销是围绕活动而展开的营销,活动只是传播诉求及沟通互动的载体。通过举办活动可以使活动主办方或参与者获得品牌的提升或销量的增长。

活动营销大致可分为以下4类。

(1)企业活动营销。

活动营销通常是企业营销的制胜法宝。企业活动营销是通过投资主办活动,以活动为载体,以产品促销、提升品牌、增加利润为目的而策划实施的一种营销手段或营销模式。企业活动营销的形式有产品推荐会、发布会、路演、促销活动、赞助各类赛事论坛、系列主题活动等。借助活动营销可以提升企业的媒体关注度和消费者体验与沟通。企业对活动营销介入的程度是不同的,有的通过赞助活动向市场推广他们的产品和服务;有的通过和政府合办活动达到获取政府资源的目的;有的公司则为自己量身定做专门的活动来发布新产品、增加销售,并强化公司形象;国际奢侈品进入中国市场大多采用企业活动营销模式。

(2)城市活动营销。

活动营销是城市营销的有效手段,通常指城市有计划、有目的地策划或申办某项大型节会、赛事、论坛等形式的活动,并围绕活动的策划和组织对城市的文化进行挖掘、对城市的基础设施进行改造、对城市的环境进行优化、对城市形象和品牌进行宣传推广,最终借助活动促进城市经济的发展和品牌价值的提升。三亚借助举办"世界小姐"总决选提升城市的国际影响力,并吸引大量海外游客。广州借助亚运会对城市基础设施进行改造,同时对城市环境进行治理,彻底改变了原有的"脏、乱、差",使得广州的城市面貌焕然一新。博鳌则借助"博鳌亚洲论坛"一夜成名,由小渔村一跃成为国际知名海滨度假城市。

(3) 媒体活动营销。

媒体活动主要是由媒体发起策划组织的以丰富和完善媒体自身内容为主要目的的活动。随着媒体资源的过剩,媒体越来越借助活动吸引受众和商家的注意力。"超级女声"就是一个最成功的媒体活动,并最终演变成了一场由湖南卫视主导,吸引互联网媒体、平面媒体、手机媒体等高度关注的社会文化事件,创造出了非凡的品牌价值和经济效益。同样,世界杯期间央视五套利用独家买断对赛事的转播使其在该时段的收视率飙升,广告收入也是平常的数倍。

(4) 非营利组织活动营销。

非营利性组织在中国大多为官办,并且主要靠企业或民众捐助运行。所谓捐助,主要出于道德驱动的行为,属于善行善举,捐助者基本不会考虑经济上的回报。捐助者大多成了无名英雄。其实,非营利性组织完全可以借助活动营销加强道德驱动和利益回报。借助活动整合社会资源、媒体资源、明星资源,通过活动影响力不仅可加大对自身的宣传,也可以利用活动平台回报赞助企业,提升赞助企业的品牌知名度和美誉度,实现多方共赢。

6. 网络定义

网络营销的特点是即时互动和即刻交易(下订单)。网络营销包括互联网营销(电子商务)。互联网只是一个传播的媒介,只不过这个媒介承载了其他媒介能做到的任何功能,所以我们不能片面地认为互联网传播+电子商务=网络营销。网络营销的职能包括网站推广、品牌展示、信息发布、在线调研、顾客关系、顾客服务、销售渠道、销售促进、在线交易共9方面。

营销的最终目的是占有市场份额,互联网上的营销可由商品信息至收款、售后服务一气呵成,因此也是一种全程的营销渠道。另外,企业可以借助互联网对不同的营销活动进行统一规划和协调实施,以统一的传播资讯向消费者传达信息,避免不同传播渠道中的不一致性产生消极影响。

7. 营销策划

营销策划是一个非常宽泛的概念,不如 MARKETING(市场)这个词准确。市场需要什么我们就生产什么,这个说法绝对正确但不完全。市场不是一个固化孤立的东西,需求也存在着无限的可能性。立足于市场,的确减少了一些盲目性,但仅有市场观,在房地产行业做好营销还远远不够。营销肯定涉及产品生产和成本控制环节。

在消费品行业,产品的技术研发和组织生产已经完全成熟,营销人员与生产环节之间的关系相对简单,基本上可以简化为一个订单的关系。在大多数的消费品行业,生产周期短,可以按照市场的需求灵活调整生产。在房地产行业则不然,相对于瞬息万变的市场需求来说,房地产的生产过程就是一个很难及时调整方向的恐龙,今天定下来以一、两居的小户型为主,半年后市场发生变化要求改为大户型,此时施工图绘制完毕已经进入实施阶段甚至已经封顶,其转换成本之高是其他行业无法想象的。

营销人员一方面要准确预测需求,尽量减少变数;另一方面,要对生产环节了如指掌,在关键性节点之前及时根据市场信息调整定位与策略。一方面,要在市场同类产品中尽可能追求更高的销售价格;另一方面,要充分了解成本构成和各项主要支出的市场价格,充分考虑到选择不同产品方向带来的成本变化;还要面对那些很难说不会遇到的问题,如在木已成舟之后找出成本相对较低的产品修改可行性方案。因此,房地产营销环节与生产环节密不可分。

8. 营销辨析

营销是一门技术和职业。美国营销协会(AMA)和英国特许营销协会(CIM)都各自致力于职业营销人员的资质认可。它们相信通过建立严格的测试制度,可以区分合格的营销人员和冒牌营销人员。

然而,许多没有经过严格训练的营销人员也有非常出色的营销理念。英格瓦·坎普拉德(Ingvar Kamprad)并不是一名职业营销人员,但是他的IKEA(宜家)公司仍然通过为大众提供质优价廉的家具大获成功。创造力是成功营销的重要部分,当然这种能力的需要不仅限于营销人员。

理工科对营销也是非常重要的。营销人员通过营销调研、市场建模、预测分析会得到很多有用的数据。营销人员通过营销建模做出决策和指导投资,建立营销的度量方法来显示他们的活动对销售和利润的影响。

如同工程学从诸如物理学、化学等基础学科中汲取营养一样,营销学也植根于几门基础学科,包括经济学、心理学、社会学、组织科学和决策科学等,营销学随着这些学科的进展而不断发展。

营销学研究者必须运用有关人口统计学、心理学、文化和社会的影响来理解客户的需要、认知、偏好和行为,以找到更有效的营销战略。

(1) 概念扩大化。

营销不只可以被营利性组织所使用,还可以被诸如博物馆、教堂、慈善机构等非营利性组织所使用,以吸引客户、志愿者和捐助基金。营销可以被应用到社会活动的发起上,如"请勿吸烟""勿吸食毒品""食用健康食品""每天锻炼""请勿乱扔"等。

(2) 消费品服务B2B区别。

许多营销的理念和工具最初来自快速消费品行业面对的一些实际问题。其他工具则来自耐用产品行业(无论是面向消费者的,还是面向企业的)、日用品行业和服务业。由STP(市场细分segmentation、目标市场选择targeting和定位positioning)理论和4P(产品product、价格price、地点place、促销promotion)理论构成的营销学理论框架可以帮助我们分析任何市场、产品和服务。

当然,每个市场都有其各自的特征,需要特定的营销理念和工具,例如,服务业的营销人员在制定自己的营销方案时,会更多地关注另外的3P(人员personnel、服务流程process和服务有形化physical evidence)。不过,这些市场类型(消费品、工业和服务业)并不需要完全不同的理论框架;否则,我们面对的是将市场Ⅰ、市场Ⅱ、市场Ⅲ这样混乱的局面,而且行业间也无法进行相关经验的交流、借鉴。

9. 营销手段

再营销(remarketing),是指引导消费者再次购买。消费者通常不会"立即购买",而是需要考虑一段时间,他们很多是过后才购买的。因此,要消费者再次购买,就需要适当的手段。再营销的关键可以分解成两个消费者特征:起初对产品有多大兴趣;他们给营销人员多大的许可来再接合。

(1) 广告重新定位。

广告重新定位让品牌能够影响到已经访问过该品牌网站的人们,导致了重新定位消费者的新方法,专注于他们更自觉感兴趣的特定产品上,或者是更容易接受再营销的地方,因为他们已经自愿提供了联系信息。社会化营销集中在捕捉用户早期的兴趣点,而使用放入购物车信息的公司实际上用户已经提供了联系信息。一个新的方法——"提醒服务",很好地结合了它们两者的特性。

(2) 社会化。

品牌在Facebook或其他社交网络的连接给品牌定向广告提供了机会,同时,社交网络也确保了其新广告能够迎合已经表示愿意考虑的受众,进行再营销。

(3) 放入购物车。

许多访客访问网购网站,很快就会把一件商品放进购物车,甚至还提供了电子邮件地址,只不过在没有购买的情况下又离开了网站。而放入购物车后被再营销用户也默许了这种联络。如果品牌是通过第三方在线商店销售的,商店就将决定是否利用放入购物车进行再营销。

(4) "提醒我"服务。

"提醒我"服务集中在早期购物需求生成阶段。以产品为中心的博客、评论网站甚至数字杂志都会使用"提醒我"服务允许读者对他们已经发现的一种产品进行提醒,进行再营销。

10. 营销途径

服务营销是一种通过关注客户需求,进而提供服务,最终实现有利交换的营销手段。结合行业实际,烟草商业企业提升服务营销能力可以从以下几方面入手。

(1) 细分目标市场。

卷烟服务营销指向的细分市场是从子市场供求相关方(指零售客户和工业企业)的角度进行划分的。

根据细分市场正确匹配市场营销策略。可以通过定向分析消费者的需求、购买行为来了解目标市场的产品和服务需求,然后根据零售客户的经营商圈、经营能力等可确定的商业因素来细分客户群体和构建终端细分市场的识别体系,确定重点服务对象和营销机会,并制定与市场运行情况相匹配的营销策略。

通过细分市场增强竞争力。可以通过对细分市场的货源满足程度、工业产品竞争情况、目标产品消费人群定位等进行比对分析和预警管理,使企业及时集中人力、物力投入目标市场,对产品的适销区域、滞销区域做出灵敏反应,在保持局部市场优势的基础上提高营销能力和主体竞争力。

（2）细化订单供货标准。

按客户订单组织货源是烟草商业企业有效满足市场需求的重要途径，必须贯穿服务营销的每一个环节。

首先，要提高产品选择自由度。在货源组织上要充分了解市场需求，更加注重消费者的真实需求，要保证产品与市场衔接互补功能完整，合理对品牌进行规划和定向培育，自下而上组织货源，在更高水平上提高订单营销管控能力。

其次，要提高货源分配透明度。要通过客户关系管理系统对细分市场的目标客户进行有效识别，由软件系统分析终端客户原始需求信息，并自动生成客户目标需求信息，据此进行货源分配和订单采集，有效减少货源分配的人为干扰因素。

最后，要提高客户订单满意度。要重点完善市场分析和预测、客户需求采集、工业企业信息服务、目标市场细分、品牌评价和维护工作流程，在提高订单准确度的基础上同步提高上下游客户订单满意度。

（3）推行供应链管理。

烟草商业企业供应链管理指的是对企业内部及与外部发生紧密联系的所有业务活动的统一管理，包括人力资源、财务、订单、采购、计划、库存、运输、销售、服务在内的所有业务活动。

首先，要提升信息化管理水平。信息化进程要由企业核心业务活动信息化向整体业务活动信息化发展，努力消除各个经营环节的"信息孤岛"，以信息流控制物流，提高企业供应链管理的实效性。

其次，要加快供应链管理的信息化横向整合。在推行供应链管理过程中，要积极对内部的各种业务系统进行整合，架构统一的、标准化的基础信息平台。需要注意的是，对业务层面的横向整合必须跨越各业务部门的边界，对企业的业务模式和交易方式变革起到良好的支撑作用，并延伸到供应链的上游和下游。

（4）健全品类管理体系。

品类管理体系的建立直接影响品牌生命周期和市场服务亲和力，是检验烟草商业企业营销能力强弱的标志之一。品类管理要基于企业的品牌规划，保证品牌集中度和市场适销价值最大化。

首先，要建立市场常态调查机制，对主流营销渠道各环节、消费者群体进行调研，收集、整理、分析、筛选、汇总相关信息供决策应用。

其次，要为所有品牌建立档案，并进行预测，合理、有效地分配品牌市场空间资源，根据品牌成长性、市场占有率、消费者满意度等条件确定品类管理策略和品种组合投放策略。

最后，要对品类进行目标优化，保证品类的多元性、目标性和便利性，并根据单品牌库存周期测定品牌的流通速度，确定主销品类体系，开展相关营销活动，缩短库存周期，延长品牌生命周期。

（5）确立服务营销理念。

提升服务营销能力，关键是要树立以服务营销为基础的营销理念，并在此基础上不断创新营销方式。

深度分销：对目标区域市场细分后，通过市场经理（客户经理）定线、定时对终端客户一对一拜访，进行市场开发、维护、服务和管理。在提高客户关系价值、客户忠诚度、消费忠诚度和企业运行效率的同时，提高企业自身的营销控制能力。

① 整合营销。

在营销过程中要全面考虑客户需求、购买成本、便利和沟通等条件的满足程度，借力整合营销理念，对上下游客户进行双向整合，以服务赋予产品更多价值，达到提高营销水平的根本目的。

② 文化营销。

从客户价值理论和管理学角度看，文化营销可以充分满足客户的精神诉求，它着力营造的是一种可感知的精神氛围。需要注意的是，文化营销不单要站在企业的角度，更要站在消费者的角度。

盈店营销由成效分析、社媒营销、邮件营销、活动营销、模板库 5 部分组成，下面详细介绍这 5 部分。

直接单击下拉菜单相应模块，就可以直接进入对应的模块部分，如图 10-35 所示。

图 10-35 "盈店营销"下拉菜单

11. 成效分析

成效分析分为社媒成效、FB 广告成效，如图 10-36 所示。

(1) 社媒成效如图 10-37 所示。

概览：展现总帖子数、主页总浏览数、帖子互动、主页回复率、平均回复时间、主页总赞数、帖子覆盖人数，各个展示下面都是相应的数据分析。点击最近 7 天或最近 30 天，分别可看到对应的转换数据。

净赞变化趋势：展现净赞变化趋势图，由取消赞、自然赞、付费赞、净赞次数组成；点击最近 7 天或最近 30 天，分别可看到对应的转换数据，如图 10-38 所示。

图 10-36 成效分析

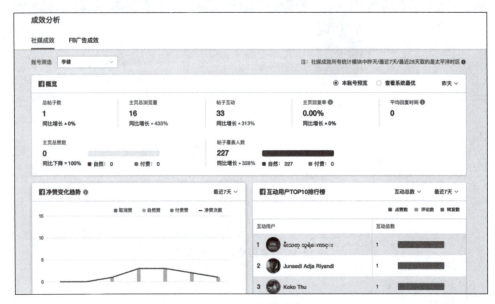

图 10-37 社媒成效

互动用户 TOP10 排行榜：点击最近 7 天或最近 30 天，分别可看到对应的转换数据，如图 10-39 所示。

发帖及帖文互动：展现发帖及帖文互动的数据图，由互动数量和发帖次数构成。点击最近 7 天或最近 30 天，分别可看到对应的转换数据，如图 10-40 所示。

帖子覆盖用户所属国家或地区统计：展现帖子覆盖用户所属国家或地区统计的比例图，如图 10-41 所示。

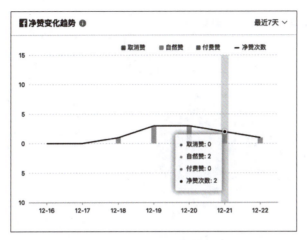

图 10-38　净赞变化趋势

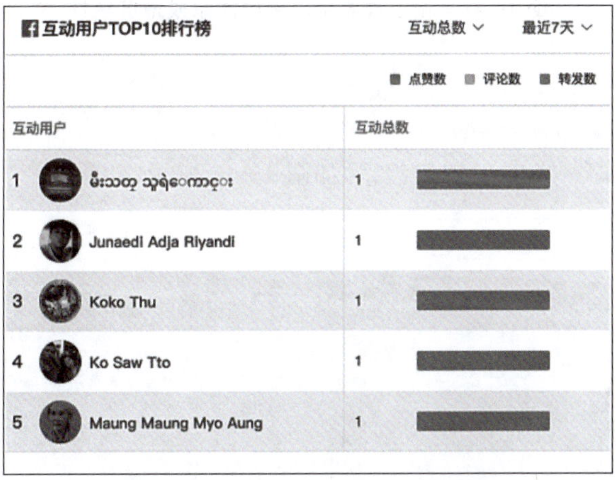

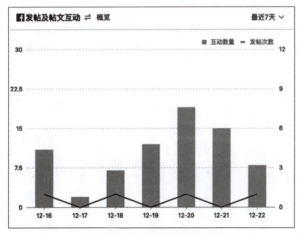

图 10-39　互动用户 TOP10 排行榜

图 10-40　发帖及帖文互动

第 10 章　盈店通

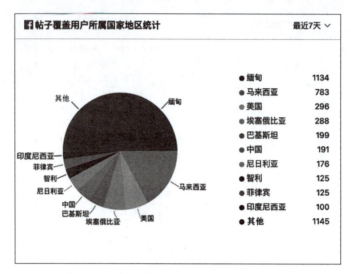

图 10-41　帖子覆盖用户所属国家或地区统计

点击最近 7 天或最近 30 天，分别可看到对应的转换数据。

帖子热度排行：展现帖子热度排行，包含热度排行、帖子内容、帖子类型、点赞数、评论数、转发数、互动总数、发帖日期等信息，如图 10-42 所示。

帖子热度排行　　互动总数　最近7天

热度排行	帖子内容	帖子类型	点赞数	评论数	转发数	互动总数	发帖日期
1		文本	8	-	-	8	2020-12-16 10:09:57
2		文本	5	-	-	5	2020-12-20 08:03:45
3		文本	-	-	1	1	2020-12-18 14:06:45
4		文本	-	-	-	-	2020-12-22 09:37:28

图 10-42　帖子热度排行

点击最近 7 天或最近 30 天，分别可看到对应的转换数据。

主页观察：包含热度排行、公共主页、主页赞总数、最近 7 天获赞、帖子互动总数、帖子的数量等信息，如图 10-43 所示。

主页观察　　去添加主页

热度排行	公共主页	主页赞总数	最近7天获赞	帖子互动总数	帖子的数量	
1	Syska LED	289614	-86 ▾0.03%	6318	34	查看热门帖子
2	Wellfar Engine Parts	91893	27 ▴0.03%	20100	805	查看热门帖子
3	SamsungLED	13073	49 ▴0.38%	184	20	查看热门帖子
4	桐杭	2416	- ▴0%	207	393	查看热门帖子

图 10-43　主页观察

点击最近 7 天或最近 30 天,分别可看到对应的转换数据。

(2) FB 广告成效。

广告成效:主要包含广告系列名称、状态、目的和成效、覆盖人数、展示次数、单次成效费用、花费金额、结束日期等,如图 10-44 所示。

图 10-44　FB 广告成效

12. 社媒营销

1) 社媒营销介绍

名称:社媒营销;全称:社会化媒体营销;英文:social media marketing(简称 SMM);别名:社会媒体营销、社交媒体营销;形成:通过社交媒体传播平台建立庞大的粉丝群,你作为媒体源就形成自媒体或者组织媒体;属性:媒体属性及发布和传播的功能,从而达到营销功能。

当前形式:什么是社会化媒体(SNS)?国内具有代表性的社会化媒体有淘江湖、人人网、开心网、新浪微博等,而淘江湖是国内唯一一个基于商业的社会化媒体。专家表示:基于商业的社会化媒体价值远高于基于游戏或者娱乐的社会化媒体,甚至是它的数十倍或者百倍。

而社会化媒体口碑营销则是基于社会化媒体,做相关的品牌口碑营销活动。社会化媒体口碑营销是市场营销的一个趋势。首先要知道什么是社会化媒体。社会化媒体包括论坛、博客、视频分享网站、维基等,而这些媒体上的信息发布者也是信息的制造者和传播者。事实上,由于互联网的快速发展,无论是老百姓、厂商,还是营销行业和机构,都不得不承认,互联网已经变得和我们的工作和生活息息相关,我们都离不开网络。

2) 如何利用社媒推广业务

现在全球经济受疫情影响,各国经济都出现了下滑,外贸出口受阻,竞争对手增加,营销成本在涨,转化效率在降,营销到底该如何做?

(1) 社媒推广。

目前,海外最主流的社交媒体是 Facebook、Twitter、YouTube、LinkedIn。据数据统计,在世界上 72 亿人口中,活跃在社交平台上的就有 30 亿人,其中 17 亿人通过移动端刷社交网络。目前 61% 以上的公司都在使用社交媒体推广,而外贸企业超过 90% 以上的客户都在使用 Facebook 获取资讯和建立商业合作机会。

海外主要社交媒体的特点如下。

① 一是人数众多,能形成病毒式传播(自发式);二是具有多样的渠道让产品的粉丝或者以多种方式来推广。

② Facebook 人气最高。

③ LinkedIn 最专业。

④ Twitter 信息传播最快。

⑤ Instagram 最年轻。

总的来说,外贸社媒营销主要是企业与用户之间的,用户与企业之间存在交流,采用病毒式营销手段,通过有内容、内涵有趣的视频、软文等吸引关注,让海外用户愿意转发点击,以达到最大化的宣传推广效果。

外贸社媒营销效果如下。

中小外贸企业的产品品牌影响力不足,或者实力不强,借助外贸社媒的推广就会容易一点,因为外贸社媒的基础比较平等,那么在网络上的起步与大型外贸公司就是平起平坐,加倍努力就可以做出一定的效果。

作为社交和营销最大的平台,Facebook 每月活跃用户达 22 亿。据麦肯锡全球研究所 2016 年 2 月调查发现,全球有 3.61 亿人参与跨境电子商务。Facebook 内部数据显示,近 5000 万企业使用 Facebook 寻找客户,Facebook 企业账号上 30% 的粉丝来自其他国家。

社交媒体能带来什么?

① 被发现,获得巨大的流量曝光。

② 建立一个强大的品牌。

③ 促进销售。

④ 分享经验和知识。

⑤ 吸引客户。

⑥ 获取客户(潜在)资源。

⑦ 打免费广告,建口碑营销。

⑧ 建立属于自己的圈子。

(2) 如何做好社交营销?

① 确定自己的营销目标。

营销目标会影响具体的营销策略及社媒平台的选择,比如想建立品牌认知,就应侧重内容营销、病毒营销及受众互动,想扩大客户群,可以尝试使用 LinkedIn 和 Facebook,想改善客户服务,可以选择更灵活的 Facebook 和 Twitter 即时通信。

② 多了解，多互动，多主动。

a. 社交媒体市场营销有很棒的一方面，那就是你可以与自己的粉丝群互动。他们中或许有你的潜在客户。你可以关注他们的动态，看到他们的日常生活，以便更好地调整自己的营销策略。

b. 人们玩社交媒体，但也不会喜欢看你的营销广告。所以，你发布的内容，不能条条像广告，而你自己像微商。其实人们希望看到的是欢乐、有意义的优质内容，和他们多互动，像玩微博、微信那样，先喜欢上你，从而接受你。

c. 主动寻找客户，在社交媒体上，你需要尽可能多地加入一些与你的产品或者行业相关的小组中。在这些小组中和他们交朋友，慢慢地让他们对你感兴趣，之后你再给出链接，或许成功概率会很大。

正因为这些原因才让越来越多的外贸企业在进行外贸推广时选择社媒。在疫情期间，可以先通过社媒等网络方式行动起来抢占市场。

3) 正确选择社媒平台并做好社媒营销

品牌经常遇到如下两个问题。

(1) 使用错误的社交媒体平台与消费者互动。

(2) 太贪心，每个平台使用结果都没做好。

那么，如何避免这些社交媒体营销的陷阱呢？

很简单，运用合适的平台吸引合适的受众。

以下为一些常见的社交网络平台。

① Facebook。

Facebook 可谓是用户大王了，每月活跃用户超过 16.5 亿，而且几乎每个年龄段的用户都很活跃，它是一个极其多样化的平台。此外，研究发现，16.5 亿用户中有一半用户会在 Facebook 上点赞品牌页面，甚至互动，这非常有利于中小企业吸粉并且增加热度。参考：Facebook 营销开发客户的方法和思路。

Facebook 对企业的益处如下。

a. 用户在搜寻企业产品或服务时更容易被找到。

b. 与客户及潜在客户更紧密地联系在一起。

c. 为企业自身创造一个交流社区。

d. 能更直接地推广企业所创造的资源。

如何从 Facebook 为网站带来流量呢？

a. 充分利用个人信息资料。

Facebook 是交流式社区，人们都喜欢找寻自己感兴趣的人或者事，那么，此时如何写出一个让人们眼前一亮的个性化资料，是大家必须研究的。

b. 在涂鸦墙和照片夹中放置有关网站的各类图片和信息。

Facebook 的涂鸦墙很像中国的微博，能够让你写出现在的心情。另外就是常见的照片夹，平时大家制作的网站推广的图片和网站的 Logo 可以派上用场了。

c. 建立起自己的网络。

Facebook 是一个交友式的互动平台，你要学会建立起自己的友谊圈子，发掘对你的网站感兴趣的人群。

d. 经常保持更新。

必须时常保持你的 Facebook 的各类信息(包括博客的文章)更新,这样才能持续引来流量。

e. 活跃起来。

如何让你的 Facebook 主页受到更多人的关注,或者给人留下更深的印象呢?坐等可不行,必须活跃起来。多参与别人的博客分享,多加入各类圈子。

f. 安排好你的个人主页。

Facebook 的应用很灵活,安排好自己需要的应用,充分利用 RSS(简易信息聚合)的提交功能。

g. 确定哪些是你需要的应用。

从 Facebook 的众多应用中挑选你最擅长和最需要的放在首页,例如链接的发布和博客。

h. 使用 Facebook 的广告联盟。

Facebook 提供它的网站的内部广告联盟,也可以说 PPC(按效果付费),此项功能属于付费的功能。

i. 建立一个自己的圈子。

② Twitter。

Twitter 和微博一样有字数限制,商家只能使用 250 个字符的"推文"与受众互动。虽然 Twitter 有字数限制,但 Twitter 是一个绝佳的教育市场的平台。据调查,67%的用户更有可能选择他们在 Twitter 上关注的品牌。

Twitter 上最大的用户群是年龄在 18~29 岁的男性和女性。

Twitter 的主要业务用途包括与粉丝互动、回答问题、解决投诉,以及为网站引流,虽然 250 个字符很短,但许多品牌都认为 Twitter 是最快速简单与消费者联系互动的方式之一。

它的职责就像一个网上客户服务代表,随时随地高效地解决客户疑问。因此,Twitter 被视为与消费者建立强大互动,为网站引流,以及提高转化率的最佳渠道。

③ LinkedIn。

LinkedIn 最初是一个旨在帮助职场专业人士相互联系的沟通平台,但目前它已发展成为一个庞大的社交渠道。

专业人士通过 LinkedIn 不仅可以互相连接(connect),还可以分享行业见解,求职者还可以接受求职面试,或公司会寻找潜在的招聘候选人。LinkedIn 的 3 亿用户中大多数为年龄在 30~64 岁完成高等教育学习的用户。

使用 LinkedIn 开发客户的 5 种方法如下。

a. 三度人脉关系。

b. 提高可见度。

c. 增加建立更多联系的机会。

d. 提高个人资料页面的 Google PR(网页级别)值。

e. 做搜索引擎优化。

④ YouTube。

YouTube 是全球第二大搜索引擎,是多元文化的聚集地。值得一提的是,大部分用户在热衷于 YouTube 原创视频的同时,更喜欢在 YouTube 上看广告。

据报告,每年较热门的 YouTube 视频中就有很大一部分是广告内容。YouTube 上的广告形式多样,其中最受欢迎的是 6s 可跳过的插屏广告。与国内视频网站强制用户观看长达 2min 广告不同,YouTube 广告只看 6s 就可跳过,此种机制不仅尊重用户,更对广告主有益。

⑤ Instagram。

Instagram 是一个纯视觉化的移动端平台。超 80% 的用户会真实地在 Instagram 上进行购买消费,或者搜寻他们计划购入的商品。

如何在 Instagram 上进行购买呢?Instagram 在 2016 年年底提出了 Shoppable Posts 的功能,这项功能于 2018 年正式推出。用户正是通过 Instagram 上的这个功能进行购买的。

营销技巧分享如下。

a. 高清、美观的图片很重要。Instagram 是一个视觉化的平台,人们首先看到的是产品的图片,之后才是文本信息。

b. 让消费者觉得自己就缺这样东西。想做到这一点,最好的办法是通过生活化的摄影作品实现。一张有人在使用或者穿戴着某样商品的照片再有说服力不过了。要向消费者传达出在使用某样商品后他们的生活质量有明显的提高这种信息。

⑥ Pinterest。

熟悉 Pinterest 的用户都知道,Pinterest 是有自己一套语言符号的。这就意味着,Pinterest 有自己独特的销售方式。以前人们看到某样很喜欢的物品,必须花精力去找,并且存在找不到的可能性,但是 Pinterest 解决了这个问题。

可购买的 Pinterest 帖子:Pinterest 上带有蓝色标价的帖子,就意味着这件商品是可以购买的。可以利用 Pinterest 这个可购买功能将 Pinterest 账号与企业官网联系起来。

营销技巧分享如下。

a. Pinterest 上的帖子不会消失。由于用户的转发或者保存,这些帖子被上传之后会存在很长一段时间。一家商品信息可能上传两年后还在流传。

b. 关键词。在广告定位方面,Pinterest 有着其他社交平台不具有的一项功能。商家可以使用一些消费者可能会搜索的关键词定位消费者。

成效分析分为我的主页、主页动态、社媒发帖 3 部分。

第一部分:我的主页。

我的主页展示主要分为 3 个社交平台,分别为 Facebook 公共主页、Instagram 和 Twitter,点击每个社交媒体都可以展示相应的主页信息和内容,如图 10-45 所示。

第二部分:主页动态。

主页动态展现主页上的回帖等各种动态变化,如图 10-46 所示。

第三部分:社媒发帖。

社媒发帖包含发帖渠道、帖子内容、点赞数、评论、分享、帖子类型、发帖时间、发布状

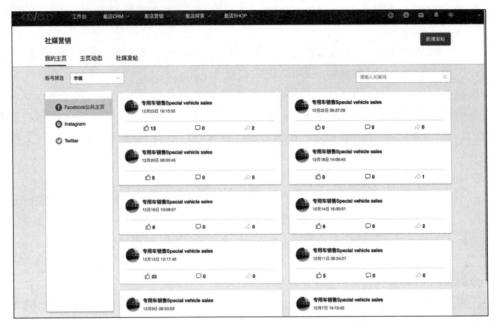

图 10-45　我的主页

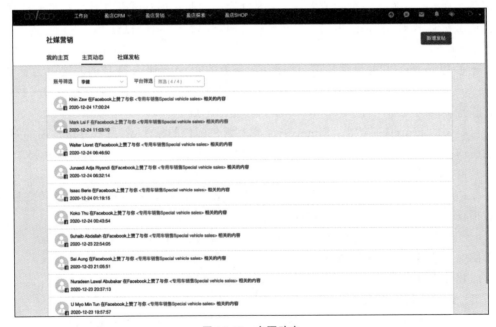

图 10-46　主页动态

态等信息，如图 10-47 和图 10-48 所示。

展现活动营销效果，列包含 PV、UV、访问 IP、表单询盘数、下载询盘数、活动营销数（新发布）、活动营销数（生效中），如图 10-49 所示。

图 10-47　社媒发帖

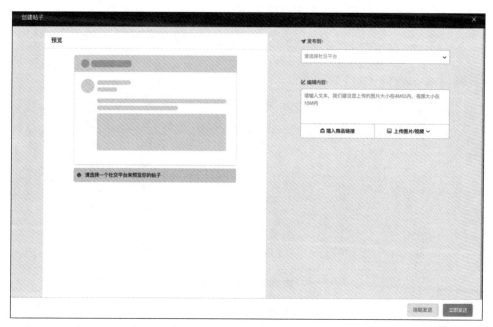

图 10-48　新增发帖

13. 邮件营销

　　邮件营销包括发送量、送达率、阅读率、点击率展示和发送邮件的状态，界面如图 10-50 所示，分页展示列表。

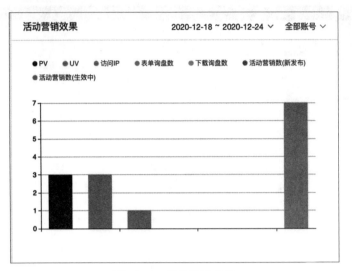

图 10-49　活动营销效果

图 10-50　邮件营销

14. 客源搜索

客源搜索主要有如下 4 种方法。

(1) 企业内部搜索法。

大多数情况下，一个销售人员要搜索准客户，首先应从本企业内部获得有关客户的信息资料。这样做既准确快捷，又省时省力，往往能收到事半功倍之效。

以生产企业为例,客户名册就是销售工作的一条线索,所以,销售人员可以从各个职能部门或科室机构寻找潜在客户的线索。其中,最有价值的是财务部门保存的会计账目,仔细查阅本单位与客户之间的往来账目,从中可以发现许多虽已很少往来却极富潜能的客户。

(2) 人际连锁效应法。

① 介绍法。

通过已有的客户挖掘潜在的客户。老客户与社会各界联系广泛,他们与其他公司或有合作关系或有业务往来,通过他们的配合协助常常可以找到许多准客户。因此,销售人员不能忽视老客户,要学会培养一些忠诚的客户,并运用这些客户介绍的力量获得更多的准客户名单。

② 交换法。

与其他产品销售人员交换客户名单。

③ 市场调查走访法。

从市场调查走访中寻找准客户,是在更大的区域和更广的视野内实现销售战略的方法。

(3) 邮寄法。

制作经过特别创意设计的、具有吸引力与感染力的宣传资料,大量寄发给准客户,或者为一些特定的准客户亲笔写促销信函,包括亲戚好友以及他们的姻亲。

(4) 电话拜访法。

电话最能突破时间与空间的限制,是最经济、最有效率的搜索准客户的工具,方便、迅速是它的最大优势。

展现客源搜索信息,搜索关键词官网地址、公司名称、inkedIn 地址,如图 10-51 所示。

图 10-51 客源搜索

15. 活动营销

展现活动营销效果,列包含 PV、UV、点击数、平均访问时长、创建人、活动状态等,如图 10-52 所示。

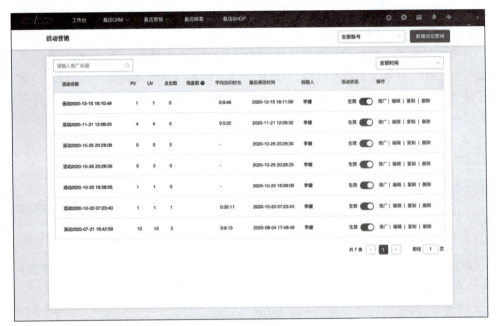

图 10-52　活动营销效果

16. 模板库

各个模板库如图 10-53 所示。

图 10-53　各个模板库

10.4.4 盈店探索

盈店探索可分成外贸侦探、客源搜索、邓白氏数据、海关数据、微询盘、社媒雷达、社交搜寻 Google 搜索 8 部分。点击下拉菜单相应模块,就可以直接进入对应的模块部分,如图 10-54 所示。

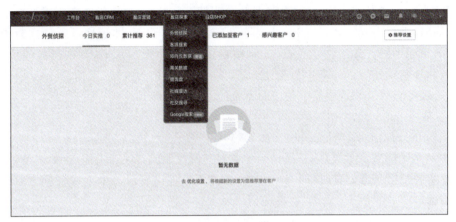

图 10-54　盈店探索

1. 外贸侦探

(1) 对外贸易的含义。

对外贸易也称"国外贸易"或"进出口贸易",简称"外贸",是指一个国家(地区)与另一个国家(地区)之间的商品、劳务和技术的交换活动。这种贸易由进口和出口两部分组成。对运进商品或劳务的国家(地区)来说,就是进口;对运出商品或劳务的国家(地区)来说,就是出口。对外贸易在奴隶社会和封建社会就开始产生和发展,到资本主义社会,发展更加迅速。其性质和作用由不同的社会制度所决定。

(2) 相关概念。

① 贸易依存度。

贸易依存度也称"外贸依存率""外贸系数"。一国对贸易的依赖程度,一般用对外贸易额进出口总值在国内生产总值或国内生产总值中所占比重表示,即贸易依存度=对外贸易总额/国内生产总值。比重的变化意味着对外贸易在国民经济中所处地位的变化。贸易依存度还可以用贸易总额在国民收入中所占比重表示。贸易依存度=贸易总额/国民收入总额。外贸依存度分为出口依存度和进口依存度。出口依存度=出口总额/国内生产总值;进口依存度=进口总额/国内生产总值。

② 价格竞争。

价格竞争是依靠低廉的价格争取销路、占领市场、战胜竞争对手的一种竞争形式。当一国或企业与另一国或企业生产的产品在性能、效用、样式、装潢、提供的服务、生产者的信誉、广告宣传等方面都相同或无差异时,国家或企业只有以低于其竞争对手的价格销售产品,方能吸引顾客,使自己的产品拥有市场。产品在功能或外观的差异一定程度上可以抵消这种竞争的效果。实际上,在中国外贸企业中经常出现的抄袭现象,使企业陷入了恶性的价格竞争。

③ 非价格竞争。

非价格竞争是指在产品的价格外或销售价格不变的情况下,借助产品有形和无形差异、销售服务、广告宣传及其他推销手段等非价格形式销售产品、参与市场竞争的一种竞争形式。由于社会经济的迅速发展,商品生命周期不断缩短,单靠价格竞争很难取得超额利润。同时,生产力的提高,使消费结构发生显著变化。因而,非价格竞争就成为扩大商品销路的重要手段。其主要方法有:a.采用新技术,提高管理水平,改进产品的质量、性能、包装和外观式样等。b.提供优惠的售后服务。c.通过广告宣传、商标、推销手段等造成公众的心理差异等。非价格竞争是垄断竞争的一种重要形式。

(3) 常用术语。

Ex(point of origin,产地交货)又称 EXW(ex works)。

EXW 是国际贸易术语之一,是指当卖方在其所在地或其他指定地点(如工场、工厂或仓库)将货物交给买方处置时,即完成交货,卖方不办理出口清关手续或将货物装上任何运输工具。

FOB(free on board,在运输工具上交货)也称"离岸价",实践中的使用通常为 FOB……港(出发地)按 FOB 成交,由买方负责派船接运货物,卖方应在合同规定的装运港和规定的期限内将货物装上买方指定的船只,并及时通知买方。在实际交易中,买方都会委托卖方来帮助租船定仓、交保险等,也就是准 CIF(成本加保险费、运费),买方会另行支付给卖方额外费用!货物在装船时越过船舷,风险即由卖方转移至买方。船边交货贸易的英文为 free alongside ship 即船边交货(指定装运港),缩写为 FAS。它指卖方在指定的装运港码头或驳船上把货物交至船边,从这时起买方须承担货物灭失或损坏的全部费用和风险,另外买方须办理出口结关手续。

FCA 的英文是 free carrier,也就是"货交承运人(……指定地点)",是指卖方只要将货物在指定的地点交给买方指定的承运人,并办理了出口清关手续,即完成交货。

C&F(cost and freight,成本加运费)后来改为 CFR(对外贸易的实际操作中也有很多人喜欢用 CNF 表示 C&F,实际上只是把符号 & 换成 N,意思是一样的)。

(4) 成本加运费。

成本加运费(cost and freight),指定目的港。它指卖方必须支付把货物运至指定目的港所需的开支和运费,但从货物交至船上甲板后,货物的风险、灭失或损坏以及发生事故后造成的额外开支,在货物越过指定港的船舷后,就由卖方转向买方负担。另外,要求卖方办理货物的出口结关手续。

CIF 术语的中译名为成本加保险费加运费(指定目的港,其原文为 cost,insurance and freight named port of destination)。按此术语成交,货价的构成因素中包括从装运港至约定目的地港的通常运费和约定的保险费,故卖方除具有与 CFR 术语的相同义务外,还为买方办理货运保险,交支付保险费,按一般国际贸易惯例,卖方投保的保险金额应按 CIF 价加成 10%。

CPT 是贸易术语,是 carriage paid to 的缩写,即"运费付至指定目的地"。它是指卖方应向其指定的承运人交货,支付将货物运至目的地的运费,办理出口清关手续,即买方承担交货之后的一切风险和其他费用。

CIP(carriage and insurance paid to)是指卖方向其指定的承运人交货,卖方还必须支付将货物运至目的地的运费,即买方承担卖方交货之后的一切风险和额外费用。但是,按照 CIP 术语,卖方还必须办理买方货物在运输途中灭失或损坏风险的保险。

Ex Dock(目的港码头交货)又称 DEQ(delivered ex quay)。

DEQ 是指卖方在指定的目的港码头将货物交给买方处置,不办理进口清关手续,即完成交货。卖方应承担将货物运至指定的目的港并卸至码头的一切风险和费用。

DAT(delivered at frontier,边境交货)是指卖方将货运输到目的地,并且承担卸货责任(2010 年修改的贸易术语)。

DAT 目的地或目的港的集散站交货类似于取代了的 DEQ 术语,指卖方在指定的目的地或目的港的集散站卸货后将货物交给买方处置即完成交货,术语所指目的地包括港口。卖方应承担将货物运至指定目的地或目的港的集散站的一切风险和费用(除进口费用外)。本术语适用于任何运输方式或多式联运。

DAP 与 DAT 对应,但是 DAP 不承担卸货责任,只需将货物运送到目的地,买方自己承担卸货责任。DAP 和 DAT 是 2010 年修改后的国际贸易术语,简称 2010 年版本贸易术语。通常情况,签合同时,买卖双方会指出使用 2000 年版本或者 2010 年版本的贸易术语,这些会牵扯很多不必要的麻烦,例如卸货费用也是一笔高昂的资金。

DES(delivered ex ship)指目的港船边交货。

按 DES 成交,卖方必须负责运送到目的港船上为止,负责货物到港前的一切费用及风险,买方负责办理进口通关手续。

DDU(delivered duty unpaid,未完税交货)指卖方将备好的货物在进口国指定的地点交付,而且须承担货物运至指定地点的一切费用和风险(不包括关税、捐税及进口时应支付的其他官方费用),另外须承担办理海关手续的费用和风险。

DDP(delivered duty paid,完税后交货)指卖方在指定的目的地办理完进口清关手续,将在交货运输工具上尚未卸下的货物交与买方,完成交货。

(5)地理方向。

对外贸易地理方向又称对外贸易地区分布或国别结构,是指一定时期内各个国家或区域集团在一国对外贸易中所占有的地位,通常以它们在该国进出口总额或进口总额、出口总额中的比重表示。对外贸易地理方向指明一国出口商品的去向和进口商品的来源,从而反映一国与其他国家或区域集团之间经济贸易联系的程度。一国的对外贸易地理方向通常受经济互补性、国际分工的形式与贸易政策的影响。

(6)贸易区别。

对外贸易是指一国(或地区)同其他国家(或地区)所进行的商品、技术和服务的交换活动。因此,提到对外贸易时要指明特定的国家,如中国的对外贸易等;某些岛国(如英国、日本等)也称对外贸易为海外贸易。

国际贸易也称"世界贸易",泛指国际的商品和劳务(或货物、知识和服务)的交换。它由各国(地区)的对外贸易构成,是世界各国对外贸易的总和。国际贸易在奴隶社会和封建社会就已发生,并随生产的发展而逐渐扩大。到资本主义社会,其规模空前扩大,具有世界性。

(7) 方式。

对等贸易:买方承担向卖方购买同等价值商品或劳务。

展卖:在本国举办和参加国外举办的各种国际性博览会或集市,集中一段时间进行进出口贸易。

加工贸易:来料加工、来件装配、来样加工,被称为"三来贸易"。

补偿贸易:我方先以赊购的形式,从国外进口机器设备和技术等,待投产后,用所生产的产品和劳务偿还贷款的本金和利息。补偿贸易和加工贸易结合,通常称为"三来一补"。

技术贸易:技术转让、技术引进。

(8) 作用。

对外贸易不仅把商品生产发展很高的国家互相联系起来,而且通过对外贸易使生产发展水平低的国家和地区也加入交换领域中,使作为一般等价物的货币深入他们的经济生活中,使这些国家和民族的劳动产品日益具有商品和交换价值的性质,价值规律逐渐支配了他们的生产。随着各国的商品流通发展成为普遍的、全世界的商品流通,作为世界货币的黄金和白银的职能增长了。黄金和白银除具有货币一般购买手段外,还被用来作为国际支付、国际结算与国际信用的手段。随着黄金、白银变成世界货币,产生了形成商品世界价格的可能性。世界价格的形成,表示价值规律的作用扩大到世界市场,为各国商品的生产和交换条件进行比较建立了基础,促进了世界生产和贸易的发展。通过对外贸易,参与国际分工,节约社会劳动,不但使各国的资源得到最充分的利用,而且还可以保证社会再生产顺利进行,加速社会扩大再生产的实现。

① 发展对外贸易,可以互通有无,调剂余缺,调节资源的优化配置。

② 发展对外贸易,可以节约社会劳动,取得较好的经济效益。

③ 发展对外贸易,可以吸收和引进当代世界先进的科学技术成果,增强本国的经济实力。

④ 发展的对外贸易,接受国际市场的竞争压力和挑战,可以促进国内企业不断更新技术,提高劳动生产率和产品的国际化水平。

(9) 公司形式。

① ××国际贸易(股份)有限公司

② ××进出口贸易(股份)有限公司

③ ××对外贸易(股份)有限公司

④ ××贸易(股份)有限公司

⑤ ××外贸有限公司

⑥ ××国际贸易控股集团

我国发展对外贸易的基础是:建立外贸的生产基础。

(10) 目的和特点。

① 目的:

对外贸易管制是为了发展本国经济,保护本国经济利益。

对外贸易管制有时也是为了达到国家的政治或军事目的。

各国实现对外贸易管制,也是为了实现国家职能。

② 特点：

贸易管制政策是一国对外政策的体现。

贸易管制会因时因势而变化。

对外贸易管制以实现国家对内对外政策目标为基本出发点。

对外贸易管制是国家管制。

对外贸易管制是政府的一种强制性行政管理行为。

对外贸易管制涉及的法律制度属于强制性法律范畴。

(11) 资格。

① 取得进出口权。

② 准备货源。

③ 商品检验。

④ 申报出口。

⑤ 办理国际运输。

⑥ 通过银行收取国外客户支付的货款——一般是美元。

⑦ 向外汇管理局申报。

⑧ 向税务机关申报。

(12) 一般流程。

① 外贸洽谈前期,制作形式发票用于报价、交易参考或客户申请进口许可等。

② 交易确认以后,制作外贸合同。

③ 准备交货的时候,制作商业发票、装箱单、核销单、报关单,申请商检通关单等报关出口。

④ 报关后海关退返核销单、报关单的收汇联与核销联等。

⑤ 交货付运后,得到提单(有时直接做电放提单)。

⑥ 如果付款方式是信用证等方式付款,需要制作、申办、整理客户所需的全套单据,如发票、装箱单、商检证、产地证、受益人证明等以收取货款。

⑦ 凭银行收汇水单、核销单、报关单核销联等办理核销与退税。

展现外贸侦探呈现的信息,包含今日实推、累计推荐、已开发客户、已添加至客户、感兴趣客户,如图10-55所示。

2. 邓白氏数据

1) 邓白氏集团

邓白氏集团是国际上较著名、历史较悠久的企业资信调查类的信用管理公司,就其规模而言,堪称国际企业征信和信用管理行业的巨人。该企业成立于1841年,邓白氏凭借完善的全球商业决策数据与分析能力,帮助企业在数字化转型中实现业务高效增长。

2) 邓白氏数据

邓白氏数据涵盖兼具深度与广度的商业信息,帮助企业提升营收、削减成本、管控风

图 10-55 外贸侦探

险,以及实现业务转型。邓白氏的数据覆盖超过 3.55 亿家企业记录及数千个企业特征信息,它们来自网络及邓白氏全球网络中的数据合作伙伴的数万个数据源,平均每日更新 3.75 亿个数据字段。邓白氏数据云囊括了全球 GDP(国内生产总值)的主要贡献体,即那些您有可能进行业务往来的企业。

邓白氏的实时动态的企业身份标识,可以提供被数据云收录的相关企业完善且不断更新的关系视图。实时动态的企业身份标识以邓白氏拥有专利的邓白氏编码(D-U-N-S Number)为基源。邓白氏编码是一个 9 位数字组成的企业身份标识码,由邓白氏拥有专利的 DUNSRight 信息质量管理流程中的企业身份识别系统生成,在数据云中对企业进行唯一标识;而邓白氏实时动态的企业身份标识可以被看作全球企业的动态而鲜活的描述符。客户可以通过邓白氏的综合解决方案、API(应用程序接口)以及我们合作伙伴的解决方案访问邓白氏数据云,获取邓白氏的数据与分析能力。

90%的世界财富 500 强企业及全球各规模企业都使用并信赖邓白氏的数据云及解决方案。

邓白氏数据信息,包含搜索内容、国家或地区、行业编号、HS Code、公司主页、公司商业名、员工数量、公司年收入等信息,如图 10-56 所示。

图 10-56 邓白氏数据

3. 海关数据

海关数据展现，可搜索关键词采购商、供应商、HS Code、产品描述，如图 10-57 所示。

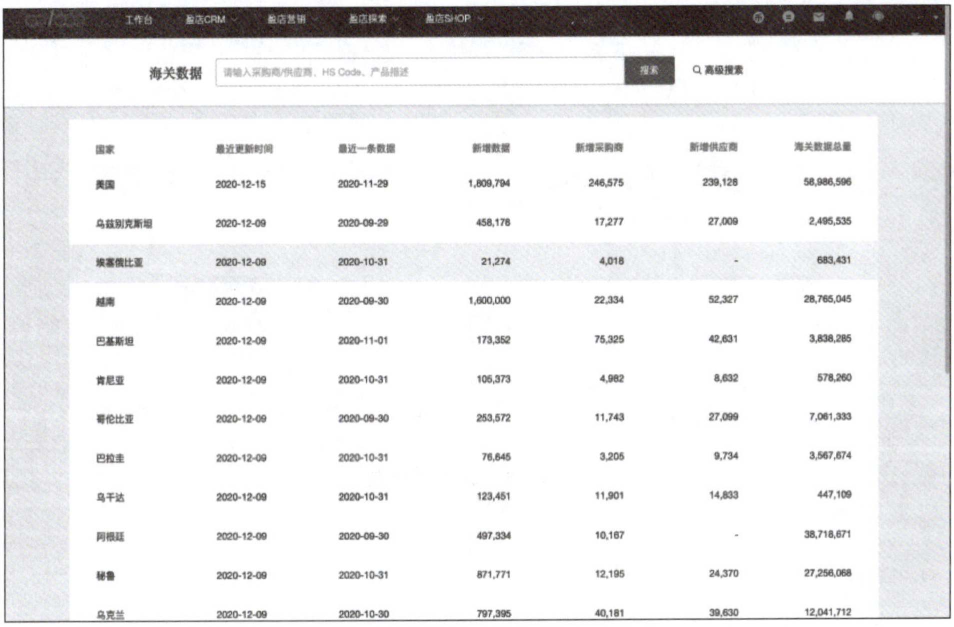

国家	最近更新时间	最近一条数据	新增数据	新增采购商	新增供应商	海关数据总量
美国	2020-12-15	2020-11-29	1,809,794	246,575	239,128	58,986,596
乌兹别克斯坦	2020-12-09	2020-09-29	458,178	17,277	27,009	2,495,535
埃塞俄比亚	2020-12-09	2020-10-31	21,274	4,018	-	683,431
越南	2020-12-09	2020-09-30	1,600,000	22,334	52,327	28,765,045
巴基斯坦	2020-12-09	2020-11-01	173,352	75,325	42,631	3,838,285
肯尼亚	2020-12-09	2020-10-31	105,373	4,982	8,632	578,260
哥伦比亚	2020-12-09	2020-09-30	253,572	11,743	27,099	7,061,333
巴拉圭	2020-12-09	2020-10-31	76,645	3,205	9,734	3,567,674
乌干达	2020-12-09	2020-10-31	123,451	11,901	14,833	447,109
阿根廷	2020-12-09	2020-09-30	497,334	10,167	-	38,718,671
秘鲁	2020-12-09	2020-10-31	871,771	12,195	24,370	27,256,068
乌克兰	2020-12-09	2020-10-30	797,395	40,181	39,630	12,041,712

图 10-57　海关数据

4. 微询盘

询盘真假判断步骤如下。

（1）查发件人的 IP，方法：右击收到的邮件，选择“属性”→“详细信息”，在里面你会看到几个 IP 地址，然后查询 IP 所属的区域。

（2）如果你的网站有计数器，同时可以参考计数器里的 IP 记录，看是否有这个 IP 浏览过您的网站；一般来说，用国外代理服务器上国内工厂的网站比较困难，所以一般国内的是用真实 IP 上您的网站，发送邮件的时候可能会用代理服务器。用计数器还有一个好处，就是可以知道浏览您网页的客户是通过什么地方知道您的，是点击 B2B 网站上面的链接还是直接输入你的网站地址？如果是直接输入网站地址，就要想想他是怎么知道的。

（3）看看客户发来邮件的时间，根据时差判断客户发送邮件的时间。

（4）看看客户在邮件里面是否留了详细的联系资料，如果有网址、详细电话、传真地址等，一般比较可信。对于资料不全的，可以询问他的联系资料；对于猜测有问题的，可以发送传真或者电话询问。打电话给客户会让客户觉得你比较重视他，哪怕只是说明一下收到了他的询盘，给客户打电话通常有利无害。

（5）分析客户询盘的内容，如果有具体的规格、详细的要求，这类客户比较有价值；如果只是笼统地要样本价格单，意义就不大，至少短期价值较小。

展现微询盘信息,可点击查看详情,也可添加到 CRM,如图 10-58 所示。

图 10-58 微询盘信息

5. 社会雷达

1)基本内容

社会雷达是施拉姆对传播的环境监控功能的一种形象比喻,由美国传播学家施拉姆提出。美国政治学家拉斯韦尔最早概括了传播的 3 种基本社会功能,即环境监控、社会协调和文化传承。传播的环境监控功能,指的是传播在帮助人类察知内外环境变化并及时调节环境适应行为方面所起的重要作用。这种作用与雷达收集和处理信息的活动具有类似性,因而施拉姆将之称为"社会雷达"。在现代社会,大众传播具有重要的社会雷达功能。

2)相关资料

新媒体主要是针对传统媒体而言提出的概念,是指与报纸、广播、电视等传统媒体相对,利用数字信息技术、计算机网络技术和移动通信技术,以互联网、宽带局域网、无线通信网和卫星等渠道作为运作平台,使用有线或无线的传输方式,向大众实时、交互地传递个性化数字复合信息的传播介质的总称。近几年,随着新媒体的迅速发展,它对社会生活的影响越来越大,越来越广泛,特别是对一些社会热点事件的反应,因为新媒体独特的特性,使它的影响有着传统媒体不可比拟的作用,反应速度快,影响人员多,互动性强,现场感突出,多角度参与,追踪更新及时等特点,使它的影响力迅速被放大。具体分析,它对社会热点事件的影响主要通过以下方式发生作用。

展现社媒雷达信息,可以参看相关帖子的更多信息,如图 10-59 所示。

6. 社媒搜寻

社交搜寻展现,可输入关键词进行搜索,如图 10-60 所示。

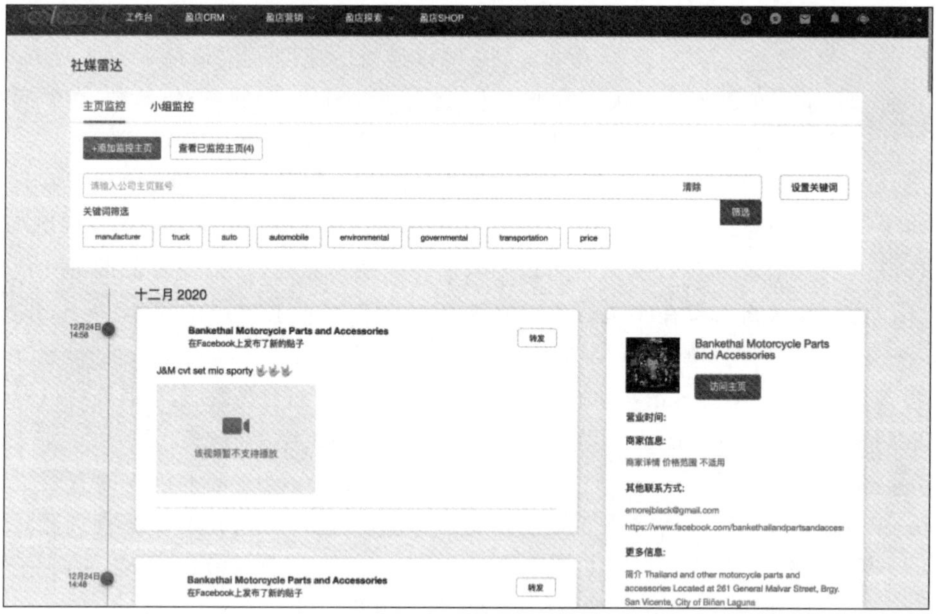

图 10-59　社媒雷达

图 10-60　社交寻

7. Google 搜索

Google 是万维网上最大的搜索引擎,使用户能够访问一个包含超过 80 亿个网址的索引。Google 公司创建于 1998 年 9 月,创始人为 Larry Page 和 Sergey Brin,他们开发的 Google 搜索引擎屡获殊荣,是一个用来在互联网上搜索信息的简单快捷的工具。

基本信息

Google 秉持着开发"完美的搜索引擎"的信念,在业界独树一帜。所谓完美的搜索引擎,就如公司创始人之一 Larry Page 所定义的那样,可以"确解用户之意,切返用户之需"。为了实现这一目标,Google 坚持不懈地追求创新,而不受现有模型的限制。因此,Google 开发了自己的服务基础结构和具有突破性的 PageRank 技术,使得搜索方式发生

第 10 章　盈店通　189

了根本性变化。

Google 的开发人员从一开始就意识到：要以最快的速度提供最精确的搜索结果，则需要一种全新的服务器设置。大多数的搜索引擎依靠少量大型服务器，这样，在访问高峰期速度就会减慢，而 Google 却利用相互链接的 PC 快速查找每个搜索的答案。这一创新技术成功地缩短了响应时间，提高了可扩展性，并降低了成本。这也是其他公司一直在效仿的技术。与此同时，Google 从未停止过对其后端技术的改进，以使其技术效率更高。

Google 搜索技术所依托的软件可以同时进行一系列运算，且只需片刻即可完成所有运算。而传统的搜索引擎在很大程度上取决于文字在网页上出现的频率。Google 使用 PageRank 技术检查整个网络链接结构，并确定哪些网页重要性最高。然后进行超文本匹配分析，以确定哪些网页与正在执行的特定搜索相关。在综合考虑整体重要性以及与特定查询的相关性之后，Google 可以将最相关、最可靠的搜索结果放在首位。

PageRank 技术：通过对由超过 50 000 万个变量和 20 亿个词汇组成的方程进行计算，PageRank 能够对网页的重要性做出客观的评价。PageRank 并不计算直接链接的数量，而是将从网页 A 指向网页 B 的链接解释为由网页 A 对网页 B 所投的一票。这样，PageRank 会根据网页 B 收到的投票数量评估该页的重要性。

此外，PageRank 还会评估每个投票网页的重要性，因为某些网页的投票被认为具有较高的价值，这样，它所链接的网页就能获得较高的价值。重要网页获得的 PageRank（网页排名）较高，从而显示在搜索结果的顶部。Google 技术使用网上反馈的综合信息确定某个网页的重要性。搜索结果没有人工干预或操纵，这也是为什么 Google 会成为一个广受用户信赖、不受付费排名影响且公正客观的信息来源。

超文本匹配分析：Google 的搜索引擎同时也分析网页内容。然而，Google 的技术并不采用单纯扫描基于网页的文本（网站发布商可以通过元标记控制这类文本）的方式，而是分析网页的全部内容，以及字体、分区和每个文字的精确位置等因素。Google 同时还会分析相邻网页的内容，以确保返回与用户查询最相关的结果。

Google 的创新并不限于台式机。为了确保通过便携式设备访问网络的用户能够快速获得精确的搜索结果，Google 还率先推出了业界第一款无线搜索技术，以便将 HTML 即时转换为针对 WAP、i-Mode、J-Sky 和 EzWeb 优化的格式。Google 搜索如图 10-61 所示。

图 10-61　Google 搜索

基于 Google 搜索,不用翻墙即可触达全球潜在客户。单击齿轮设置按钮,即可进行高级设置,如图 10-62 所示。

图 10-62　Google 搜索高级设置

10.4.5　盈店 SHOP

盈店 SHOP 可分成 6 部分:官网设置、官网统计、博客、产品管理、采购单、物流资金。点击下拉菜单相应模块,就可以直接进入对应的模块,如图 10-63 所示。

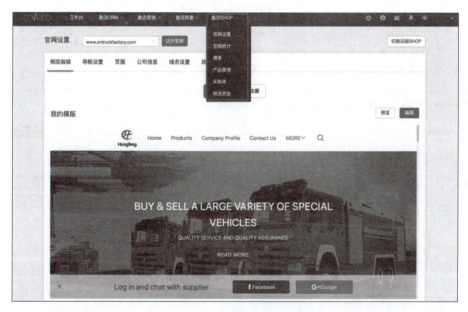

图 10-63　盈店 SHOP

1. 官网设置

官网设置由模板编辑、导航设置、页面、公司信息、域名设置、政策、多语言设置 7 个模块构成。

- 模板编辑。

从模板编辑中可以选择"模板主题"9个主题中的任意一个进行个性化编辑，修改后的模板会显示在"我的模板"中，如图10-64所示。

图 10-64　模板编辑

- 导航设置。

在"导航设置"中可以快速编辑在官网顶端的导航菜单项，如图10-65所示。

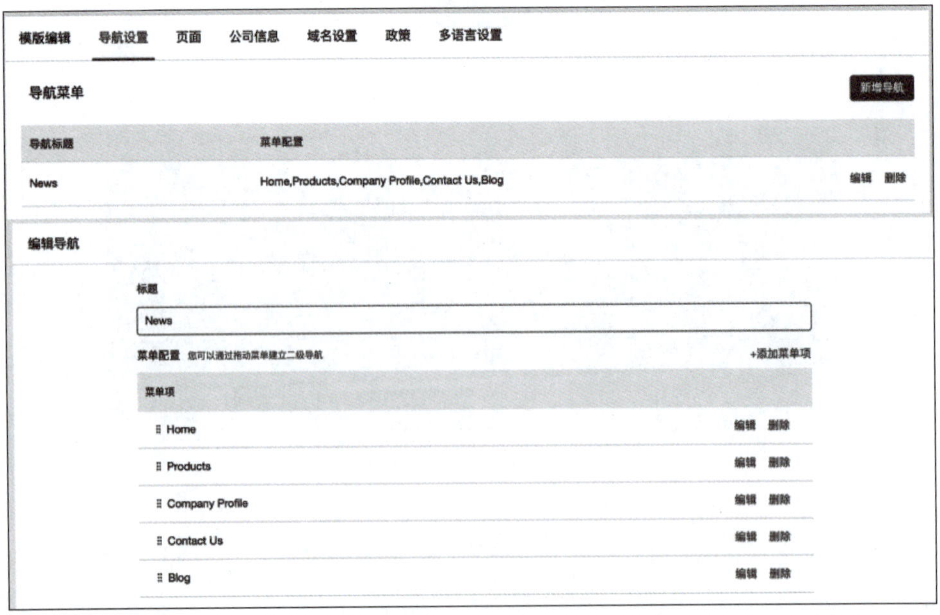

图 10-65　导航设置

- 页面。

在"页面"中可以添加所需的任何自定义网页内容,以便官网中任何模块的链接跳转使用,如图10-66所示。

图 10-66　页 面

- 公司信息。

在公司信息界面中可设置官网中必要时所显示的公司相应信息,如图10-67所示。

图 10-67　公司信息

- 域名设置。

在域名设置界面中可以设置盈店的二级域名,必要时也能设置企业的独立域名,如图10-68所示。

- 政策。

政策界面用于设置盈店商品界面的交易政策,如图10-69所示。

- 多语言设置。

a. 当选择系统提供的翻译功能时,因为调取的是谷歌付费翻译接口,所以会产生相应

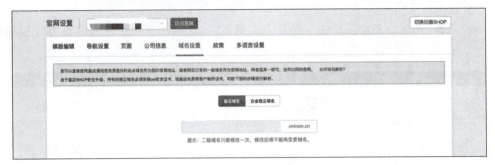

图 10-68　域名设置

图 10-69　政策

的费用(1000 字符＝1 盈币),请谨慎选择。

b. 我们的翻译是基于英语进行的,请确保输入的内容默认语言为英语,方可成功启用翻译程序。

c. 当新增一种语言,并选择翻译的时候,您已创建的产品、店铺模板、导航、公司信息、政策模块均会给您翻译。

d. 当您新增文本时,需要启动自动翻译,系统才会自动帮您翻译。

e. 若修改已有内容,需要手动选择要翻译的内容进行翻译。

f. 也可以使用 Google Translation Key 进行翻译,若扣费,则相关费用可参考谷歌收费标准,系统不会收取您的费用;具体申请流程参照 https://ydt.onloon.net/#/articleDetail/77。

g. 若既不使用系统提供的翻译功能,也不使用 Google Translation Key 进行翻译,系统会提供免费 Google 翻译插件进行翻译,不过对翻译的结果不支持修改。

多语言设置如图 10-70 所示。

图 10-70　多语言设置

2. 官网统计

官网统计主要用来展示各种 PV、UV 以及不同地区的流量。下面分别讲解不同的流量展示，各部分可以从下拉页面查看，如图 10-71 所示。

图 10-71　流量概况

默认显示最近 7 天的信息,也可选择最近 30 天的情况,如图 10-72 所示。

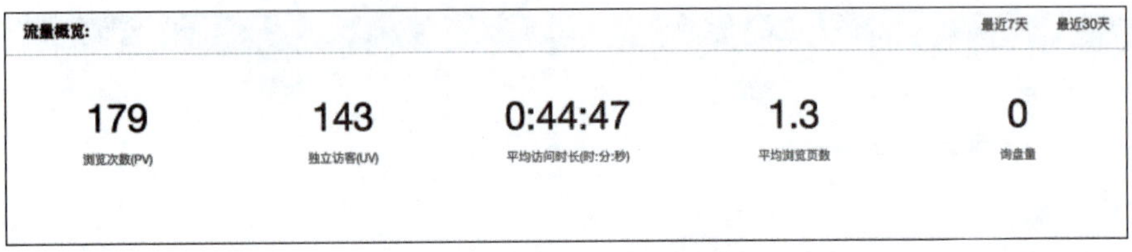

图 10-72 默认 7 天流量概览

同样,可以折线图显示近 30 天的流量信息,并统计最高、最低流量等信息,如图 10-73 所示。

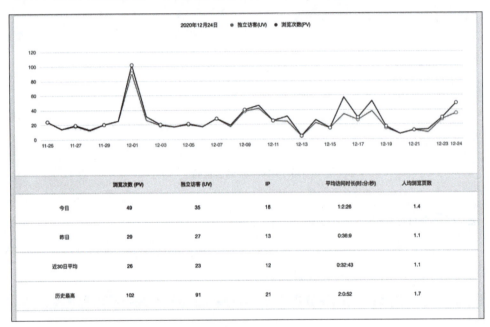

图 10-73 默认 30 天流量概览

图 10-74 是以地区的不同展示不同国家的流量信息,可以通过独立访客和浏览次数进行筛选。

图 10-74 不同国家流量信息

不同平台的流量展示如图 10-75 所示。

来源:　　最近7天　最近30天

来源	浏览次数 (PV)	独立访客 (UV)	平均访问时长(时:分:秒)
未知来源	95	67	0:47:8
直接访问	79	74	0:44:22
Facebook自然	5	5	0:44:18
Google搜索	1	1	0:0:30
Google广告	0	0	-
Facebook广告	0	0	-
Twitter	0	0	-
Email	0	0	-

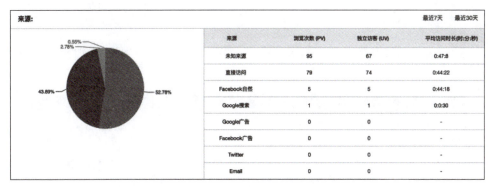

图 10-75　不同平台的流量展示

产品流量信息,可以筛选最近 7 天和最近 30 天的,如图 10-76 所示。

产品流量:　　最近7天　最近30天

产品名称	浏览次数(pv)	独立访客(UV)	平均访问时长(时:分:秒)	询盘量
Dongfeng 5T or 7m³ garbage compactor truck	1	1	0:0:10	0
ISUZU tow trucks wreckers	1	1	0:0:10	0
Dongfeng 6-8T dump truck	1	1	2:26:30	0
Dayun 15-18m³ small tipper truck	1	1	0:7:20	0
Foton Rowor truck mounted tower crane	1	1	0:0:10	0
Truck mounted knuckle boom cranes	1	1	0:0:20	0
ISUZU FTR 6000l rapid response fire truck	1	1	0:0:10	0
Foton Auman 8x4 style 25T refrigerated meat truck	1	1	-	0
Dongfeng Tianjin style 7000l rapid response fire truck	1	1	1:9:40	0

图 10-76　产品流量信息

以上是官网统计的各种流量信息的展示。

3. 博客

1）博客介绍

博客是继 E-mail(电子邮件)、BBS(电子公告牌)、ICQ(国外的聊天软件,像 QQ 在中国的地位一样)之后出现的第 4 种网络交流方式,是网络时代的个人“读者文摘”,是以超链接为入口的网络日记,代表着新的生活方式和新的工作方式,更代表着新的学习方式。博客是以网络作为载体,简易、迅速、便捷地发布自己的心得,及时、有效、轻松地与他人进行交流,集丰富多彩的个性化展示于一体的综合性平台。

大部分的博客内容以文字为主,但仍有一些博客专注于艺术、摄影、视频、音乐、播客等主题。

2）盈店博客

盈店博客由博客和智能作家两部分组成,如图10-76所示。下面详细介绍这两部分内容。

图 10-77　盈店博客的组成

（1）博客：展示博客信息,列表中包含标题、详情介绍、PV、UV、询盘数、作者、发布时间、更新时间等信息。博文列表如图10-78所示。

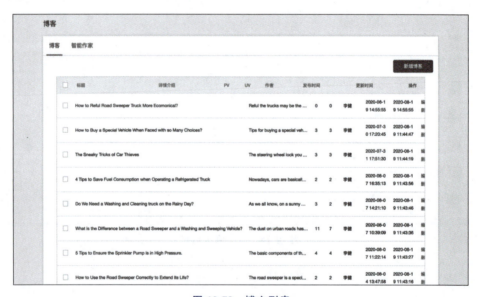

图 10-78　博文列表

用户单击任意博文操作栏的"编辑"按钮都可进入博文详情页。同时,用户可以单击"新增博客"按钮,自己编写想要发布的博文。

（2）智能作家：展示各类关键词的信息内容,需要设置关键字进行创作,用户单击"编辑关键字"按钮会进入设置页面,如图10-79所示。

在智能作家关键词中可以设置3个关键字,用户可以单击"编辑"按钮输入想要设置的关键字。设置完毕后,系统将根据您所填写的每个关键字自动生成原创文章。可以在

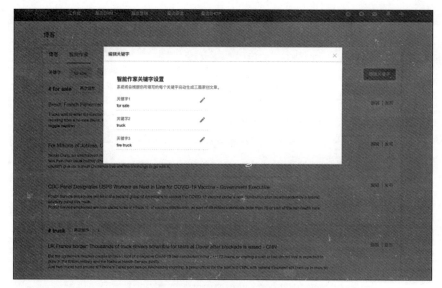

图 10-79　智能作家关键词设置

创意中心的智能作家中查看已经生成的文章,如图 10-80 所示。

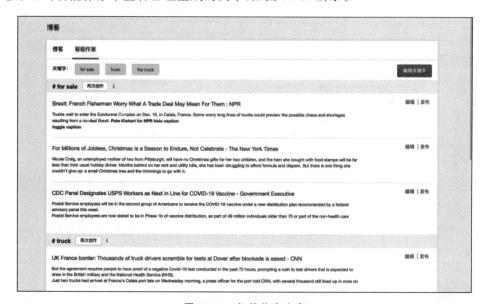

图 10-80　智能作家文章

在智能作家界面,用户可以看到系统根据关键字生成的 3 篇文章。用户可以单击相应文章的"编辑"按钮,查看并进行文章的编辑,也可进行 SEO(搜索引擎优化)的编辑,如图 10-81 和图 10-82 所示。

返回智能作家,用户还可以对不满意的文章单击"再次创作"按钮重新创作,当获取到满意的文章后,可以单击相应文章的"发布"按钮,将其发布到博客中,如图 10-83 所示。

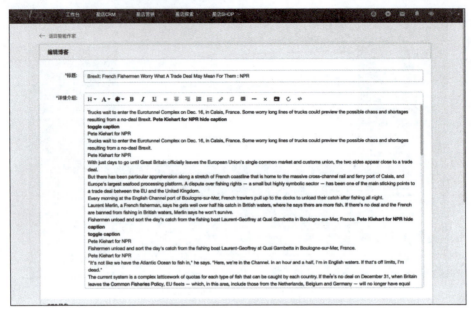

图 10-81　智能作家文章编辑

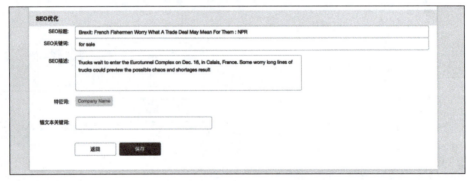

图 10-82　SEO 的编辑

4. 产品管理

1）产品管理介绍

产品管理（product management）是将企业的某一部分（可能是产品、产品线、服务、品牌、细分等）视为一个虚拟公司所做的企业管理，目标是实现长期的顾客满意及竞争优势。

产品管理是公司为了管理一个产品或者产品线的产品计划、产品市场和产品生命周期所采用的组织架构，它是一个非常典型的强矩阵型管理方式。

2）基本概念

产品经理要担负该"企业"的一般性责任，但是对能帮他"完成目标"的相关单位（如企业内同仁、供应商）却没有直接的管理职责。

产品管理可能包括但并不完全等同于项目管理、新产品开发或销售支援。

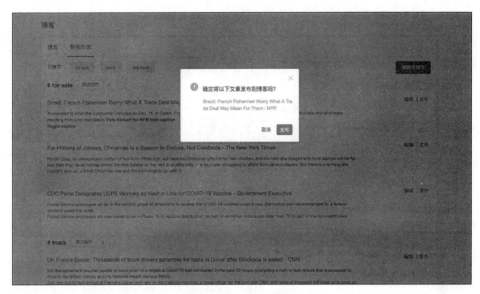

图 10-83 文章发布

产品管理的本质思想是：授权、承包责任制。

产品管理是企业或组织在产品生命周期中对产品规划、开发、生产、营销、销售和支持等环节进行管理的业务活动，它应该包括 5 个环节，即需求管理(user request management)、产品战略管理、产品市场管理(或称产品营销管理，market management)、产品研发管理(development management)和产品生命周期管理(product life cycle management)。

3）产品管理流程的特点

打破部门壁垒，整合跨部门资源，帮助实现企业或组织价值最大化，提高客户（或用户）满意度的业务流程。实现面向市场的产品规划，确保和企业战略一致。实现面向客户的需求管理，快速、合理地响应客户需求，提高客户满意度。基于团队的门径管理，利用决策检查点(decision check points, DCP)规避产品投资风险，利用技术评审(technical review, TR)规避技术和质量风险。图 10-84 描述了产品管理流程所包含的需求管理、营销管理以及开发管理的相互关系，传统职能部门（如财务部、产品开发部、技术支持部等）会共同参与到产品管理流程中。

4）基本内容

（1）管理内容。

具体的管理内容包括新产品开发、产品市场分析、产品发布、产品跟踪推广、生命周期管理等。

（2）管理核心。

管理核心包含 7 大模块：产品战略管理、产品需求管理、产品开发管理、产品规划管理、产品市场管理、产品上市管理、产品（市场）生命周期管理。

（3）管理作用。

产品管理是一项引导企业整体文化和产品形象的多维管理程序，它是企业发展策略

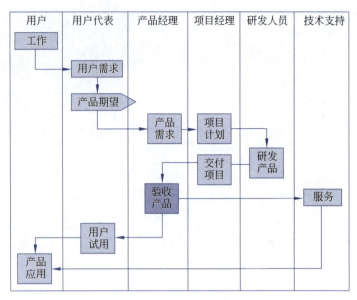

图 10-84　产品管理流程

和经营思想计划的实现手段,是产品形象与技术高度统一的载体。以开发、设计为龙头,正确调整企业的活动与产品结构线,可创造出越来越具体化的属于产品自身的表现形式,从而逐渐形成企业产品与文化的形象。美国设计管理学会（design management institute）董事长 Earl Powell 认为产品管理是:"以使用者为着眼点,进行资源的开发、组织、规划与控制,以创制出有效的产品、沟通与环境"。因此,产品管理就是:"根据使用者的需求,有计划、有组织地研究与开发产品管理活动,有效地积极调动设计部门及生产部门的创造性思维,把市场与消费者的认识转换在新产品中,以新的更合理、更科学的方式影响和改变人们的生活,并为企业获得最大限度的利润而进行的一系列产品策略与活动的管理"。

产品管理主要分为 3 个模块:产品列表、分组管理、评价管理,如图 10-85 所示。

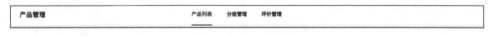

图 10-85　产品管理

（1）产品列表。

产品列表界面如图 10-86 所示。

可以看到,该界面用来展示产品,同时提供筛选和搜索功能。全部分组里有您所建立的所有小组,可根据您的选择展示产品。搜索框可以帮您更快地锁定某一个产品。

（2）分组管理。

在分组管理中设置的一级产品分组和二级产品分组如图 10-87 所示。

单击"添加分组",把鼠标移到小组上会出现调整数据、编辑、删除等操作,如图 10-88 所示。

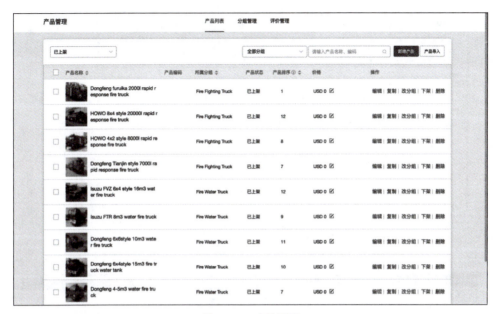

图 10-86　产品列表

图 10-87　分组管理设置

可以对商品进步排序,只单击表格头部的"排序"按钮即可。同时,单击上半部分不同小组的名称,下半部分展示的商品会相应变化。

(3) 评价管理。

在该界面中,对所有产品的评价进行统一管理,如图 10-89 所示。

图 10-88　单击"添加分组"

图 10-89　评价管理

5. 采购单

1) 定义

企业采购部门向原材料、燃料、零部件、办公用品等的供应商发出的是采购单,这张采购单对于供应商来说就是他们的订单。

2) 区别

(1) 采购单是向供应商采购的一种信息,形式简单,其内不含约束供应商的条款,签订采购合同之后,采购单才作为合同的一部分,具有法律效应。

(2) 采购合同包含采购物品数量、型号、总金额、到货期、违约责任、不可抗力、仲裁等其他约束供应商的条款，需双方签字盖章后才生效，如发生纠纷，合同就是依据。

采购物品必须有采购订单及采购合同。

3）采购流程

（1）采购流程包括收集信息、询价、比价、议价、评估、索样、决定、请购、订购、协调与沟通、催交、进货验收、整理付款。采购是企业在一定条件下，从供应市场得到产品或服务后用作企业资源，保证企业生产及经营活动正常开展的一项企业经营活动。在采购过程中可能会因为供应商的来源不同、采购方式的不同或采购对象的不同而存在流程上的差异。

（2）采购计划。采购员应根据采购单和公司生产计划、销售计划制订采购计划。

（3）供应商的选择和考核。考察供应商是否达到自己的要求，包括运输费用、交货期、付款条件、零配件和售后服务、设备性能和生产能力是否都符合供应商的选择。

（4）询价、比价、议价。询价就是从可能的卖方那里获得谁有资格完成工作的信息，这个过程也可以叫作供应方资格确认。

（5）合同的签订由买卖双方经过询价、报价、议价、比价及其他过程，最后双方签订有关协议，合约即刻成立。

（6）交货验收。采购员必须确定货物品种、数量、质量、交货期正确无误。

（7）货物质检合格之后，才可以入库，对于不合格的货物，需要及时安排补救和退货。

（8）当货物入库后，财务进行结算。

采购单列表包含所有状态、待付款、待发货、已发货、交易成功、交易关闭等信息，分页展示。搜索功能：有下单时间、商品名称、订单编号这3个关键词，如图10-90所示。

图10-90　采购单列表

6. 物流管理

1) 基本概念

物流管理(logistics management)是指在社会再生产过程中,根据物质资料实体流动的规律,应用管理的基本原理和科学方法,对物流活动进行计划、组织、指挥、协调、控制和监督,使各项物流活动实现最佳的协调与配合,以降低物流成本,提高物流效率和经济效益。现代物流管理建立在系统论、信息论和控制论的基础上。

物流有 7 个基本功能要素：运输、存储、搬运装卸、包装、流通加工、配送、信息处理。

2) 供应链管理与物流管理

就范围来讲,供应链管理包含物流管理。供应链管理不仅要考虑物流管理,还要考虑资金、能源、信息等诸多方面。

另外,供应链管理比较注重结果,物流管理注重过程。物流管理对物流的各个环节都要实时跟踪、监控,而供应链管理更注重各节点企业的自身情况,对节点企业之间如何运作不太关心。

基于以上两点,供应链管理更偏向管理,而物流管理更偏向技术。个人认为供应链和物流是两个不同的概念,但从目前学术界的研究看,供应链管理和物流管理有融合的趋势,两者的区别已逐渐缩小,甚至有的学者已经提出物流管理就是供应链管理。

（1）供应链管理与物流管理的概念。

a. 供应链管理的概念。

供应链管理一词,最早由一些世界级的管理顾问在 20 世纪 80 年代初期提出,此后,随着经济和技术的快速发展,供应链管理从理论和实践上都发生了深刻变革。

最初,供应链管理被认为是一种关于加快物品和信息在供应通道中流动的运作管理活动,这种活动可以优化业务环节,并能使企业和供应链中的伙伴的活动保持同步,以在供应链中降低成本,提高生产率。然而,这只是供应链管理概念涵盖的一部分。

目前,比较主流的观点是立足于管理思想和方法集成的角度,认为供应链管理是执行供应链中从供应到最终用户的物流的计划和控制等职能。根据我国《国家物流标准术语》的定义,供应链管理是指利用计算机网络技术全面规划供应链中的商流、物流、信息流、资金流,并进行计划、组织、协调与控制。

b. 物流管理的概念。

物流管理是指在社会再生产过程中,根据物质资料实体流动的规律,应用管理的基本原理和科学方法,对物流活动进行计划、组织、指挥、协调、控制和监督,使各项物流活动实现最佳的协调与配合,以降低物流成本,提高物流效率和经济效益。

现代物流管理建立在系统论、信息论和控制论基础上,有狭义和广义两方面含义：狭义的物流管理是指物资的采购、运输、配送、储备等活动,是企业之间的一种物资流通活动;广义的物流管理包括生产过程中的物料转化过程,即现在人们通常说的供应链管理。

（2）供应链管理与物流管理的关系。

a. 从管理目标的角度分析。

从管理目标上看,现代物流管理是指为了满足顾客需要所发生的从生产地到销售地的产品、服务和信息的流动过程,以及为使保管能有效、低成本地进行而从事的计划、实施和控制行为。

而供应链管理则是在提供产品、服务和信息的过程中,对终点用户到原始供应商之间关键商业流程进行集成,从而为客户和其他所有流程参与者增值。由此可见,物流管理与供应链管理在为顾客服务的目标上是一致的。

尽管二者的管理目标是一致的,但这并不代表二者的工作性质也相同。供应链的工作性质突出了处理和协调供应商、制造商、分销商、零售商,直到最终用户间存在的各种关系,而物流工作的性质重点表现的是具有一定物流生产技能的物流工作者,运用物流设施、物流机械等劳动手段,作用于物流对象的生产活动。

b. 从管理内容的角度分析。

从管理内容上看,物流管理的内容包括物流活动以及与物流活动直接相关的其他活动,具体包括从原材料的供应到产品的销售的全部物流活动。而供应链管理涉及的内容要庞大的多。

供应链管理是通过前馈的信息流和反馈的物料流及信息流,将供应商、制造商、分销商、零售商,直到最终用户连成一个整体的模式。供应链管理既包括商流、信息流、资金流、增值流的管理,也包括物流的管理。由此可见,物流管理属于供应链管理的一部分。

与此同时,物流管理与供应链管理二者之间还存在大量的不同内容。例如物流中还包括城市物流、区域物流和国际物流等,而这些在供应链管理中显然是不作为研究对象的。

当然,供应链研究中涉及的产品设计与制造管理、生产集成化计划的跟踪与控制,以及企业之间的资金流管理等,物流管理也同样不作为研究对象。即使将管理的范围限定在企业管理上,物流管理和供应链管理的内容也存在着明显的不同。

供应链管理是企业的生产和营销组织方式,而物流管理则为企业的生产和营销提供完成实物流的服务活动。物流服务表现的第二性特征在任何时候、任何场合、任何状态下是不会改变的。

c. 从管理手段的角度分析。

从管理手段上看,供应链管理是基于因特网的供应链交互的信息管理,这是以电子商务为基础的运作方式。商流、信息流、资金流在电子工具和网络通信技术的支持下,可以通过网上传输的方式轻松实现。

而物流,即物质资料的空间位移,具体的运输、存储、装卸、配送等活动是不可能直接通过网上传输的方式完成的。虽然现代物流离不开物流管理信息,也使用因特网技术,但是因特网显然不构成物流管理的必需手段。也就是说,物流在非因特网技术条件下,一样能够运行。

(3) 物流管理在供应链管理中的地位。

供应链作为一个有机的网络化组织,在统一的战略指导下提高了效率,增强了整体竞争力。物流管理将供应链管理下的物流科学地进行组织和计划,使物流活动在供应链各环节之间快速形成物流关系,确定物流方向,通过网络技术将物流关系的相关信息同时传递给供应链各个环节,并在物流实施过程中对其进行适时协调与控制,为供应链各环节提供实时信息,实现物流运作的低成本、高效率的增值过程管理。

其中,物流计划的科学性是物流成功的第一步,也是关键的一步;物流的实施过程管理是对物流运作的实时控制以及对物流计划的实时调整,是对物流活动进程的掌握,有利于供应链各环节了解物品的物流动向,协调相应各部门的计划;适时地协调与控制是对已进行的物流进行分析总结,总结成功的经验,寻求存在问题的原因,为改进物流的管理提供经验与借鉴,同时也是第三方物流企业进行经营核算管理的环节。

3) 供应链管理体系下的物流管理的特点

(1) 快捷性。

通过快捷的交通运输以及科学的物流事前管理和事中管理实现快捷的物流。在供应链管理中,快捷的物流是供应链的基本要求,是保证高效的供应链的基础。

(2) 信息共享。

和传统的纵向一体化物流模型相比,供应链一体化的物流信息的流量大大增加。需求信息和反馈信息传递不是逐级传递,而是网络式的,企业通过因特网可以快速掌握供应链上不同环节的供求信息和市场信息,达到信息共享和协调一致。

共享信息的增加和先进技术的应用,使供应链上任何节点的企业都能及时地掌握到市场的需求信息和整个供应链上的运行情况,每个环节的物流信息都能透明地与其他环节进行交流与共享,从而避免了需求信息的失真现象。同时,通过消除不增加价值的过程和时间,使供应链的物流系统进一步降低成本,为实现供应链的敏捷性、精细化运作提供基础性保障。

(3) 多样性。

在供应链管理中,物流的多样性体现在物流形式的多样性和物流物品的多样性。物流形式的多样性主要是指物流运输方式、托盘等的多样性。

(4) 人性化。

物流是根据用户的要求,以多样化产品、可靠的质量实现对客户的亲和式服务。在供应链管理中,物流既需要科学的方法进行管理,同时又要实时适应客户需求变化,体现人性化需求的特点。

4) 物流管理的组成

物流管理由物流管理、支付设置和资金管理3部分组成,下面详细介绍这3部分内容,如图10-91所示。

图10-91 物流管理

（1）物流管理。

物流管理展示相应的物流管理信息，包含模板名称、发货地、运送到、操作等。运费模板可以单击"新增运费"模板，可以进行设置，如图10-92所示。

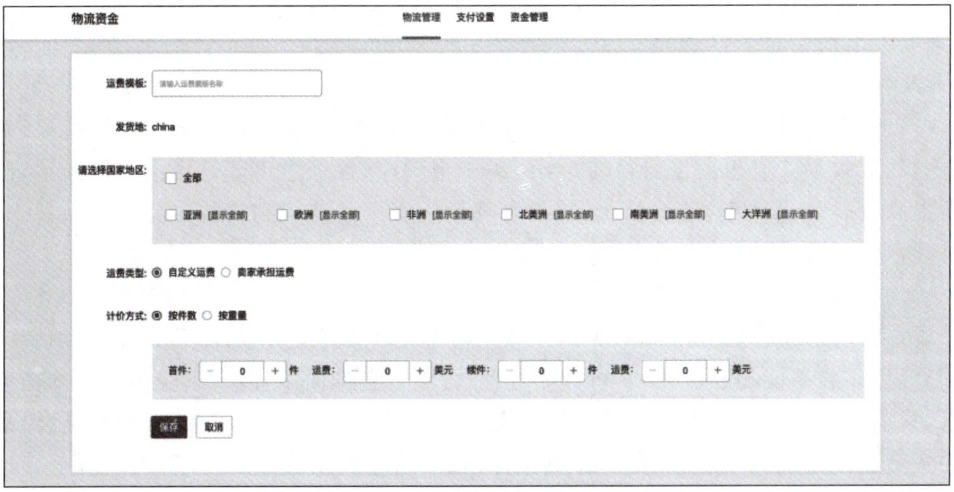

图10-92　物流管理设置

（2）支付设置。

盈店已接入PayPal、Stripe等多种外贸常用信用卡收款平台，注册账号并在后台填写账号信息即可实现收款，如图10-93所示。

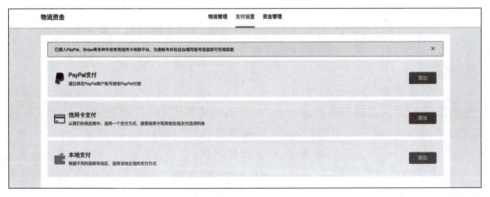

图10-93　支付设置

（3）资金管理。

① 资金管理（财务管理的重要组成部分）。

资金管理是社会主义国家对国有企业资金来源和资金使用进行计划、控制、监督、考核等工作的总称，是财务管理的重要组成部分。资金管理包括固定资金管理、流动资金管理和专项资金管理。

② 简述。

在风险市场，通过限制单次投入资金的比例来控制风险。

常见的资金管理策略：金字塔型资金管理、等比例型资金管理。

"现金为王"一直以来都被视为企业资金管理的中心理念。企业现金流量管理水平往往是决定企业存亡的关键。面对日益激烈的市场竞争，企业面临的生存环境复杂多变，通过提升企业现金流的管理水平，才可以合理地控制营运风险，提升企业整体资金的利用效率，从而不断加快企业自身的发展。

③ 主要内容。

投资决策与计划，建立资金使用和分管的责任制，检查和监督资金的使用情况，考核资金的利用效果。管理的主要目的是：组织资金供应，保证生产经营活动不间断地进行；不断提高资金利用效率，节约资金；提出合理使用资金的建议和措施，促进生产、技术、经营管理水平的提高。

④ 主要原则。

资金管理(funds management)的原则主要是：划清固定资金、流动资金、专项资金的使用界限，一般不能相互流用；实行计划管理，各项资金的使用，既要适应国家计划任务的要求，又要按照企业的经营决策有效地利用资金；统一集中与分口、分级管理相结合，建立使用资金的责任制，促使企业内部各单位合理、节约地使用资金；专业管理与群众管理相结合，财务会计部门与使用资金的有关部门分工协作，共同管好、用好资金。

⑤ 主要风险

a. 筹资决策不当，引发资本结构不合理或无效融资，可能导致企业筹资成本过高或债务危机。

b. 投资决策失误，引发盲目扩张或丧失发展机遇，可能导致资金链断裂或资金使用效益低下。

c. 资金调度不合理、营运不畅，可能导致企业陷入财务困境或资金冗余。

d. 资金活动管控不严，可能导致资金被挪用、侵占、抽逃或遭受欺诈。

⑥ 金融危机

a. 市场需求萎缩，企业库存增加。

金融危机引发的全球经济增速放缓，投资者信心不足，一方面造成企业投资不足，生产资料需求降低，企业效益下降；另一方面是消费者储蓄动机加大，减少了个人消费。这就造成整个市场的市场需求大幅萎缩，企业销售不畅，企业库存积压，同时，市场价格加速下行，导致企业经营风险陡增，资金周转速度缓慢，资金链不能有效运行，不同程度上影响了企业的经营业绩。

b. 企业间接融资难。

根据《证券市场周刊》测算，在2008年金融危机中我国有些金融机构海外投资出现了亏损，其中中国银行亏损额最大，约为38.5亿元。中国建设银行、中国工商银行、交通银行、中国招商银行及中信银行依次亏损5.76亿元、1.20亿元、2.52亿元、1.03亿元、0.19亿元。这些巨额的损失导致各大商业银行在今后的发展中会提高自身经营的谨慎性：一方面，严格规范和执行借贷标准，加强内部控制制度建设，提高自身管理能力；另一方面，虽然2009年我国实施积极宽松的货币政策，增加了信贷规模和货币投放量，同时，根据中国人民银行公布数据显示，新增贷款逐步回升，但是受金融危机持续升温、企业市场化经营形势恶化的影响,银行惜贷现象依旧,短期内难以见效,企业融资前景不容乐观,金融危机环境下企业资金紧张的矛盾还将持续。

c. 企业通过直接融资获得资金更加困难。

受金融危机的影响,我国股票市场受到冲击,导致上证指数从2007年10月份的6124点暴跌至1638点,虽然2009年上证指数在回升,但是一直在3000点左右徘徊。金融危机打击了投资者的信心并在金融市场产生了示范效应。这使我国企业发行股票或者债券进行融资更加困难,企业通过直接融资缓解企业营运资金的渠道受阻。

d. 金融危机引发了企业资金链断裂危机。

所谓资金链,是指维系企业正常生产经营运转所需要的基本循环资金链条。资金链犹如一个企业的血脉,其循环过程可以简短地表述为:现金—资产—现金。企业要生存发展,就必须保持这个循环良性运转。当企业在资产难以变现或根本没有资产可以变现的情况下,由于现金流通不畅或没有可支配现金,不能偿付到期债务,因此引发资金链断裂的危机。由于当前企业出现了直接融资、间接融资难的问题,产品需求下降以及企业内部经营管理方面的原因造成企业资金链断裂。

⑦ 存在问题。

a. 资金管理意识淡薄,管理体系不健全。

一些企业领导资金管理意识淡薄,没有资金时间价值观念,企业有钱时,不知如何规划使用,没有钱时就发愁,没有一种长期预算资金管理意识,在资金的整个循环过程中缺乏科学性和统一协调性,财务管理工作中没有充分考虑时间价值问题。现金流量是企业筹资、用资的关键。资金管理主要包括余额管理和资金流量管理。一些企业对资金管理认识不到位,片面追求产量和产值,尤其是在当前金融危机背景下,企业应对产品开发和未来风险进行合理评估和日常监控,避免产品占用大量资金和投资风险大的项目。

b. 资金管理模式不适应企业的实际情况。

有些企业没有建立完善的资金管理模式,有的建立了,但是不适应企业的实际情况。一般来说,资金管理模式分为两种:集中管理模式和分散管理模式。而企业一般分为单一企业和集团式企业。企业应根据实际情况建立适合企业资金管理的资金管理模式。一般来说,集中式的资金管理对资金的集中控制和统一调配有利,但不利于发挥成员企业或分公司的积极性。成员企业或分公司在资金上过分依赖企业集团,若配套措施不到位,可能影响资金的周转速度,并影响其对市场的应变能力。分散式的资金管理,有利于调动成员企业或分公司的积极性,但又难以避免资金分散、资金使用率低、沉淀资金比例大、资金使用成本高等固有缺点。企业应着重结合两种模式的优点,根据企业的实际动态混合选用。我国企业的资金管理模式不科学,如有的集团公司内部还没有成立资金中心,没有运行资金集中管理机制;子公司多数没有大局意识和全盘观念,反映在资金日常管理上是五花八门、各自为政、存贷双高,出现了一些真空地带。

c. 资金管理手段落后,使用效益低下。

随着各个企业的迅速发展,跨区域经营的企业越来越多,这就出现了如何对企业资金进行控制管理的问题。有的企业由于资金管理手段落后,资金控制能力不足,使得资金使用效益低下,在企业经营过程中付出了沉重的代价,尤其是大型集团公司由于成员企业众多,地域分布广泛,资金管理失控,监控缺乏手段,因此资金使用率低。其突出表现是:企业集团缺少统一资金管理系统,各个子公司、各种业务对资金流动的影响没有形成相关联的完整信息,难于有效监督,风险较大;由于缺少资金统一管理和规划使用,有的企业资金出现缺口,只能向银行贷款,而有的企业资金充裕,却无法给缺少资金的企业使用,只能向银行发放贷款,增加企业的财务费用,这导致整个企业集团的资金成本上升,资源浪费和资金使用效益低下。这些问题严重制约了企业的健康发展,在当前这种形势下,甚至有可能威胁到企业的生存。

d. 资金风险管理不足,引发严重财务风险。

当前形势下,企业系统和非系统风险较大。而有些企业对资金风险管理没有引起足够的重视,主要表现在:财务制度不健全,账户管理混乱,资金调拨不按流程和权限办理,造成企业资金的损失;违规对外担保或连环担保,给企业带来不必要的经济责任和法律责任,从而导致企业深陷担保诉讼泥潭。

⑧ 控制措施。

a. 现金管理。

首先,企业应树立对资金进行统一管理的观念,不管是单一企业还是集团企业,在当前形势下,要对资金进行统一管理,规划使用。其次,树立现金流量的观念,在财务管理的具体工作中,为管理人员提供现金流量的信息,除年终提供的现金流量表外,在日常工作中可根据不同情况编制现金流量计划,以及短期现金流量预测报告和长期现金流量报告。要加强现金流量的控制和分析,严格控制现金流入和流出,保证企业始终具备支付能力和偿债能力。最后,提高企业资金管理的风险意识,要充分估计各个项目风险,谨慎投入资金。

b. 提升水平

在当前形势下,不管是单一企业还是集团企业,资金集中管理是发展的必然趋势。实施企业资金集中管理,对企业的生存与发展具有重要作用。它有助于企业完善整体资金链,实现整体利益的最大化,有利于集中进行战略方向的调整,有效降低企业控制成本,提高企业整体信用等级,降低财务成本,优化资金管理体系,提高资金的使用效率。目前,一旦企业进行资金集中管理,企业就可以按照自身需求对各个子账户的资金进行相应的归集,加强内部资金的整合和统筹管理,实现内部资金的相互平衡,提高资金的使用效益。

c. 财务软件。

随着计算机信息技术的发展,企业在实施资金的集中管理和监控中可以大力应用计算机技术。在企业中大力利用新的资金管理手段和模式,而计算机网络技术和统一的财务管理软件是先进的管理思想、管理模式和管理方法的有效载体,也是实施资金集中管理和有效监督控制的必然选择。其次,借助 ERP 系统的优势,提升企业资金管理效率。ERP 系统简化了采购、销售与财务之间的流程过程,充分利用财务与其他业务之间数据信息的互通,提高管理效率,使资金管理贯穿整个企业业务流程的每个环节,对企业各个环节进行实时监控,有效发挥财务监管机制。

d. 强化监督

首先,加强内部管理,对合同事前审批、事中执行、事后评价,进行严格的监控与分析。

增强风险防范意识,建立风险预警机制。对经营业务的采购、销售、库存等各风险节点资金使用情况进行认真梳理,实时监控可能发生的风险,有效应对,将风险控制到最低。其次,积极开展内部审计,前移监督关口。企业的内部审计是严格监督、考核企业财务资金管理的重要环节,是强化监督约束机制,使预算取得实效的保障。健全内部审计监督考核制度,保证企业财务信息真实可靠。变过去的"事后监督"为事前、事中监督和适时监督,围绕企业的发展目标和年度预算,对公司资金流向、财务状况变动等情况实施全过程的跟踪和监控,定期检查,及时反馈,防微杜渐,确保预算的严肃性和企业发展目标如期实现。通过以上两方面的努力,保证企业资金安全、完整。

e. 拓宽渠道。

有条件的企业积极取得政府和金融机构的支持,获得资金支持。同时,企业应根据自身的实际情况,积极拓展融资渠道。在内源融资方面可以实施员工持股计划、预收账款融资、质押应收账款融资、专利权质押融资,以及产权交易等内源性融资方式。在外源融资方面,除依赖传统外部资金支持,如银行存款、风险基金、发行债券或企业上市等,努力寻求企业间金融互助合作,有条件的企业可以考虑风险投资、融资租赁和股权融资等创新型的融资方式。

⑨ 案例分析。

本案例主要介绍商业银行为某省电信有限公司构筑立体式资金监控系统的方案,揭示了企业如何在商业银行的协助下实现资金的高度集中管理和全方位监控,提升企业资金的运作效率,从而达到控制财务风险、优化资本结构、提高资本回报、降低资本成本、提升企业价值的目的。

a. 案例背景。

中国电信股份有限公司(以下简称中国电信)在完成境内子公司收购后,为缩小与资本市场要求的差距,强化资金整体调度能力,实施精细化的资金运作,建立动态的资金监控体系,希望通过建设全国统一的资金管控系统,构筑立体式资金监控系统,提高省级公司对内部资金的管控能力,实现资金的高度集中管理、全方位监控,提升企业资金的运作效率,从而达到控制财务风险、优化资本结构、提高资本回报、降低资本成本、提升企业价值的目的。2004年上半年起,中国电信在省级公司分步实施资金管控项目,以省电信为核心,为省电信、市州分公司提供一体化、实时性的资金信息服务。

b. 主要业务。

某省电信有限公司(以下简称某省电信)的主要需求有:

- 账户管理。凡属某省电信的所有账户均纳入系统管理,包括及时反映账户的变动情况等。
- 资金归集。实现省公司对地市公司、县公司、营业厅四级收入账户资金的日终全额自动归集,实施零余额账户资金汇划,减少资金沉淀。资金归集的流程为:支局缴款户、县分公司缴款户、县分公司收入户、市公司缴款户—市公司收入户—省公司指定账户。资金每日逐级上划。
- 资金划拨。实现省公司对地市公司、县公司支出账户(成本户和工程户)日间零余额支付功能、周期累计支付限额的控制功能、日间透支负余额的日终自动归集功能。
- 资金信息的实时查询。通过与银行系统直联来集中资金信息，加强资金流入、流出规律分析，运营资本效率分析，流动性风险分析等。
- 资金流动动态监控：实时掌握各级账户和资金流入、流出信息，对账户开设和大额资金流动进行动态监控，降低资金风险。
- 通过系统主动发起资金上划、下拨（主要是额度拨付），实现内部资金结算功能。
- 通过银行系统向财务系统提供银行电子对账单，实现自动对账和生成会计凭证，减少工作量和失误率。

c. 实施方案。

根据某省电信的业务需求，最终制定的方案是采取法人账户透支＋普通版银企互联＋专业版银企互联3种主要产品组合制定项目实施方案。

（a）账户设立。

省公司在所在地工商银行开立结算账户，同时申请普通版银企互联、专业版银企互联和法人账户透支，用于归集收入、下拨费用及办理其他对外结算业务（省公司开户行以下简称承办行）。各市级公司、直属机关单位、县级分公司、营业厅在工商银行开立收入、成本、工程3个账户，其中收入专户用于收存和上划各类收入，该账户实行资金用途控制，即该账户资金除上划至省公司账户外，工商银行协助管理不发生其他支付；成本和工程专户用于办理各类支付业务，账户实行资金来源控制，即除从公司总部账户拨入的各种费用以及该账户对外支付的退票业务外，工商银行协助管理不接受其他收入款项，同时申请账户日间透支服务。各级电信分公司、营业厅开户行以下简称协办行。

（b）收入账户的归集。

在专业版银企互联系统中分级设置收入账户的自动归集，采取全额资金上划方式（最小执行额度为0元）。

（c）成本、工程户零余额管理。

对成本、工程户采取额度控制＋日间透支＋日终归零的零余额管理模式。

（a）清算流程。各级账户在不超过当月用款额度的情况下，对外支付时直接发生透支，日终由系统自动对所有发生支出的成本户、工程户分别进行清算，用省级公司综合户的资金逐级填平地市、县级公司日间支出发生额，使地市、县级公司所有支付账户余额日终归零。

日终省公司综合账户余额＝日间余额－各级公司日间对外支付的金额。

（b）用款额度管理。用款额度是某省电信对各分公司零余额成本、工程户的支付控制限额，由工商银行据此为某省电信零余额成本、工程户支付进行账户透支设置。地市电信分公司根据资金预算向省电信申报月度成本户和工程户的支付额度，省公司进行审批、核定，将支付额度调整表通过银企互联接口额度自动传输到普通版网银内管系统，承办行和协办行主动查询审批结果，负责调整处理，并在辖内本级及县公司成本户和工程户之间进行额度分配。

资金管理展示收款账号，收款账号可以通过 PayPal 账号免费获取，如图10-94所示。

图 10-94　资金管理

10.5　盈店诊断

盈店诊断分为基础信息视图、发现客户视图、营销效果视图、CRM 管理试图 4 个模块，每个模块从其对应数据获取相应信息，以下给大家介绍下这 4 个模块，如图 10-95 所示。

图 10-95　盈店诊断

（1）基础信息视图模块如图 10-96 所示。

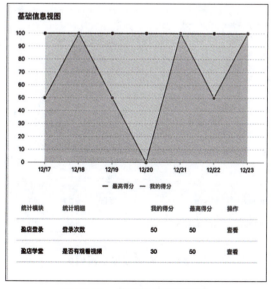

图 10-96　基础信息视图模块

点击最近 7 天、最近 15 天、最近 30 天，可看到对应的转换数据。

（2）发现客户视图模块如图 10-97 所示。

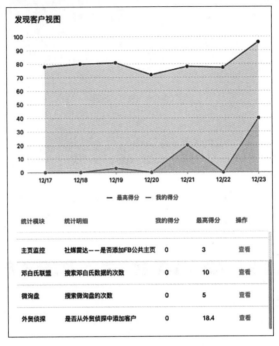

图 10-97　发现客户视图模块

点击最近 7 天、最近 15 天、最近 30 天，可看到对应的转换数据。

（3）营销效果视图模块如图 10-98 所示。

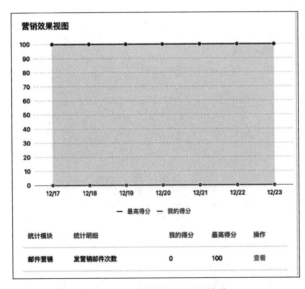

图 10-98　营销效果视图模块

点击最近 7 天、最近 15 天、最近 30 天,可看到对应的转换数据。
(4) CRM 管理视图模块如图 10-99 所示。

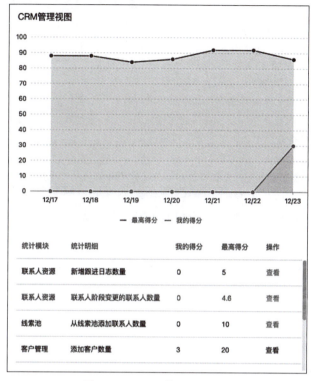

图 10-99 CRM 管理视图模块

点击最近 7 天、最近 15 天、最近 30 天,可看到对应的转换数据。

本 章 小 结

盈店通的开发目的是帮助盈店通客户解决客户管理、营销管理、客户获取、官网装修等问题。本章主要介绍了盈店通的工作台、盈店 CRM、盈店营销、盈店探索、盈店 SHOP、盈店诊断等功能,并结合现实运营应用。学习盈店通参与跨境电子商务实战、培养综合运营能力,利于建设全面符合社会需要的综合跨境电子商务运营人才。

盈店通相关阅读资料:

盈店通产品理念:每个出口型企业都需要一个独立的、不受平台捆绑的智能营销型 CRM 系统。一方面,它教企业使用基于大数据和 AI(人工智能)应用的最新智能工具,帮企业提升效率,降低成本,摆脱传统平台烧钱买流量的"抽血"模式;另一方面,它教企业学习如何在买家玩的地方一边交朋友,一边做生意,如此,企业才有自己稳定的客源和流量,才有可能获得源源不断的订单。

盈店通面向全中国出海企业,提供完整的客户管理和营销解决方案,帮助用户从生活到生意,和海外买家建立起更健康、更长久的关系,让企业掌握营销主动权。

参 考 文 献

[1] 何钰娟.C语言程序设计的模块化教学研究[J].亚太教育,2016,(11):238-239.
[2] 冯雪.C语言程序设计教学中的实例设计方法[J].创新教育研究,2019,7(4):498-503.
[3] 杨绍文.《C语言程序设计》教学探讨[J].科技信息,2009,(36):528.
[4] 肖甜甜,吕凤虎.《C语言程序设计》教学探讨[J].科技信息,2008,(35):232.
[5] 王翠青,陈未如,黄宁.浅谈C语言及程序设计语言教学[J].科技信息,2012,(34):508.
[6] 王慧蓉.从经典案例看C语言和Maple的编程异同[J].长治学院学报,2018,(2):33-35.
[7] 周海伟.C语言软件设计中的主要问题分析与阐述[J].信息系统工程,2017,(6):19-20.
[8] 张智慧.多层模型在嵌入式软件开发中的应用研究[J].计算机时代,2017,(4):17-20.
[9] 林越,王翠珍.浅谈面向对象开发思想与软件设计架构分析[J].信息通信,2016,(3):152-154.
[10] 郭潇濛,王崑声.面向对象系统工程方法改进探索[J].科学决策,2016,(6):73-94.
[11] KARL TRYGVE KALLEBERG,EELCO VISSER.Fusing a Transformation Language with an Open Compiler[J].Electronic Notes in Theoretical Computer Science,2008,203(2):21-36.